新闻写作 基础实训

Xinwen Xiezuo
Jichu Shixun

戴振雯　周正昂 / 编著

合肥工业大学出版社

序　言

　　新闻采访与写作，是新闻从业者新闻报道的基本能力。能力是人们在一定领域做事的素养，这种素养是在长期的实践活动中形成的。因此，能力的培养，也只能通过实践活动来实现。古人说，操千曲而后晓声，观千剑而后识器，正是这个道理。时间性与实践性是能力形成的要点。不是一听就会的，更不是一蹴而就的。

　　教师在课堂上讲授的相关知识，可以在学生形成能力的过程中，起引导借鉴的作用，却不能帮助学生直接形成能力，所以，课堂讲授不能成为采写教学的主要方法。基于这种认识，在学校的大力支持下，我们学院在新闻采写等实践性强的课程上，进行了力度较大的改革，增设实训课，加大实践力度，调整教学方法，力图做到以做为主，切实提高新闻采写课的教学实效。

　　我们编写这本《新闻写作基础实训》教材，是为了使新闻写作的实训课能够更科学合理地开展，针对采写教学中的重点难点，针对需要掌握的写作技巧，针对每一种具体的文体，注重积累感性认识，注重启发学生的自主学习意识，设置各种学习任务，在实践操作中逐步形成能力。

　　《新闻写作基础实训》共十四个单元。每个单元包含四项内容：基本理论概述、作品阅读、思考讨论、训练任务。"基本理论概述"简要地陈述相关理论与知识。"作品阅读"尽可能展示相关典型作品，学生结合课外课内的阅读，积累起一定的感性认识，并使必要的探讨有所依据。"思考讨论"设计了各单元需要解决的重点难点问题，联系作品的学习以及课外资料的搜集，启发同学们主动地思考，自主地解决问题。"训练任务"设计了一些动手实践的学习任务，学生通过完成学习任务，切实增强采写能力，掌握相关方法。

　　本教材第一、二、三、五、八、九、十、十一单元为戴振雯老师所编写，第

四、六、七、十二、十三、十四单元为周正昂老师所编写。为了保持教学的理论上的一致性，理论部分参考了戴振雯老师所编著的《当代新闻写作教程》。

新闻实训的开展是我们的探索，经验积累尚且不足，在此基础上的教材编写也难免有所局限。我们期待随着教学改革的不断深入和新闻实训课的不断改进，积累起更丰富的经验，以后将不断充实我们的教材。

感谢一线记者为我们提供了可供学习研究的优秀作品，感谢师生们在新闻采写教学中的不懈努力。

目　录

新闻报道的写作对象

本单元的学习和训练目标：

让同学们由自己的阅读和完成相关任务，真正理解什么是新闻，

什么是新闻价值，有哪些影响新闻选择的因素，进而明确新闻写

作的对象。

【基本理论概述】

一、什么是新闻

学者对新闻概念的表述有 200 多种，这一方面反映了事物的复杂性和发展性，一方面也反映了人类认识的局限性和片面性。虽然众说纷纭，但归结起来，有两种主要的倾向：一种认为新闻是有新闻特质的客观事实，一种认为新闻是经人类选择传播的新鲜事实或信息。

新闻传播活动起源于人类社会发展对信息的需求，以及人类描述及评判自身经历的需求。新闻传播活动是随着人类社会的发展而逐步发展起来的，它的有效实现依赖于传播手段的进步，这种传播手段包括表义符号系统及信息传输系统的发展与发达。表义符号系统经历了从物质符号、声音符号、文字符号到多媒体符号的发展，信息传输系统经历了从自然动力的、机械动力的、电子信号传输到数字化传输的发展。只有当人类技术发展到符号系统的传输有足够的速度和容量，新闻传播活动才能发展到一个相对成熟的阶段。我们对新闻的认识，是和这种发展紧密联系的。

新闻传播活动的发展也受制于人类的政治经济文化制度的发展。权力对新闻传播的控制，经济活动对传播活动的利用，政党宣传对传播活动的介入，以至现代国家制度下对其社会公器的认识和建设，都影响了新闻传播活动的发展，以及人类对新闻的认识。

基于这样的看法，我们对新闻的理解是：新闻是经由人类选择传播的新鲜事实或信息。这些事实或信息，不论是以人际口头的传播形式存在，还是以现代科技的传播形式存在，都与人类当下的生活有关。新闻的特性主要表现在三个方面：真实存在的，新鲜未知的，有传播意义的。

二、新闻写什么

理解了新闻是什么，新闻写什么也就不难解决。真实存在的、新鲜未知的、有传播意义的现象与事实在现实中是大量存在的。从逻辑上说，一切有关人类的当代生活及其生存环境的现象与事实，都是新闻写作的对象，或者说，都可以成为新闻思考和写作的材料。

当代的人类生活是一个有机的整体，一个事件或现象发生了，有它的来龙去脉，有种种复杂的相关的环境的联系。我们很难把这样的生活切割开来，分成新闻的与非新闻的。所谓"一滴水可见太阳的光辉"，生活中的每一件事和每一个细节，都与整体相关，都可透视整个世界。有时候我们认为无关，是因为我们没有把握到这种相关性。

新闻写作的对象我们大致可以归纳为这样几类常见的内容：

1. 新事件新发生；
2. 新现象新变化；
3. 新人物新情况；
4. 新法规新政策；
5. 新观点新看法；
6. 新发现新披露。

这些当然不足以囊括我们今天新闻写作的全部对象，只是举其要点而已。打开互联网新闻平台，在新的技术条件下，在新的全球化环境下，在当代人类生活的范围内，还有什么没有进入新闻思考和写作的眼界呢？

三、影响新闻选择的因素

在人类传播手段受限的时代，人类信息流通常常局限于狭小的地域，其材料的有限性使得最初的新闻选择没有太大的余地。当人类的传播手段有了一定的发展时，人类可能在较为广泛的地域获取较为丰富的新闻材料，却受制于传输信息符号的空间有限，新闻选择就成了重要的问题。当人类进入了互联网时代时，人类传播新闻的速度、容量都达到了前所未有的程度，新闻选择就有了另外的侧重点。

不论传播技术如何发达，传播信息的通道及空间如何无限扩大，对特定的表达主体来说，永远都面临着新闻选择的问题。以往的新闻，其选择重点可能在于把变动的特异的新鲜事实选择出来，而以后的新闻，其选择的范围则扩大至不仅关注变动的特异的新鲜事实，也同时关注那些常态的典型的新鲜事实。

从来的新闻传播，都是由特定的传播主体承担，并面对特定的传播接受者，在特定的社会环境中进行。虽然从理论上说，新闻是一切真实存在的、新鲜未知的、有传播意义的事实和现象，但是在实践中，新闻的选择和传播，却受到种种社会因素的影响和制约，表现出比理论表述更加复杂的形态。

对于影响新闻选择的主要因素，可以大致归纳如下：

（一）受众关注

受众是新闻传播的对象。新闻传播的基本功能之一是满足受众信息的需求，在商业时代，也可以说满足受众对信息的消费需求，所以传播者对特定受众的信息需求是要加以考虑的。传统的新闻价值的核心正是这种对大众信息需求的关注和考量。

新闻价值作为曾受到一致认可的新闻选择的标准，包含了两方面的内容：一是对新闻性质的认定，体现在"时新性"或"新鲜性"这样的新闻价值要素中，这是新闻价值中客观性内容；二是对新闻的受众关注各种指标的归纳，诸如"重要性""显著性""接近性""趣味性"等等。这些是新闻价值中相对性内容，是随着时间、空间的变化而变化的。

由新闻传播的基本功能和特定程序所决定，受众对信息的需求是新闻选择必须关注的，只是时代不同，受众对信息的需求也会随之变化。

（二）主体表达

新闻是经由传播主体加工和处理的事实，所以，新闻不可能是纯客观性的事实和现象，应该说，经由人类传播的新闻，既包含了现实世界的客观信息，也包含了传播主体的主观信息。

传播主体至今主要有两种形态，即机构和个人。传统的大众传播媒体，同时具有两种传播主体，而个人（记者和编辑）的意识，通常服从于机构的意识。在互联网时代，个人媒体的出现，在新闻中有了真正意义上的非权力的个人主体表达。但是，不论是机构的主体意识，还是个人的主体意识，归根结底，都是一种社会意识的表达。

传播主体在新闻传播中体现出来的主观信息，主要有三个层次：其一，选择什么内容和对象进行新闻表述；其二，对新闻事实真相的认识和描述；其三，对有关新闻事实的价值判断和因果解释。

（三）法规政策

受众关注和主体表达，影响着新闻传播主体对新闻的选择，而一个国家的法规政策也影响着新闻传播主体对新闻的选择，特别限制了新闻不可涉及的内容。

【作品阅读】

作品一

2012 年诺贝尔文学奖：中国，莫言！

新华社斯德哥尔摩 10 月 11 日电（记者和苗　刘一楠）瑞典文学院 11 日宣布，将 2012 年诺贝尔文学奖授予中国作家莫言。

瑞典文学院常任秘书彼得·恩隆德当天中午（北京时间晚 7 时）在瑞典文学院会议厅先后用瑞典语和英语宣布了获奖者姓名。他说，中国作家莫言的"魔幻现实主义融合了民间故事、历史与当代社会"。

瑞典文学院当天在一份新闻公报中说："从历史和社会的视角，莫言用现实和梦幻地融合在作品中创造了一个令人联想的感观世界。"

诺贝尔文学奖评委之一、瑞典汉学家马悦然在接受新华社记者专访时说，莫言是一位很好的作家，他的作品十分有想象力和幽默感，他很善于讲故事。此次莫言获奖将会进一步把中国文学介绍给世界。

莫言出生于 1955 年 2 月 17 日，原名管谟业，山东高密人。他 1981 年开始发表作品，一系列乡土作品充满"怀乡""怨乡"的复杂情感，被称为"寻根文学"作家。

他的主要作品包括《丰乳肥臀》《蛙》《红高粱家族》《檀香刑》《生死疲劳》《四十一炮》等。其中，《红高粱家族》被译为 20 余种文字在全世界发行，并被张艺谋改编为电影获得国际大奖；长篇小说《蛙》2011 年获得第八届茅盾文学奖。

（来源：《中国青年报》2012 年 10 月 12 日）

作品二

暴雨天气今午后突袭北京城　古老京城成水乡泽国

中新社北京 7 月 10 日电　十日下午，北京城上空突然电闪雷鸣，暴雨如注，不一会儿工夫，古老京城便成水乡泽国。

下午四时许，一直阴沉的北京城上空突然电闪雷鸣，粗大的雨点顿时将京城

"淹没"，一道道闪电如银蛇般不时划破天际，滚滚雷声震得停车场里的私家车警报直响。今天恰逢周末，不少在外游玩的行人躲避不及，被倾盆而下的大雨淋了个透心凉，在王府井附近的一座大厦旁，几名年轻女子被一个突如其来的响雷吓得尖叫不已。骤雨滂沱中，城市街道顿时变得人影稀疏。

六时许。大雨仍未有停歇的意思。记者在北京南城的一片小区看到，这里已然成了江南水乡，行人们高高卷起裤脚，在淹至小腿的积水里小心翼翼地探索着回家的路。不时驰进小区的一辆辆汽车拉起的长长水线，车灯在雨雾中显得格外"迷茫"。在小区的一个拐角处，到处是被风雨打断的残枝断木，一个自行车车棚被掀掉屋顶横在路中央，几名居委会的大妈正在冒雨指挥小伙子们清理"路障"。

气象部门预测到了此次降雨天气，但没料到是场大暴雨。北京市气象局首席预报员孙继松告诉记者，此次强降水天气主要是由降水系统前的一种局地对流天气引起的，暴雨主要集中在城区，降水量达到了五十毫米左右。不过专家表示，此次强雷阵雨天气并不反常，七、八月份是北京雷阵雨高发期，其原因是这个时期北京的地面温度较高，只要一有弱冷空气南下，就特别容易引发雷阵雨天气。

据预测，此次雷阵雨天气还将持续两天。专家提醒市民，雷电灾害被联合国有关部门列为"最严重的十种自然灾害之一"，每年北京都会发生许多雷电灾害，因此市民要特别注意防雷防雨。

（来源：中新网 2004 年 7 月 10 日；作者：吴庆才；第 15 届中国新闻奖三等奖）

作品三

从一项沉睡 31 年的田径校纪录看
体育设施好了　学生体质弱了

本报讯　"56.4 秒，少年男子组 400 米纪录保持者李文家，1977 年 4 月创造纪录。"8 月 15 日，当记者在西宁市某中学今年田径运动会的秩序册上看到这段文字时，深感惊讶。不仅因为这一项目的校纪录是 31 年前创造的，而且学校的多项田径比赛纪录都是上世纪七八十年代的。

有人说，纪录是对当前选手的激励，是留给后人打破的。那么，为什么我省一些中学的田径纪录却多年无人打破呢？

"这几乎是每所学校都存在的问题，教育主管部门和社会评判一所学校教育质量好坏的标准是文化课的成绩，学校对体育课不重视，学生自然应付了事。"一位体育老师无奈地说，"过去，孩子参加体育锻炼的积极性很高，体育课是很多学生最喜欢的课程，而在近二三十年中，随着升学压力的增大，体育课常常被占用，孩子的眼镜片越来越厚，身体越来越胖。就拿初中和高中的校田径队为例，在校运动会后，体育老师会选拔获得名次的学生参加校田径队，这在过去是一种荣誉。但是，现在学校田径队从过去长期的集训变成了比赛前的临时突击，尽管这样，一些家长还是不愿意让孩子参加田径队，认为每天的集训太浪费学习时间。"

青海省体育局体育竞技处处长王志强告诉记者，体校的生源主要来自我省各个中小学的体育特长生，在应试教育体制下，家长不愿意让孩子参加体育比赛，体校招生老师也很难发现好苗子，体校生源明显不足。记者从1997年出版的《青海省志·体育志》中发现，截至1993年底，我省田径男子100米、200米、跳高、跳远等纪录都是在1980年创造的。现任青海省体育局局长冯建平在1980年创造的我省400米栏、400米、110米栏的纪录到目前都无人打破。

近年来，我省不少学校不惜巨资建起了塑胶操场，操场变漂亮了，体育课却成了一门无足轻重的课程。从2007年起，省教育厅出台《关于初中毕业升学考试与普通高中招生制度改革的指导意见》，其中明确提出，"初中毕业生的体育考试成绩按比例计入初中升学考试总成绩"，这对于长期处在弱势地位的中小学体育课来说，无疑是利好消息。

（来源：《西海都市报》2008年8月18日，作者：花木嵯；第19届中国新闻奖消息三等奖）

作品四

先看病后付费　医患两相宜
山东省济宁市率先推行"先看病后付费"诊疗模式，
68万余人受益，无一例恶意逃费

本报讯（记者解希民报道）　12月14日上午，家住山东省济宁市市中区唐口镇魏楼村的崔秋宝，突发自发性气胸被家人送到济宁市第二人民医院。分文未交，医院便为他办理了住院手续，并很快做了手术，这让崔秋宝感到很欣慰。

崔秋宝的"欣慰"源于济宁在全国率先推行的"先看病后付费"诊疗模式。截至目前，全市262家医保定点医疗机构已全面实施这一模式，累计受益人群68万余人，没有出现一例恶意逃费的现象。

济宁市辖12个县（市、区），总人口843万人，其中农业人口576万人。以往当群众患重症急需住院时，因一时难以筹集大额费用而影响救治。调查显示，济宁城乡居民因医疗费用过高无钱治疗或停止治疗的占困难群众的23%。为有效解决这一问题，从2010年12月起，济宁在其所辖的兖州市中医院试点实行"先看病后付费"模式，对参加医保、新农合的患者，在住院时无须交纳押金，只需出示医保证和身份证，并与医院签订协议即可住院；出院时，只需向医院支付医保报销后自付部分，特困患者可分期还款甚至减免。

"先看病后付费"实施一年后，兖州市中医院平均每月门诊量、住院量分别上升到1.8万人次和1350人次，同比增加176%，医院业务收入增长近130%，且无一例恶意逃费患者。在总结试点经验基础上，从2012年2月起，济宁在全市推广"先看病后付费"模式。

作为"先看病后付费"的受益者，兖州市颜店镇颜家村村民颜廷申体会颇深："现在医院不问病人有钱没钱，先给看病，俺们再也不会像以前那样因为一时凑不齐钱而耽误治病了。"

兖州市中医院院长孔庆民说，医院刚开始推行这一模式时有顾虑，担心患者欠费。但在实行过程中发现，不仅没有恶意逃费的情况，医患关系也明显缓和。

"住院费用中，医保患者一般能报销70%以上，即使有人逃费，医院也能收回成本。"济宁市第二人民医院院长武文华说。

据了解，为保障"先看病后付费"模式的实施，济宁财政设立了100万元专项资金，用于补助防范医疗机构因"三无"病人、恶意逃费患者带来的运行风险；同时，设立了1000万元的大病救助资金。此外，医疗机构还建立了不良诚信记录，恶意逃费患者将被纳入"黑名单"。

"'先看病后付费'让群众真正享受到了医改成果和实惠，是医院回归公益性的体现。"济宁市财政局局长张茂如表示。

山东大学公共卫生学院教授徐凌忠认为："这一模式如果能在更大范围内推广，对医院、大众以及整个医疗环境无疑是一件好事，也是一项多赢的改革模式。"

目前，山东已在县级及县以下医疗机构全面实施"先看病后付费"模式。

（来源：《中国财经报》2012年12月20日；第23届中国新闻奖三等奖）

作品五

郑州女教师写下"最具情怀辞职信"：
世界那么大，我想去看看

4月14日，一份辞职申请，在社交媒体疯传，被网友封为"史上最具情怀的辞职信"。

"世界那么大，我想去看看。"4月14日，这份写在河南省实验中学信笺上的辞职申请，在社交媒体疯传，被网友封为"史上最具情怀的辞职信，没有之一"。当天22时，河南省实验中学教师顾少强向澎湃新闻（www.thepaper.cn）证实，这份辞职申请出自她手，"我写给自己的，没想到大家转出去"。

这份只有10个字的辞职申请引发关注，仅微博网友@学习粉丝团编发的消息，截至14日22时，就被转发6169次，评论1731次。

@长不白的黑妹：不知怎么，就是觉得很感动。

@隔壁老王-S：放下包袱去看看世界，但是有多少人能这么坦然呢？

@叫我张三疯好了：我带上你，你带上钱哦，一定要带哦。

@JoelYuen：编制好难考的啊，你不要给我啊！给我啊！我啊！啊！

据河南省实验中学网站介绍，2004年，顾少强从河南师范大学教育系心理学专业毕业，进入河南省实验中学，并成为学校的骨干教师。这则简介还提及，顾少强从2006年到2012年的获奖经历，以及她的人生格言：唯有将工作变成事业，才能发自内心去热爱。

据中原网报道，辞职申请是河南省实验中学办公室一位老师拍照发出的。辞职教师顾少强是一名心理老师，已在校任职十余年。

提及顾少强，学校2005级学生张丽（化名）至今还记得她讲过的一节心理课。当时，顾老师在课堂上说，大学报到时，因为自己名字像男性，室友的家长看到她的名字，还以为走错了寝室。

张丽告诉澎湃新闻，她十来年没有与顾老师联系，但在她心里，顾老师是一位特别有趣的老师。

14日22时，顾少强对澎湃新闻说，自己只是做了一件很简单的事，"我写给自己的，没想到大家转出去"。

有知情人士转来疑似顾少强微信朋友圈的截图，这则微信上写着："本是简单的事，没想到一夜之间闹得这么大，我火了，始料未及，也非本意。其实事情真的很简单，只是一个平凡的女子，在来得及的时间，愿意的时候，剥离安逸生活，想要用自己的目光去触摸世界。大概就是因为我拥有了世人缺乏的勇气，做到了常人做不到的一点，所以备受关注。我向往简单的生活，所以，敬请各位，不要再问，不要再提，只是个人行为，仅此而已。"

（来源：澎湃网 2015 年 4 月 15 日）

【思考讨论】

1. 以上述作品为例，谈谈你对新闻的理解。

2. 以上述作品为例，谈谈你对新闻价值的理解。

3. 逐一分析上述作品的新闻价值。

4. 比较分析《2012 年诺贝尔文学奖：中国，莫言!》和《体育设施好了，学生体质弱了》两篇作品新闻价值的不同。

5. 新闻的定义之一："狗咬人不是新闻，人咬狗才是新闻。"谈谈你的认识。

6. 新闻的定义之一："新闻是新发生或新发现的有新闻价值的事实的报道。"上面六篇新闻作品，哪些是侧重于"新发生"的报道，哪些是侧重于"新发现"的报道？这两类新闻的区别在哪里？

7. 艾弗雷特·丹尼斯和梅尔文·德弗勒在他们合著的《认识大众传播》中提出了关于新闻的认识，也是新闻众多的定义之一："新闻是就某个具体问题、事件或进程提出现实看法的报道。它通常监测对于个人或社会来说都很重要的变化，并将这一变化置于共同的或独特的背景中。它成形于将使受众感兴趣的共识，并受制于机构内外的压力。它是新闻机构内部每天进行权衡斟酌的结果，这类机构要在一个特定时间内挑选出令人瞩目的社会事件并制造出极易变质的产品。新闻是在压力下作出仓促决策的不完美成果。"请谈谈你对这段话的理解。

【训练任务】

任务一

搜集近十日内全国范围的精彩新闻三则，分析其新闻价值，分析其内容特点和报道形式。

任务二

搜集近十日内校园范围的精彩新闻三则，分析其新闻价值，分析其内容特点和报道形式。

任务三

搜集相关资料，写一篇关于"影响新闻选择因素"的小论文。

第
二
单
元

新闻报道的特点

本单元的学习和训练目标：

通过阅读训练，了解新闻报道作为文章的一般属性以及作为新

闻作品的特殊属性，了解一般叙事和新闻叙事的区别，认识新闻

写作的特点，完成一般叙事向新闻叙事的转变。

【基本理论概述】

一、新闻报道是新闻传播的主要文类

新闻报道这个概念有两方面的含义：一是指新闻机构发布新闻的社会活动，包括策划、采访、写作、编辑、排印等一系列运作环节；二是指表现新闻的物质形式，一种以符号组合的方式来传递新闻信息的新闻载体，也就是陈述新闻的文本，如消息和专稿。本教材从新闻写作的角度，取用的是第二个含义。

新闻传播的文本，有两大类型，即陈述新闻事实和评价新闻事实。承担陈述新闻事实的文本是新闻报道，承担评价新闻事实任务的文本是新闻评论。我们认为，新闻报道集中体现了新闻的性质和功能，是最具新闻特点的，是新闻文体的典型形态，是新闻传播的主体，也是本教材学习和训练的目标。

二、文章性是新闻报道的基本属性

所谓文章，是以语言文字为媒介的有组织的成篇话语，从这个意义上说，新闻报道也是一种文章，也是以语言文字为媒介的有组织的成篇话语。

所以，我们在讨论新闻报道时，不能把它和"文章"对立起来看，仅仅强调它的不同。它和"文章"的关系，是属与种的关系，新闻报道是文章的一个类别，文章性是新闻报道的基本属性，而新闻性是新闻报道的特殊属性。

新闻作品既然是文章的一种，它和文章就有共同点。这种共同点主要表现在以下两个方面：

第一，从文章写作的动态过程来看，写作的动机是相类似的，写作的基本程序是相类似的。文章的写作动机是表达作者对世界的看法，新闻报道的写作动机也表达作者对事实世界的看法。文章的写作基本程序由观察、思考到运笔构成，新闻报道的写作程序也基本类同。

第二，从文章的构成要素来看，都是由材料、主题、结构、语言、表达方式等这样一些基本要素所构成，因而在处理这些要素时有共同的要求和方法。

三、新闻性是新闻报道的特殊属性

新闻报道又不完全等同于一般文章写作，它同时也是一种专业的写作，有独特的写作内容和独特的写作手法，因而具有新闻性。

新闻写作的特殊性主要表现在以下四个方面：

（一）新闻写作的中心内容是表述新闻事实

任何文章都会涉及叙事，但一般文章的叙事，目的不在于叙事本身，而在于表意。新闻报道的叙事，目的在于叙事，在于告诉人们当今世界发生了什么新鲜的事情。所以表述新闻事实是新闻作品的中心内容。这是新闻作品与一般文章的最根本的区别。

（二）新闻写作通过扎扎实实的采访获取材料

新闻写作不是有感而发，想到就写；也不是坐在书斋中研读材料，利用已有的材料进行写作。新闻写作必须通过扎扎实实的采访获取材料。

任何文章的写作都要获取材料，但采访是新闻写作获取材料的独特方式。采访就是记者深入现实生活中去获取有关新闻事实的新鲜、原始、可靠的材料。没有新闻采访，就没有新闻写作。

（三）新闻写作是注重时效的写作

新闻写作在时间上有严格的限制。时间上如果没有限制的话，新闻就会变质。因为新闻之所以为新闻，就在于时间近、内容新。这是新闻的本质属性。要保证新闻的本质属性，必须注重新闻报道的时效性。

时效性有两方面的含义：一是时差，指事件发生到报道之间的距离，这个距离越短越好。新闻报道要迅速，这是时效性的核心内容、主要方面。二是时宜，即合适的时机，新闻报道不能一味讲求速度，还必须选择合适的时机，以求好的报道效果。新闻报道要适时，是基本原则基础上的变通手段。

（四）新闻写作是一种受限制的写作

从某种意义上说，新闻作品不是完全个人的独立的产品，是一种集体的合作的产品。它的写作不完全由记者自由自主控制，必须有集体的合作的意识。而在其他写作中，个人的自主意识是非常重要的，对于有些写作来说，如果没有个人的自主意识，写作就没有意义了。

这种限制要求记者处理好个人和媒体的关系，了解所在媒体的报道方针和报道意图，把自己的工作自觉地纳入媒体的工作系统中，自觉地考虑版面的需求，有针对性地写稿；在此前提下，发挥主观能动性，创造性地写稿。

（五）新闻写作是面向社会大众的写作

新闻作品有着最为广泛的受众群体。虽然从个别媒体来说，各自有其独特的读者群，但从整体来看，新闻媒体的受众面是非常广泛的。这个受众群体包括不同阶层、不同性别、不同年龄的各色人等，也就是我们通常说的"社会大众"。所以新闻写作面对这样的受众群体，必须考虑大众所关注的问题，并采用大众所喜闻乐见的方式写作。

【作品阅读】

作品一

屠呦呦获奖感言：中医药的荣誉

新华网北京10月5日电（记者王思北、吴晶）"青蒿素是传统中医药送给世界人民的礼物，对防治疟疾等传染性疾病、维护世界人民健康具有重要意义。青蒿素的发现是集体发掘中药的成功范例，由此获奖是中国科学事业、中医中药走向世界的一个荣誉。"这是5日晚间，刚刚摘取2015年诺贝尔生理学或医学奖的中国女药学家屠呦呦，通过前往看望她的有关部门负责同志，向外界表达的获奖感言。

2015年10月5日北京时间17时30分，瑞典卡罗琳医学院在斯德哥尔摩宣布将2015年诺贝尔生理学或医学奖授予中国女药学家屠呦呦，以及另外两名科学家威廉·坎贝尔和大村智，表彰他们在寄生虫疾病治疗研究方面取得的成就。当晚，受有关党和国家领导人委托，国家卫生计生委副主任、国家中医药管理局局长王国强和中国科协党组书记尚勇前往屠呦呦家中表示祝贺。

国家卫生计生委、国家中医药管理局在对屠呦呦获奖的贺词中表示，屠呦呦的获奖，表明了国际医学界对中国医学研究的深切关注，表明了中医药对维护人类健康的深刻意义，展现了中国科学家的学术精神和创新能力，是中国医药卫生界的骄傲。

据介绍，屠呦呦1930年出生于宁波，多年来从事中药和中西药结合研究，目前担任中国中医科学院中药研究所研究员。2011年，国际医学大奖——美国拉斯克奖曾将其临床医学研究奖授予屠呦呦，以表彰她发现了青蒿素这种治疗疟疾的药物，在全球特别是发展中国家挽救了数百万人的生命。这个旨在表彰医学领域作出突出贡献的科学家、医生和公共服务人员的大奖，是生物医学领域仅次于诺贝尔奖的一项大奖。

记者了解到，疟疾是世界性传染病，每年感染数亿人，并导致几百万人死亡。上世纪六七十年代，在科研条件极为艰苦的环境下，屠呦呦团队与国内其他机构合作，经过艰苦卓绝的努力并从《肘后备急方》等中医古典文献中获取灵感，先驱性地发现了青蒿素，开创了疟疾治疗新方法，世界数亿人因此受益。目前，一种以青蒿素为基础的复方药物已经成为疟疾的标准治疗方案。

"听到这个消息感到非常振奋，衷心地祝贺屠呦呦首席研究员获得2015年诺贝尔奖生理学或医学奖。"中国工程院院士、中国中医科学院院长张伯礼说，屠呦呦多年艰苦奋斗、执着地进行科学研究，围绕国家需求，克服困难、一丝不苟，取得了令人瞩目的成绩。这是党和政府关心中医药、重视中医药、支持中医药发展取得的结果；是举国体制、针对中医药工作全国一盘棋取得的胜利，是全国科技工作者、科学家群体共同努力的成果，是中医药为人类做出的新的贡献。

（来源：腾讯网 2015 年 10 月 6 日）

作品二

隐身在集体中的诺奖得主

本报记者　陈　墨

几乎全世界的记者都在找她时，诺贝尔生理学或医学奖得主屠呦呦正躺在沙发上打电话。这个世界瞩目的老太太卷着裤腿、穿着一件松松垮垮的绿色对襟汗衫。

"我得跟你吐吐苦水。"这个看起来远比实际年龄年轻的诺奖得主眯起眼、抿着嘴笑起来，"现在弄得满世界都是屠呦呦了。"而对于获得诺贝尔奖，老人只用"国外尊重中国的原创发明"一语带过。

从电视上得知获奖消息时，屠呦呦正在洗澡，以为还是哈佛大学医学院颁发的华伦·阿尔波特奖。老人皱着眉头："这个刚闹完，又出来个诺贝尔奖。"

尽管站在小区里一抬头就能看到人民日报社亮着金色灯光的大楼，这个躲藏在胡同里的小区却似乎从未离媒体如此近过，从早上开始，停满了车，保安知道小区里有个科学家得了个奖，是"什么第一"，但对这个叫屠呦呦的老人没有什么印象。

"就这点儿事，到现在都几十年了。"老太太有点严肃地大声说，仿佛说起一件陈年纠纷。宽敞的大厅里灯火通明，茶几前摆了一排花篮，阳台上是另一排。晚上6点多，忙了一天"接待"的老两口晚饭还没吃。

饶有意味的是，屠呦呦参加的研发抗疟疾药物的"523项目"，正是在战争背景下开展的。1964年，美国出兵越南后，越美双方都因疟疾造成严重减员。"这个事比打仗死伤还要高"，屠呦呦回忆，双方都开始寻求治疗疟疾的全新药物。越方向中国求助，屠呦呦加入了科研项目。

"交给你任务，对我们来说，就努力工作，把国家任务完成。只要有任务，孩子一扔，就走了。"85岁的老人倚在沙发上，平静地说起上世纪60年代的事情。屠呦呦被派去海南岛，在苏联学过冶金的老伴儿李廷钊被派去云南的"五七"干校。

没有人比李廷钊更了解这个粗线条的科学家。她不太会做家务，买菜做饭都要丈夫帮忙。有一次坐火车外出开会，她想在中途停靠的时候下车走走，竟然忘了按时上车，被落在了站台上。

"别人还以为我有生活秘书，他就是我的秘书。"屠呦呦眯眼笑着看着老伴儿。自从获诺奖消息传来，李廷钊还要小跑着帮耳朵不好的屠呦呦接电话，从早到晚，老两口轮流对着一通又一通电话道谢。

时针指向7点整，一直在房间里忙活的李廷钊终于坐了下来，调大了电视音量。《新闻联播》第二条就是屠呦呦获奖的消息，满头白发的李廷钊重复着播音员的话："'综合国力和国际影响力全面提升'，听到没有，全面提升。"

电视画面上出现读着获奖感言的自己时，屠呦呦从沙发上站起来，看都没看一眼电视，去里屋找两本关于青蒿素研究的书。"我给你找书，你先看这个!"李廷钊急了。"书在哪儿?"屠呦呦在里屋问。"你先看嘛，我给你找!"老伴儿离开电视，小跑着去找书。

"你看，这是个分子结构，一加热就破坏掉了。"接过老伴儿递过来的书，屠老太太自顾自地指着封面上的分子结构对记者说。

近半个世纪前，屠呦呦从我国古人将青蒿泡水绞汁的记载中获取灵感，意识到高温煮沸可能会破坏有效成分的生物活性，将原来用作溶液的水替换为沸点较低的乙醚后，获得了更有效果的提取物。李廷钊说，研究青蒿素的时候，屠呦呦每天回到家都是满身酒精味，后来甚至患了中毒性肝炎。

没有回答记者关于获奖感受的提问，耳朵不好的屠呦呦却听清了《新闻联播》节目中的句子。"200多种中药，提取方法加起来380多种。"老人认真地对记者重复道。

老两口的普通话依然保持着浓浓的江南口音。"一会儿冷一会儿热"，老两口说自己小时候都染上过这种俗称为"冷热病"的传染病。青蒿素的发现被世界卫生组织誉为消灭疟疾的"首要疗法"。几十年里，已经在100多个国家拯救了无数人的生命。

为了确定药物对人类的有效性，屠呦呦和研究组的成员甚至充当了第一批志愿者，以身试药。提及此事，老伴儿李廷钊插嘴道："人家抗美援朝还志愿牺牲呢，吃药算什么？"

"当时动物试验过了，药走不出去，发病季节就过了，那就耽误一年。"屠呦呦平静地说，"所以那时候也不考虑荣誉不荣誉，我觉得荣誉本身就是一个责任。荣誉越多，你的责任就更多一点。"

在1979年发表的关于青蒿素的第一篇英文报道中，包括屠呦呦在内的所有作者和研究人员都隐去了自己的名字。即便在屠呦呦这个名字进入公众视野后，也时常被称为"三无教授"——没有博士学位、没有海外留学背景、不是两院院士。

《新闻联播》中的屠呦呦对着镜头读着诺奖的获奖感言，电视机前的屠呦呦坐回沙发里："领奖的事还没考虑呢，走一步看一步。"

虽然因为身体不好缺席华伦·阿尔波特奖，屠呦呦还是决定这次能去尽量去，"因为到底还是代表咱们中国"。但眼下，她只知道领奖时间"好像12月什么的"。

直到现在，屠呦呦有时还会去工作单位，"药来之不易"，屠呦呦希望青蒿素的应用可以扩充到更多的领域。

她也担心，用药不规范会导致对青蒿素的耐药性，"这是个问题，现在也很难控制。我只好呼吁大家重视"。

这个战胜了疟疾的老人说自己已经老化了，是否得奖已经无所谓，"我是搞医药卫生的，就为了人类健康服务，最后药做出来了，是一件挺欣慰的事"。

本报北京10月7日电

（来源：《中国青年报》2015年10月8日）

作品三

屠呦呦获奖带来的启示

本报首席评论员　戎国强

昨天，屠呦呦走上了诺贝尔奖颁奖台。这是中华人民共和国科学家第一次获得世界上影响最大的自然科学奖，中国科学家第一次在这个舞台上向世界展示自己的形象，让世界看到中国的科研水平和实力。这是值得全体中国人为之骄傲的时刻。

屠呦呦的获奖，在带给国人骄傲的同时，也带来启示和思考。屠呦呦开始参加防疟疾药物的研制距今已40多年，青蒿素获得新药证书也有30年了。这几十年里，尤其是改革开放以后，中国人有了"走向世界"的意识，中国人也有了"诺贝尔情结"。但没有人或没有哪一个部门想到青蒿素，没有把它和诺贝尔奖联系起来。"为国争光"意识强烈的中国人没有想到青蒿素是能够为国争光的。

让世界知道青蒿素的是美国国家科学院院士、疟疾研究专家路易斯·米勒。

他从2010年就开始，年年向诺贝尔奖评委会推荐屠呦呦。路易斯·米勒并不认识屠呦呦。2007年路易斯·米勒到上海开会，还到处向人打听屠呦呦，好不容易才联系上屠呦呦。路易斯·米勒推荐中国人屠呦呦的原因就是青蒿素本身。青蒿素挽救了世界上几百万人的生命——重视青蒿素的背后，是珍视"人"、珍视生命的意识。这里所说的"人"，是无差别的、无特定对象的所有人。没有这个意识，青蒿素很可能还在"深闺"无人识。

要走向世界，就要用"世界语"跟世界对话。门户之见，跟科学精神格格不入。屠呦呦获奖，引起"挺中药"和"反中药"的又一次口水战：要么全盘否定，无视中医药的实际效用；要么全盘肯定，不容一点中肯的批评。似乎已经发展到只讲立场不讲科学的非理性状态。而屠呦呦一点也不受门户之见的影响，肯定自己的探索获益于中医药，又坦承只有中医药理论是不行的——所谓科学精神，就是实事求是精神。尊重事实，是一切科学探索的起点，是科学家形象中最重要的要素。

诺贝尔奖的评选标准之一是原创性，而中医药正是中国的"原创医药"，有不可替代的价值。原创不能凭空想象，原创不是无本之木。屠呦呦从传统中汲取灵感而研制成功青蒿素，对如何创新是有启示作用的。对传统医药，妄自菲薄或妄自尊大都不是科学的态度。

（来源：《钱江晚报》2015年12月11日）

作品四

屠呦呦

我在《参考消息》读到《中国屠呦呦荣获美国医学大奖》一文时，对"屠呦呦"三字很是惊奇，先错以为屠呦呦是个医学项目，后又以为屠呦呦是从小在海外成长的科学家，所以才叫此名，结果两者都不是，屠呦呦就是我们土生土长的女科学家，今年八十一岁。

屠呦呦，浙江宁波人，自幼目睹中药之神奇疗效，立志长大探索其奥秘。1951年，她考入北京大学医学院，所学专业为药学，这在当时是个冷门学科。1955年，她大学毕业后分配到中医研究院从事中药研究工作，开始了终身的平凡而高尚的事业，而那一年我才出生。

中药是我们中华民族五千年来赖以生存的根。西医西药没进入中国时，中国人也活得好好的。今天，西医药资源平均占有率极低的中国人也加入人均长寿国家的行列，这实际上是中医药对我们民族的贡献。屠呦呦先生一生研究中药，并以祖宗的宝贵医药学问为基础，受到东晋名医葛洪的《肘后备急方》中"青蒿一握，水一升渍，绞取汁服"可治久疟的线索启发，在极为困难（当时在"文革"中）的社会条件下，取得了青蒿素抗疟疾药的研制成功。四十年来，屠呦呦发明的青蒿素拯救了几百万人的生命，世界卫生组织对其评价甚高。

前天，拉斯克基金会将这个全世界最权威的拉斯克医学大奖毫不吝惜地发给了屠呦呦，奖励她将一种草药变成了世界广泛使用的抗疟疾药物，其颁奖辞让人感佩："显然，屠呦呦的洞见拯救了千百万人的生命，尤其是发展中国家人民的生命，并将在今后抗击这种致命疾病的斗争中继续造福人类。"

屠呦呦先生不是院士，达到退休年龄时单位才吝啬地给了一个研究员的职称，如果拉斯克大奖不颁给她，她在中国就是一个默默无闻的科学工作者，中华民族之所以在百般磨难中坚持至今，就是因为有屠呦呦这样伟大而平凡的一员。

我由衷地向屠呦呦先生致敬，祝愿她健康长寿。

（来源：鉴宝档案；马未都博客文章第736篇：屠呦呦）

【思考讨论】

1. 对以上四篇文例加以对比分析，指出它们在文章类别上有什么不同？

2. 分析以上文例，谈谈一般文章的叙事和新闻报道的叙事有什么不同？

3. 分析以上文例，谈谈新闻报道和新闻评论在表达上有什么不同？

4. 分析以上新闻报道，谈谈对新闻写作的特点的理解。

【训练任务】

任务一

以报纸作为分析样本，选取某一报纸某一天的所有版面，分析版面的内容构成，研究新闻报道的占比和作用。还可以选择不同报纸进行对比分析。

任务二

在媒体上找内容相近的（最好写同一事）一篇叙事散文和一篇新闻报道，仔细分析研究散文的叙事和新闻的叙事有什么相同之处，又有什么不同之处。以解决初学新闻写作时把新闻报道写成叙事散文的问题。

任务三

确立一个新闻题目进行写作，在写作中总结新闻写作的特点。

新闻报道用事实说话

本单元的学习和训练目标：

让学生明了新闻报道作为话语体系主观因素的不可避免，但是

基于新闻报道的事实对象和基本功能，新闻报道必须把事实放

在第一位,作为主要内容,力求公正地报道事实真相。

【基本理论概述】

一、新闻报道的主观性因素

从文本形成来说，新闻报道是新闻传播者对现实世界的各种事件及现象思考加工的结果，其主观因素是不可或缺的。一个事实有没有传播价值，这个事实究竟是什么样的面貌，以及它和周遭世界甚或和过去和未来有什么样的联系，这些都取决于传播主体的洞察。一篇新闻作品，我们说它是全面的或者是片面的，是深刻的或者是肤浅的，是质量好的或者是质量差的，其中起决定作用的，是主体的思想水平、采访能力、写作能力等。正因为如此，我们才如此强调新闻工作者的素养。

新闻报道的主观性因素主要体现为价值因素和情感因素两个方面。价值因素包括政治倾向、价值判断、审美情趣、道德理想等等，情感因素包括爱怜憎恶、喜悦愤怒、哀伤忧愁等各种情感。这些价值因素和情感因素在新闻传播者选择、认识、分析、表达事实时都会不可避免地参与进来。如果说事实是"庖丁解牛"的"牛"，新闻传播者的主观因素就是那把解牛的"刀"，没有这把"刀"，牛是不能分解的。"解牛"的缺憾在于刀不够锋利或技术不娴熟割不到位。如果没有解牛的刀，新闻事实只是一头整牛，不会为我们所用。

新闻报道的主观因素，是一柄双刃剑，运用及处理不好，在表述新闻事实时会带来认识及表达上的偏差：或以发表意见代替事实描述，或以情感宣泄掩蔽真相揭示，或以有色眼镜造成事实扭曲。有人说"新闻报道应该避免主观因素"当是指这样一些因素。

二、新闻报道的客观性原则

客观性原则是随着新闻传播事业的发展与成熟在西方逐渐形成的关于新闻报道的理念和专业规范。它是在西方新闻商业化时期形成而在新闻专业化时期确立的一个关于新闻报道的基本原则。它是针对新闻报道中的主观偏差提出来的一个纠正方案。

客观性原则的必要性，根源于新闻报道对象的客观实在性，以及新闻传播表述事实、传递信息、帮助人们认识世界的基本功能。

客观性原则作为新闻报道的理念包含这样一些内容：（1）以一种公正的态

度报道新闻；（2）在新闻报道中只描述属于事实的内容；（3）描述事实力求接近事实原貌与真相。

客观性原则作为新闻报道的方法包含这样一些内容：（1）事实与意见分开；（2）平衡报道与事实相关的各方描述和意见；（3）所有的事实来源清楚；（4）有感情色彩的词语斟酌有度。

三、新闻用事实说话的方法

"新闻用事实说话"，是中国新闻工作者提出的口号，是在特殊的社会制度及文化背景下追求事实真相并遵从新闻规律的表达，是中国新闻工作者所主张的和西方客观性报道类似的新闻理念。

"新闻用事实说话"，建立在这样的理论基础上，从根本性质上说，新闻是一种社会意识形态，是以满足人们信息需求为社会功能的一种反映现实、思考现实的独特的话语形式。但是与其他社会意识形态的区别，在于它是以表述事实为主要手段。这种手段也就是新闻的根本性质与内容。

"新闻用事实说话"这个命题，既是对新闻报道性质的归纳，也是对新闻报道基本方法的归纳。

"新闻用事实说话"作为新闻报道的基本方法，包含了这样一些基本内容：（1）新闻的根本目的和主要内容是表述事实、传递信息，新闻写作首先必须以事实为主要内容，保证新闻报道中以事实信息为表述主体；（2）用事实说话是用确凿有据的事实说话，因而"用事实说话"包含了真实性的要求；（3）新闻报道表达意见要依托于事实，主要通过事实本身来说话。

在长期的新闻实践中，"新闻用事实说话"也形成了一些具体方法，常用的方法如下：（1）选择与组织事实；（2）场景再现；（3）添加背景材料；（4）引用人物谈话；等等。

【作品阅读】

作品一

天安门成欢乐海洋

中新社北京七月十三日电（记者 赖海隆 王玲） 北京人正从四面八方向这座城市的心脏——天安门广场聚拢，似乎在一瞬间便将能容纳百万人的广场充满了。这是北京市民表达他们喜悦的传统方式，这座城市刚刚获得了奥运会的主办权。

长长的车流在经过广场的时候发出长鸣，这声音很快就被广场里欢乐的人群发出的欢呼声淹没。广场上似乎像变戏法似的出现了龙腾虎跃的火热场面，数十面代表各高校的旗帜迎风招展，在震耳欲聋的威风锣鼓声中，人们高呼着一个声音：北京，北京，北京！

在宣布结果之前，在广场苦候结果的人们曾遭遇了一场大雨。不过，大雨并没有浇灭人们的热情，人们很快在雨中聚拢起来，执着地等候最后的结果。

一名姓王的女士是坐着轮椅由丈夫推到天安门的，他们大约七点钟就守候在这里，并被大雨淋透了。王女士说，我就觉得北京一定会赢，我一定要在中国的心脏——天安门来欢庆胜利。有十几个大学生骑车从洛阳到北京，行程近千公里，历时九天。今天他们也到广场庆祝。二年级大学生王涛说：我从来没有为我们民族那么自豪过。

五十四岁的马景全一家四口用了七个月的时间，以剪纸的方式制作了五幅挂笺马，画面是中国传统体育项目，如武术、太极，以及中国在世界上最强体育项目，如乒乓球等。老人今天将它们带到天安门亮相。当听到北京申奥成功时，老人一下子跳起来，高呼中国万岁。

截至记者发稿时，人流仍不断地向天安门广场涌动。

（来源：中新社 2001 年 7 月 13 日；第 12 届中国新闻奖二等奖）

作品二

七年上诉冤屈未伸张

新华社石家庄 11 月 18 日电（"新闻视点"记者）　河北省丰润县大令公庄部分村民，7 年前在村委会选举时因按自己意愿投了票而遭打击报复，经新华社记者报道后，引起河北省委、省政府的高度重视。

然而，记者近日到这个村回访时，一进村就被群众团团围住，村民们哭诉："为俺村上百号人的事，惊动了上上下下一二百名干部。大伙告状花了 18 万多元，咋到如今还是没讨回公道？"

1994 年，大令公庄村在村委会选举时，百余名村民没投上级指定候选人的票，先后有数十位村民被县政法机关个别人和村干部打伤、打残。1999 年底，记者报道了此事后，河北省委随即派出由省委督察室、纪检委、政法委等10个部门22名工作人员组成的调查组。经过2个月的调查，花费几十万元，调查组形成了长达113页的调查报告，同时向市、县交办了原村治保主任杨金明非法拘禁殴打村民案等24个问题。

省委调查组的报告公布后，村民们拍手称快："事情终于弄清了。"唐山市领导也认为，这个报告"经得起事实的检验，经得起时间的检验，经得起法律的检验，经得起群众的检验"。

为落实省委调查组交办事宜，唐山市委成立了由6位市领导任组长和副组长的领导小组，成员由市里11个部门的主要领导组成，仅地厅级干部就有8人；领导小组下设4个工作小组和一个办公室，"专班"人员近30人。如此庞大的队伍，再加上丰润县委县政府、七树庄镇的两套"配合班子"，在长达一年多的"落实"过程中，其吃、住、行开销，据说也是一笔"令人咋舌"的数目。

至于"落实"的结果，唐山市、丰润县有关负责同志不约而同地表示，省里交办的问题已彻底解决，对省里重点督办的杨金明案也做了严肃处理。各部门还出示了厚厚一沓"落实报告"。

可是，大令公庄村民对处理结果并不满意。他们说，为了"申冤"，7年来又是卖房子，又是卖牲口卖粮食，其实要求很简单：挨打受罚要有个说法，打人凶手要受到制裁。可如今，村民们却被告知，"打，是过去的事，现在又不疼了。再告，也没什么好下场。要拿回罚款，必须先写检讨。"至于打人的杨金明，虽然受到党内警告处分，却成了村里新任的党总支书记。

村民们茫然地问记者："解决俺们村的问题还有没有指望？还要再花多少钱啊?!"

（来源：新华社2001年11月18日；第12届中国新闻奖一等奖）

作品三

肿瘤科竟给医生定任务

本报讯（记者卢水平）　最近，省人民医院肿瘤科（肿瘤诊疗中心）的医生反映，并非每个癌症病人都应做的放射治疗（简称放疗）却成为医生们的定额任务，压得他们"喘不过气来"。

记者采访得知，所谓的放疗任务源于该科室的一纸内部政策《肿瘤诊疗中心奖金分配方案》。该方案明确提出将"医生的奖金应与完成放疗任务情况挂钩"，并对每月的任务定额分解：正高（主任医师）6万元，副高（副主任医师）4.5万元，主治医生3万元，住院医生2万元。科室9名医生每月要完成放疗任务35万元，否则按比例扣发奖金。

医生们透露，这一土政策始于2005年9月底，医院刚买回来一套价值约2000万元的放疗设备，科室主任当时就定下每月25万元的放疗总任务，并分解到人。去年5月，总任务又调高10万元。

有医生直言，放疗一般用于早中期癌症病人，但同时会损害正常细胞，有副作用。科室下达放疗任务的直接后果是，一些不该做、可做可不做的放疗，可能都做了。

省卫生厅纪委监察室有关负责人昨看到该分配方案后表示，此举涉嫌违规，将介入调查。

（来源：《楚天都市报》2007年1月19日；第18届中国新闻奖三等奖）

作品四

刘翔夺金　创造世界高栏史传奇

新华社大阪8月31日体育专电（杨明　肖春飞）　起跑，刘翔落后！50米，刘翔落后！80米，刘翔依然落后！

大屏幕中的刘翔咬紧牙关、双眼爆出血丝，拼命地追赶着领先的美国名将特拉梅尔。

距离在一厘米一厘米地缩短，终点在一米一米地接近。还剩最后一个栏了，刘翔还在苦苦地追赶，他和特拉梅尔相差半个身子。

只有奇迹，似乎才能挽回刘翔当晚在世界田径锦标赛男子110米栏决赛中的"颓势"，而奇迹居然就在这瞬间出现！

最后10米，刘翔宛如霹雳雷神，以惊人的速度冲刺。撞线时，人们惊呆了，就在这短短的10米内，刘翔居然明显地超越了特拉梅尔，冠军最终属于刘翔！成绩是12秒95！刘翔欣喜若狂！

这个胜利使刘翔成为世界高栏历史上，唯一将世界纪录、奥运冠军和世锦赛冠军称号集一身的传奇明星，其"大满贯"成就超过了英国的杰克逊、美国的阿伦·约翰逊等巨星。这个胜利也结束了中国田径八年在世界锦标赛上"零金牌"的尴尬。12秒95是今年世界第二好成绩，也是刘翔第五次跑进13秒大关。

在这场竞争空前激烈的比赛中，特拉梅尔以12秒99的成绩赢得银牌，他的同胞帕内以13秒02的成绩获得铜牌。赛前对刘翔威胁最大的古巴新锐罗伯斯仅获第四名，成绩为13秒15。中国另一名选手史冬鹏跑出个人最好成绩，以13秒19列第五名。

这场大战前充满变数。刘翔被分在最靠边的第九道，这是一条几乎从没产生过世界冠军的跑道。刘翔的对手极其凶悍，两届奥运会亚军特拉梅尔今年曾跑出过12秒95；罗伯斯则在今年赛事中战胜过刘翔，决赛前竞技状态奇佳。

刘翔当日提前两小时就开始热身，国内预测他夺金牌的呼声给了他空前的压力。"我非常紧张，以前比赛中从没这样紧张过。"刘翔赛后透露。他甚至赛前哭了起来，他解释说是过于激动，"我对自己说一定要跑出来，我必须要夺冠军"。

刘翔起跑没有优势，前三栏起码有三名对手在他前面，最后一栏前依然没有优势。"幸亏我最后冲刺不错，最后一栏下来，我知道领先了一点点。要不是太紧张，今天应该能跑到12秒90左右。"刘翔赛后说。

孙海平教练赛后动情地说："这是我带刘翔这么多年最不容易的一场胜利。这次大赛刘翔的压力很大，我也是第一次看到他这么激动，刘翔太不容易了。"

刘翔承认，这是他拼得最狠、最残酷的一次比赛，"非常不容易，太棒了！太棒了！太棒了！"

（来源：新华社2007年8月31日电；第18届中国新闻奖三等奖）

【思考讨论】

1. 作品一和作品四有明显的主观色彩，它和新闻报道的"客观性"原则是不是相冲突的？这两篇作品中的情感表达有什么价值？

2. 作品二和作品三都是"新闻用事实说话"的典范，请分析用了什么具体的方法？

3. 分析上述作品的主观性与客观性。

4. 新闻用事实说话和客观性原则有什么异同？

5. 新闻报道的主观性和客观性是什么样的关系？

6. 新闻报道的主观性因素还有哪些表现？

【训练任务】

任务一

寻找近期媒体上若干新闻报道，比较分析作品的报道意图，区分报道意图的不同层次。

任务二

研究近期媒体报道，寻找若干"用事实说话"的典范，分析其表现方式。

任务三

研究近期媒体报道，寻找若干主观意图影响事实准确表达的实例，详加分析。

第
四
单
元

新闻报道的媒介特点

本单元的学习和训练目标：

不同新闻媒介有不同的特点，也有共同的规律，这些在写作上都有

体现。本单元希望学生通过阅读思考，对不同媒介的特点有基本认

识，并初步掌握新闻报道在不同媒介里的呈现形式。

【基本理论概述】

目前，新闻写作的经验积累与主要模式都来源于平面媒体写作。但随着电子媒体的发展以及网络技术所带来的新媒体的兴起，新闻写作（或者说广义上的新闻产品制作）正在呈现出多样化的发展态势。

一、广播电视媒体新闻写作概述

（一）广播电视新闻写作特点

1. 非完整性

广播电视的文字写作是作为广播电视新闻传播的一个有机部分而存在的，并不具备独立性。文字的传播规律要符合广播电视的传播规律，要"为听而写""为画面而写"。

2. 隐蔽性

文字的写作在广播电视传播中越来越作为一种理念和思维方式的状态而存在。从广播电视新闻文本的呈现角度看，越来越多的纯粹的文字部分正在被更能代表电子媒体特色的声音与画面形式所取代。

3. 通俗性

广播电视媒体受众的收听收视习惯，决定了广播电视媒体的新闻写作必然是通俗易懂的。

（二）广播电视新闻写作要求

1. 口语化表达

广播电视新闻写作要做到将书面语改成口语。

在字词选用上要通俗简单。广播新闻要多用双音节词、注意语音的清晰，谨慎使用简称，避免误听。在谋篇结构上，广播电视新闻写作要篇幅短小、开门见山；尽可能使用较简单的句式，控制使用被动句和倒装句，减少使用否定句；要多按照时间顺序来结构文章。在语境上，广播电视新闻写作要注意模拟交流语境。另外，广播电视新闻在内容上还要有一定的必要的重复。

2. 情感化叙事

在遵循新闻写作基本要求——真实准确、客观全面等——的基础上，要充分挖掘和展现广播电视新闻的情感化优势。可以对新闻进行故事化处理，寻找和展示有意味的新闻细节和感染力强的新闻现场，并充分体现人文关怀。

3. 声画思维

要以声音和画面为基础和前提考虑广播电视新闻的写作。注意依据电视画面转换与编排的内在逻辑进行文字语言的配合，使得画面、声音与语言文字能够有机整合为一体，互相补充，互相配合。

（三）广播电视新闻文体主要类型

1. 消息类广播电视新闻

消息类广播电视新闻可分为短消息（三分钟以内）、长消息（五分钟左右）以及连续报道和系列报道。

2. 广播电视新闻专题（专稿）

广播电视新闻专题（专稿）即运用广播电视表现手段，对于具有重要性的新闻事件或新闻人物所进行的较为深入、细致和完整的报道（类似于一般新闻文体中的"通讯"类型），可以分为新闻事件专题报道、新闻人物专题报道和新闻调查专题报道。

3. 录音报道和现场直播

录音报道，是主要用现场音响来报道新闻的一种新闻报道形式。它通常由现场音响、人物谈话录音和口播叙述语言（解说和文字稿）组成。现场直播包括广播现场直播和电视现场直播，是指通过广播电视信号将新闻现场正在进行中的新闻事件同步传递给公众的一种新闻报道形式。

二、网络媒体新闻写作概述

（一）网络新闻写作的基本特点

1. 即时性和全时性

网络媒体能够最大限度地保证新闻报道的时效性，做到即时报道和全时发布。网络新闻因为即时性的特点或者说优势而发展出诸如滚动新闻等文本形式。同时，网络新闻也因全时性特点而出现了某些海量的全景式写作的新闻报道。

2. 易读性和互动性

以读者为导向，网络新闻写作需要适应网络时代的"扫描式"速读，简洁明快，突出关键词，便于读者浏览。网络写作同时也是一种开放式、互动性的网众参与式的写作。

3. 超链接和超文本

超链接作为互联网所具有的显著的技术特性，使得网络新闻写作具备了层次化的表现形式。网络新闻同时也是一种融合性的以多媒体形式呈现的文本。

4. 个性化和风格化

网络语言最能够体现大众文化的变迁，这种基于人际传播而创造出来的鲜活生动变动不拘的语言为网络新闻写作提供了个性化的选择。同时，网络传播的特点带来了新闻表现的个性化和风格化。

（二）网络一般性文字新闻写作概述

网络一般性文字新闻主要类型包括网络消息类新闻、网络深度类新闻和网络调查等。

1. 网络消息类新闻的一般性结构

网络消息类新闻的结构包括：标题，新闻发布时间和来源，核心提示（内容摘要），主体（一篇或多篇组合，单文本或多媒体），新闻背景与延伸阅读，关键词、相关新闻与相关专题，其他互动内容。

2. 网络深度报道的主要形式

在一个新闻主题的统领下，运用深度报道的思维，综合多篇报道、评论和互动内容，结合多媒体形式，大多数是以"背景介绍与事件、人物、问题概述—多角度切入阐述或划分小话题深入探讨—结语"这种较为典型的"三段论"模式结构而成的新闻专题。

3. 网络调查的一般流程

选择话题—设计问卷—分析数据—撰写调查报告或新闻。

（三）网络即时性新闻写作概述

网络即时性新闻的主要类型包括滚动新闻、文字直播、实时报道和嘉宾访谈等。

1. 滚动新闻写作

滚动新闻主要包括两种情况：一是价值一般的常态新闻的滚动式发布，二是重大突发性事件后全时性的滚动式报道。

与一般新闻写作中的简讯（快讯）文体类似，滚动新闻写作要求"短、平、快"，内容短小而切中要害，交代清楚新闻点，写作平实。

2. 文字直播

文字直播主要包括四种形式：一是全程实录，几乎一字不落地记录新闻现场的全过程；二是过程性直播，有选择性地记录新闻事件的要点，将其发布在直播网页上；三是穿插式直播，不仅有单纯的关于新闻现场的文字记录，还及时穿插相关新闻背景、数据、图片、视频等的超链接文本；四是评议式直播，在直播新闻的同时对于新闻内容进行解读。

文字直播的基本工作流程：建立直播网页—发布预告消息—直播前准备—直播中的内容发布、相关链接与互动—直播后的内容整理与编辑。

3. 实时报道

实时报道是针对同一新闻事件的不间断的连续性即时报道，与滚动新闻和文字直播相比，它的表现形式更多样化和灵活，在时效性要求上则高于滚动新闻、略逊于文字直播。

4. 嘉宾访谈

嘉宾访谈主要有两种类型：一是网络媒体的相关工作人员担任主持人，在网络直播间对邀请的嘉宾进行对话并直播；二是由受邀嘉宾做客论坛、微博等，与网民进行互动交流，并进行网上直播。网络嘉宾访谈具有强烈的互联网色彩，如互动性强、多元声音，所请嘉宾范围相对广泛。

（四）网络图片与视频新闻写作概述

随着互联网技术的日益成熟，图片新闻、视频新闻在网络新闻中所占的比例逐步增加。

一条完整的网络图片新闻通常由以下几部分组成：标题、图片、文字说明、配文、作者、来源、发布时间和相关新闻。

网络图片新闻的编写步骤主要包括：选取新闻照片，编辑、制作图片，选择合适的表现手段如示意图、幻灯片、立体图等等，选择合适的发布位置，进行图文编辑。

网络图片新闻的编写原则有：遵循新闻价值原则；遵循图片的现场性、主题性、完整性原则；尊重版权原则；区别假照片和适度图片技术处理的界限；精选和搭配图片。

网络视频新闻一般有传统媒体机构、网络媒体自制、社会文化传播机构和网民制作三部分来源。

相比于传统广播电视音视频资源，网络视频新闻的特点和优势主要在于内容的可留存、过程的可控制、编排的可整合和互动的可参与。

（五）博客、微博新闻写作概述

博客、微博、微信公众号等 Web2.0 时代的自媒体代表，在新闻传播领域也占据了一席之地，并且其影响力具有逐步扩大的趋势。

1. 博客新闻

目前的博客新闻从内容上划分，大致有五种类型：突发事件报道、新闻披露（往往是独家新闻）、新闻追踪报道、新闻采编手记和新闻评论。

博客作者，大致有三种类型：专业新闻网站、记者个人和传媒专业人员、草根作者。

博客新闻写作具有较大的自由性和个体性，同时，它的突出优势在于即时性、现场感和互动与延展性。

2. 微博新闻

微博新闻被视为具有强大的议程设置功能，其主要特点是：对于微内容的聚合与开发，开放性、协作性的信息制作，以及病毒式的信息传播方式。

微博新闻的文本特征包括：在写作中要求语言精练、内容单一、主题突出，即时性、多媒体、加标签，在标题等各方面强化导读功能，现场感、细节化，强化互动性。

【作品阅读】

作品一

广播连续报道：由保洁员吃剩饭引发的思考（节选）

第一篇：从保洁员身上我们看到了什么？

开头片花：中国之声特别策划——《由保洁员吃剩饭引发的思考》

主持人：

男：今年10月20号，《新闻纵横》节目关注了这样一个事情——"烟台大学62岁的保洁员吴明华和他六位同事的一些故事"。这7位保洁员在学校的食堂里面看到了学生们吃剩下不要的馒头和米饭，觉得不忍心丢弃，于是呢，就把这些食品装到塑料袋里，留着自己晚上吃，生怕浪费了粮食。这种做法，他们已经坚持了5个月。

女：有人说，他们的这种做法太过时了；也有人说，他们身上流淌着长征精神。从今天（19日）开始，中国之声将连续推出系列报道——《由保洁员吃学生剩饭引发的思考》，和您一起探讨老人在大学食堂吃剩饭的思考。那今天播出第一篇：从保洁员身上我们看到了什么？

正文：

"舔干净不丢人"，这是烟台大学四层食堂里最新挂出的海报。

下午五点半，记者和刚下课的学生们一起来到了生意红火的窗口前。"烟台特色小吃""淄博特色小吃""台湾美食""韩国料理"……各个窗口都向外飘着香味，价格几乎都不会超过15块钱。

62岁的保洁员吴明华，推着小推车穿梭在吃饭的学生中收拾餐具。把剩汤、剩饭倒进车上的泔水桶中，再把盘子摞好放进车里……这些动作吴师傅做得熟练而又迅速。只是偶尔，他会把盘中看起来还不错的主食，留下放进车上一个最小的塑料袋中。

晚上7点半，学生们陆续离开了餐厅，吴师傅看见工友罗师傅和其他几个人已经坐下吃饭，便也带着刚刚盛着剩米饭的塑料袋走了过去。虽然只有几步路，但看到旁边桌上还有一盘学生刚刚剩下、看起来还很完整的炒茄子，吴师傅顺手拿起来——没有"疑问"，没有"抬头"，甚至没有任何的"停留"，大家夹起了还冒着"热气"的茄子，就着桌上的洋葱、豆腐、卷心菜，开始吃饭了。

吴明华："拣点剩饭吃，也不脏，就像个人家孩子一样，学生都挺干净。"

第一个带头吃剩饭的吴明华是吉林省伊通县人，曾经是村里的小学教师。孩子定居烟台后，他也搬到了这里。吴师傅说家里并不缺钱，这么做就是不想浪费。

吴明华："就是不挣这点钱，孩子也给钱，不同意我出来干活。"

烟大四层一共十多名保洁员中，陆续有6个人开始效仿起吴师傅的做法。他们中年龄最大的66岁，最小的53岁，都来自农村，经历过艰苦的生活。甚至，他们中有的人，孩子就在这里上班。比如，罗玉龙的儿子罗国胜，从一开始就反对爸爸吃剩饭。

罗国胜："他说怪可惜的，说他们那些人都能吃，说我也能吃。担心老人吧，他吃凉的不好吧，这么大岁数捡着吃也不好！"

"但孩子们的反对并没有阻碍老人们按照自己的想法做事。现在食堂的剩菜剩饭和以前相比，显然有了改观。"食堂经理刘建新说。

刘建新："通过他们这些工人的身体力行，可能对他们感触很深，剩的饭菜比以前少了很多。"

老板娘杨燕也有同感。

杨燕："改善多了！他们过来就说要半碗米饭，馒头给我来半个行不行，以前从来没有这种情况。"

烟台大学校长房绍坤，介绍了这变化背后的新规定。

房绍坤："学生可以买半份菜、买半份饭，以适应不同学生群体的这种需求，保洁员也为广大师生上了一堂生动的勤俭节约的课。"

快要离开时，我们不经意地问了吴师傅一句。

记者："有没有想过，有一天食堂没有剩饭了会是什么样的？"

吴师傅的回答几乎没有任何思考："没有剩饭那不更好嘛！但我想那是不可能的。"尽管认为浪费避免不了，但说起自己的行为，吴明华也丝毫不含糊。

吴明华："一粒粮食一滴汗，一个餐厅一天节约个几斤粮食，一年呢？一个学校节约这些，一个省的呢？全国呢？就寻思自己节约点。"

主持人：

女：从当时我们的节目当中播出吴明华和他同事们的故事到现在，已经又过去将近一个月的时间了。在这期间，很多同学在表示深受感动的同时，也更加强了自我的约束，也自发地对节约粮食进行了广泛的宣传和倡议。

男：除了在校学生，更多的年轻人在网络上也发起了讨论。那就是，现在的物质生活如此丰富，像吴明华那样岁数的老人，他们经历过的那种物资短缺、甚至是饿肚子的生活，那现在的年轻人对这种状况恐怕是无法想象的。那么，像吴明华老人这样的做法、这样的观念是不是已经有些过时了呢？

女：比如说微博上有网友说：节约是传统的、过时的观念，还有多少人愿意"新三年、旧三年、缝缝补补又三年"呢？毕竟时代不同了，人们的认识也不同了！

男：微博用户"刘书礼1947"，从他的用户名和资料里头大约能判断出来，这也是一位66岁的老人。他说呢，吴明华62岁，应该跟自己一样经历过三年自然灾害，经历过，知道得自然深，体会得也深。中国人民向来是勤俭节约的。"食求果腹，衣求蔽体"的传统一直保持了几千年。那现在呢，改革开放了，物质上是极大丰富了，但是祖先的传统美德不能丢。

女：我看到这样一位，这朋友叫"越看阿信越帅的小白"，一看名字就知道是阿信的粉丝。他说，我们宿舍就会买了饭带回来大家一块吃，这样就不会剩了。

还有一位叫"潮流人生韩董"，他这么说：作为一个城市孩子，从来没有体会过农民伯伯的艰辛，但是父母从小就教育我，要尊重别人的劳动果实。

男：的确，"历览前贤国与家，成由勤俭破由奢"，这是老话了。现在呢，即使对于绝大多数人来说，生活水平不是以前能比得了的。不过往小了说，咱们国家还有一些地区，在那些地方呢，生活水平可能没有很多人想象的那么高；往大了说，世界上仍有8亿多人口正在因为饥饿问题而挣扎。所以呢，如果有人觉得"一丝一缕，恒念物力维艰"这句话听着不太懂！那么，老百姓有句大实话那就很好理解了，就是——"兴家犹如针挑土，败家好似浪淘沙"。"勤俭节约"这是传家宝，不论什么时代，应该永远都不会过时！

结尾片花：音乐起

男：一个看似细微，却需要勇气的举动——

记者："最近，烟台大学7名保洁员吃学生剩饭的消息一经传出就成了社会……"

女：一句平凡朴实，却寓意深刻的话语——

吴明华："扔了怪可惜的，粮食来之不易！"

男：一种容易忽视，却不可或缺的美德——

吴明华："勤俭节约是一种风气，在我们这个思想中，大家都挺珍惜。"

女：中国之声特别报道——《由保洁员吃学生剩饭引发的思考》，期待您的声音！

男：中国之声"新浪"和"腾讯"官方微博、官方微信、央广新闻热线——400-800-0088，欢迎您参与讨论。

（来源：中央人民广播电台 《中国之声·新闻纵横》2013年11月19日；第24届中国新闻奖一等奖）

作品二

专访北大卖猪肉毕业生

《看见》电视文稿　柴　静

北大毕业生，曾经的文科状元，在后来的小县城里面当了屠夫。拖鞋、短裤、当街卖肉，多年后他被请回北大向学生做演讲，开口说的第一句话是我给母校丢了脸，抹了黑。这句话一出，引起了强烈的舆论反弹，很多人批评说卖肉不丢脸，你这么想、这么说才丢脸。倡导职业平等和尊严的批评之声很必要，也很正常，只不过如果一个人在演讲时，说出的是他真实的人生感受，那么恐怕简单的批评，也很难平复这二十多年来的人生滋味。先了解，再评判：

节目文稿及视频：

【解说】

陆步轩恐怕是中国最著名的屠夫，曾出版《屠夫看世界》一书，一九八五年陕西省长安县高考文科状元，考入北大中文系，后来在街头卖猪剁肉为生。

【纪实】

记者：你觉得北大四年，给你的影响是什么？

陆步轩：这个我暂时不好说。

记者：那你自己希望自己，以后能做什么？

陆步轩：现在我不敢说，命运基本上不掌握在我手里。

【纪实】

陆步轩：我是给咱们学校、给母校抹了黑。

2013 年，毕业二十四年之后，陆步轩受到邀请回到母校北大演讲，一开口就说："我是给咱们学校，给母校抹了黑、丢了脸的人。"

【解说】

这句话激起了相当大的不满。在网络上，很多人反驳陆步轩，说卖肉并不丢脸，这么说才给北大丢脸。这引发了激烈的网络讨论。

【采访】

柴静：说自己是因为做这个职业，在给北大丢人、抹黑，这是怎么回事？

陆步轩：以前到北大去演讲的都是很风光的人。我是一个小人物，觉得跟人家还有差距，所以说一些谦虚的话，也没有贬低我自己或者北大的意思。只要是凭自己勤劳致富，我觉得都是很光荣的。

柴静：那你为什么不能站在北大的演讲台上公开地说，我就为我的这个职业而觉得光荣和自豪？

陆步轩：我也很少演讲，到那种场合我也有点紧张。

柴静：反对你的声音是觉得，你贬低了卖猪肉这个行业的尊严。你好像把劳动者分成了某些等级。

陆步轩：受过高等教育，尤其是北大这种高等教育，来从事这种大家看来比较低级的工作，就是反差比较大。

柴静：您说的是大家看来比较低级？

陆步轩：社会的看法。我的看法有很大程度受社会看法的影响。

【解说】

北大校长许智宏，当天在场表达，北大毕业生卖猪肉并没有什么不好。从事细微工作，并不影响这个人有崇高的理想。但这个话，当年的陆步轩并不信服。

【采访】

柴静：他一直在各种场合都说，北大可以出政治家、科学家、卖猪肉的，都是一样的。他这个话没有说服你吗？

陆步轩：好多人都认为这是自嘲的行为。你们北大出了个卖猪肉的，没法说了，自嘲呢。

柴静：比如在我看来，他这个话的意思是想表达职业的平等。

陆步轩：但是在不同人听起来，意思就不同了。

柴静：你是不是对这个职业角色还是有一种自卑感？

陆步轩：应该说有点，说完全没有那是骗人的。

【解说】

实际上，从2003年他被新闻媒体报道开始，这样的争议就从来没有停过。在书中他曾经直接地对另一种声音作出过回应，说那些励志的漂亮话说起来并无意义。因为当屠夫，并不需要什么技术含量，一个没有接受过高等教育的人一样可以做，当一个人在年轻时代花了多年时间接受专业训练之后，再去杀猪卖肉，对知识和智力都是一种浪费。他甚至在书里写，如果认为北大学生卖肉完全正常的话，为什么不在北大开设屠夫系，内设屠宰专业、拔毛专业、剔皮剁骨专业，那样卖起肉来岂不更专业？

【采访】

陆步轩：我那是情绪化的。

陆步轩：我在此再次声明，那段话对不起校长，对他有点不恭不敬。我那时候完全不了解，我觉得这是作为一个官方人士，来推托。后来一些从学校（知道）完全不是那回事，我理解错了，所以我郑重地向许校长道歉。

【解说】

但陆步轩说，自己一直是一个真实的人，不愿意说空口号误导台下的年轻人。他说面对女儿的时候，也告诉过她，不要学文科。因为他觉得理工科，能够直接运用直接见效。

【采访】

陆步轩：文科是软科学，像我们这种草民，你在这方面要做出成绩很难的。

柴静：这跟一个人出身阶层有什么关系？

陆步轩：关系可大了。往上混，这有好多潜规则，就是你要在学术界发一篇文章，你一个无名小辈，没人推荐的话都是很难的。

柴静：你是怕她怎么着呢？

陆步轩：我怕她重蹈我的覆辙。

柴静：您这么想会不会太实用主义了，或者太功利了。

陆步轩：社会就是这实用的社会。

【纪实】

"我们两个，我说是北大的偏门，两个卖猪肉的"。

【解说】

这次受到邀请跟他一起在北大做演讲的，还有另一位也被称为"猪肉佬"的北大毕业生，叫陈生。他毕业于北大经济系，目前是一家猪肉品牌公司的董事长。上台之前，他曾经劝过陆步轩少一点悲观情绪，因为他觉得卖猪肉的经济收益相当不错。

【采访】

陈生：我说你别那么卑怯，我告诉你，他说他上去的时候照样卑怯。

柴静：你为什么要提醒他不要卑怯？

陈生：我说别给北大添堵，他说还是一样。

陈生：他出事之后，他同学就想怎么拯救他。然后一问他说，老陆，你一个月收入多少，他说收入多少。突然之间呢，你现在收入也蛮好的，为什么说是对不起北大，怎么说抹黑呢？

柴静：他是说，站那去就比较打鼓。

陈生：但是那些精英多少呢？我们北大出了总理，到目前为止也就只有一个。那么每年毕业，四五千人、五六千人，大部分还不如他呢。

【解说】

但即使是陈生，一再劝陆步轩不要卑怯。但站在讲台上，他脱口而出的话也是，"我们是北大的丑角"。

【采访】

柴静：按照你之前的叙述，你好像完全不在意这些，面子和外界评价？

陈生：绝对不可能，那肯定会受影响的，任何一个人都不是真空的一个人。

陆步轩：好多人心目中北大是中国的最高学府，这是种沉重的负担。

柴静：负担？

陆步轩：你做得好，人说你是北大毕业的，你高才生是应该的；你稍有差池，人会嘲笑你，北大的什么水平。社会是非常复杂的，一旦受到挫折抹不下面子也好，就是很容易消沉。

柴静：你在说你自己吗？

【解说】

陈生和陆步轩，二十年来，从"北大学子"到"屠夫"，他们分别经历了什么呢？陆步轩出生在陕西省长安县农村，母亲早逝、家境贫寒，家里的书，只有一本《毛主席语录》，他说自己天性适合做学问，喜欢刨根问底。一件事情，总要探索出来龙去脉，在学习上有天分。中学的时候，他的考试成绩，常常比别的同学领先一百多分。

柴静：中学同学说你在中学的时候，是一个很狂妄的人。

陆步轩：是啊，那时候学习好。现在也是一样的。

柴静：你当时优势有多明显？

陆步轩：就是毕业的时候，讲桌上一坐，各项水平超过老师的水平。

柴静：这是你自己对自己的评价？

陆步轩：我自己对自己的评价，就是说数学老师跟我考数学，考不过我；英语老师跟我考英语，他考不过我。

柴静：你知不知道他们给你起了一个外号，叫"夜郎"？

陆步轩：因为比较狂妄自大嘛。

柴静：那时候你们班这些人总体来说对你服气吗？

陆步轩：可能在别的地方不服气，但学习上绝对服气的。

柴静：那时候女生对你好吗？

陆步轩：学习好当然好了。

【解说】

那一年，陆步轩考上了西安师范大学。他撕掉了录取通知书，横下心要上北大。

【采访】

柴静：那时候北大在你心里，算是一个什么象征吗？

陆步轩：最高学府嘛，伟大领袖毛主席都在那儿当过图书管理员。他没当过老师，你想老师那层次多高。

柴静：那个时候，你对自己的期望是什么？

陆步轩：科学家、文学家，就是说在一定的领域有造诣的人。

柴静：是希望成为一个"家"是吗？

陆步轩：是想成为一个"家"，不想成为一个"匠"。

柴静：在你看来这两者，区别是什么？

陆步轩："家"是富有创造性的，"匠"是干活的。

【解说】

考上北大那年，陕西的陆步轩骑着自行车挨个告诉每一个认识的人，"我成功了"。一向一分钱都要掰成两半花的父亲，为了儿子大摆宴席。

【采访】

柴静：乡亲说得最多的话是什么？

陆步轩：了不得、了不得，这是最多的一句话。也有些有水平的话，文曲星下凡。

柴静：在他们心里头，考上北大意味着将来过什么样的日子呢？

陆步轩：一定是高官厚禄，农村就是这样认为的。

柴静：那他怎么能直接联系上高官厚禄呢？

陆步轩：天子脚下，第一学府，这出来为国务院、中央培养人才。他们就是那样说的。

柴静：你心里当时这么想过吗？

陆步轩：也有这点想法。

【解说】

第一位也被称为"北大猪肉佬"，后来当上猪肉企业董事长的陈生。比陆步轩早四届，出生在广东湛江农村，父亲早逝，母亲勉强拉扯五个孩子长大，经常顾不上他。他晚上有时候就在庙里睡。学习成绩一直中等偏下，第一次高考的时候，成绩也差得离谱。

【纪实】

陈生：一百八十分上线，我一百六十四分，考四门每门四十一分，你说差到什么程度了，谁知道（后来）考上北大了。一考的时候我全县第一名，县领导说这个家伙搞不好能考个重点大学，中间把我志愿给改了。

【采访】

柴静：你拿这个北大之后，你们家对你有什么期望吗？

陈生：我母亲是一个文盲，她有什么期望，我到哪儿读书她也不知道。

【解说】

但是上了北大之后，陈生还好，陆步轩却发现天外有天。无论是学习成绩还是见识上，他都掉到了中下游的水平。大学四年，他不参加社会活动，不去周末舞会，没有跟女生约会过。他的同学描述他，第一次见面的时候，看到他把烟夹在耳朵上，盘腿坐着，以为他是送人上学的农村亲戚。对他的印象，都是在自己身上"包着一层厚厚的壳"。沉默的外表下，他的自尊发展得更加强烈。他毕业分配的时候，陆步轩的性格依然倔强桀骜，他认为自己不管是从政还是经商，干什么都一定会成功。当时曾经有一个省级的钢铁企业学校让他试讲，他觉得人家傲慢，掉头就走。

【采访】

陆步轩：一个企业的学校，我们北大毕业的肯定姿势比较高。他考试什么的，乱七八糟，我才懒得理你这些事。

柴静：你后来后悔过你这个年轻气盛吗？

陆步轩：回过头来还是有点，因为大环境下应该夹着尾巴做人。

【解说】

毕业分配形势不好，以前是"皇帝女儿不愁嫁"，现在"靠关系"。家里八辈子务农，没有任何背景。他也从来不知道领导的家门在哪里，甚至忍受不了送礼的时候心里做贼的感觉。而陈生被分配到了广州教育学院。但他不想去，于是想了一个办法，不但没去教育学院，而且去了广州市办公厅。

【采访】

陈生：我就跑到院长那里，跟院长说，院长，我有一点点的口吃，不太适合当老师。他说，我真认为你不适合当老师。

柴静：那你怎么能进办公厅呢？

陈生：我的运气好，刚好碰上那个，也是北大中文系的一个师兄。他还问我，我听说你有点口吃，怎么发现你没有呢？我说见到师兄，就像见到家里人一样。

柴静：你不害羞，是吧？

陈生：我不认为这是个羞。

柴静：但你看刚才陆老师接受采访的时候，他是多么不能够接受和容忍这样的事情。

陈生：我跟他是不一样的。

【解说】

北方的陆步轩，沿袭着在北大得到的"宁为鸡头，不为马尾"的气质。一气之下主动要求回长安县，去了县计委，而且没有编制。一个在学校音韵学中度过了四年的年轻人，对中国正在发生的巨变还毫无感知。他不知道计划经济的全面控制已经走到了尽头，他所在的单位很快就将失去过去的大量资源。

【采访】

柴静：回到长安县在计委工作，能成为一个"家"吗？

陆步轩：我认为，可能有发财的机会。

柴静：那判断怎么来的呢？

陆步轩：最起码能接触一些，熟悉体制，熟悉经济。

【解说】

当时在广东，进入体制内的陈生也有相似的期待。

【采访】

陈生：摸清楚什么赚钱，哪里有漏洞，不是叫漏洞，哪里有机会什么的。

柴静：那你现在这样讲，大家觉得你当年是在找政策的空子。

陈生：那个叫机遇，不叫空子。而且我做的都坚持底线，比如说投机倒把，这个本身在某段时间，它是违法的，是犯罪的；有段时间认为它是非常好的，因为投机，有机遇就投进去。

【解说】

两个年轻人都进入体制之中，都靠着在北大学习的文字经验，给领导当了秘书。不过有一次，陆步轩写的文章得了奖，因为有领导把自己的名字写在他之前，他就把获奖证书撕掉了。

【采访】

柴静：你是不能接受什么呢？

陆步轩：我不能接受说假话。

柴静：有的人觉得你很正直，另外一些人会觉得你会不会太书生意气了。

陆步轩：迂腐，太较真，但我一直是这样的，我现在还保持这样。

柴静：起码你完全可以不用这个激烈的方式表达，对吧？

陆步轩：思想迂腐，不会转弯。

柴静：你想过改变自己吗？

陆步轩：没有，我不想改变，我就是这样。我要活出一个真实的自我。

柴静：你说这个话还是有那种被人叫作"北大才子"的劲。

陆步轩：现在都不敢当了。

【解说】

陈生的个性不同，但也遭遇了相似的命运。他给领导当秘书的时候，写了篇文章支持市场经济。当时这个提法仍然有争议，他遭到领导批评，就有了离开之念。

【采访】

陈生：我就跑到灯光夜市里面，搞点兼职，卖点衣服。

柴静：办公厅当秘书，然后晚上去卖衣服。

陈生：广州几百万人，谁看见你谁管你，一天晚上能赚三十块钱，我干公务员一个月，才八十块钱。

柴静：当时在广州，这不算丢人，是吧？

陈生：我不觉得丢人，况且也没人知道我是谁。

【解说】

两人都开始下海，把挣钱当成是另一条成功之路。身在广东的陈生，一边做着公务员，一边做小本生意。但在小小的关中县城，当年的文科状元几乎人人皆知，陆步轩无处可藏。在计经委，他没有编制，分不到房子，住在一个六平方米的门房里，工资只有正式工的一半。他被迫下海，干过化工，搞过装修，都接连失败了，负债累累。他的第一次婚姻也到了尽头。前妻对外人说，当年是因为文凭才嫁给他的，但现在他让我丢尽脸面。离婚之后，他大病一场，酗酒、打麻将，做过四年的职业赌徒。从北大带回来的八箱书，再也没有打开过。他说绝望中，靠着喝闷酒度过。

【采访】

陆步轩：心力交瘁吧，我觉得人的支撑，主要是精神。只要你精神垮了，身体接着就垮掉了。四面楚歌，走投无路了，那会儿就是精神确实垮了。

柴静：你那时候想将来的事吗？

陆步轩：不想，打麻将那个规则，是非常公平的，人生的规则不公平。

柴静：怎么不公平？

陆步轩：首先，出身决定了你周围那个圈子。当然不是不能改变，是改变比较费劲，它那个规则本身不公平。

柴静：你们那个年代最响亮的口号不就是"知识改变命运"吗？

陆步轩：到我们那时候，知识已经无用了。

柴静：你们班那么多同学，也有改变自己命运的人、把握自己命运的人。

陆步轩：各个人的际遇都不同。

【解说】

当时广东沿海刚刚开放，大量商机存在。尤其是城市的现代化过程，让土地和房产在极短时间内，积累了极大财富。陈生后来靠帮朋友做房地产发家，没有一分钱的投资，在三年里挣到了一个亿。陆步轩的北大同学此时纷纷南下，也邀请过他去南方打工。

【采访】

柴静：你没动过念头，说我得做大，或者做强？

陆步轩：也动过，没有那个经济实力。

柴静：他也是白手起家，跟人家合作。

陆步轩：他到那时候，已经积累得差不多了，这还是观念上的问题。陕西那个地方，还是比较封闭落后的，加之我这个人比较保守。

【解说】

再婚之后，为了老婆和孩子，陆步轩不得不为生存奋斗。他开过小卖部，但进的五号电池都是假货，他不好意思卖，都留下来自己用了。三个月下来，亏了将近一万块钱。走投无路之下，他媳妇建议他去卖肉，因为成本低回钱快。他后来在书里回忆说，肉摊上当时都是苍蝇乱飞，血水横流，肉腥气刺鼻，只能穿着短裤拖鞋站在铺里。手上是常年洗不净，后来就索性不洗猪油。街坊没有人知道，他是北大毕业的，孩子被人叫作"卖肉娃"，他索性跟别人说他是文盲，唯一区别于其他肉贩的，就是鼻上的眼镜。

【采访】

陆步轩：晚上挂一排，我就做梦在那儿想。这是尸体，尸体在那儿挂着，晚上不吓死，后来都习惯了，习惯就没感觉了。

柴静：好像喂猪、养猪、杀猪这个事，在你心里头是一个……

陆步轩：很低档的事，我一直认为是很低档的事。

【解说】

老父亲第一次听说，他在开肉铺卖肉，气得找上门来。

陆步轩：不上大学照样能卖。你上了大学还干这个，上学有什么用。我弄点酒一喝，让我父亲非常伤心，流泪了。

【解说】

但陆步轩的好处是，做事耿直、认真，卖肉时不欺压人。

【采访】

陆步轩：咱们就卖好的，少赚一点，做的是良心的生意、不害人。

【解说】

生意渐渐好了，陆步轩觉得，生活还有点滋味了。但他仍然不肯回学校，不参加同学聚会，隐姓埋名，自称"牛仔"。他开始熟悉街头的规则，工商所的所长，有一次收了他的摊，他跟人干了一仗。结果对方知道他是北大毕业的背景之后，同情他，主动把罚没的东西还给了他。

【采访】

柴静：他这个同情让你心里是什么滋味？

陆步轩：我还是非常感激他，我觉得这是，最起码尊重一个知识分子。

柴静：你一直在心里，还是把自己当作知识分子。

陆步轩：对，说到这儿我很动情，但这人是少数。

【解说】

2003年，他被媒体发现，以《北大才子长安街头卖肉》为题被大量报道。这时广东的陈生，还在投资鸡场，刚刚遇上禽流感，失败了。在电视上，他看到了这个报道。一开始他有点瞧不上这个陕西的"猪肉佬"。但到了2009年，认识之后他发现，陆步轩在经营一个具体的肉摊上，比自己强多了。

【纪实】

陈生：我一个档口只能卖一点二头猪。他能卖十二头猪，是我的十倍。但是有可能，我是开了五百个档口，等于说我是规模（化）。

陆步轩：我是精细化经营。

陈生：对，他是精细化，所以他是中文系，我是经济系。

【解说】

目前，陈生的猪肉品牌企业，市值已经是几十个亿了。他和陆步轩合伙开办了培训职业屠夫的屠夫学校，由陆步轩讲课和编辑教材。这是中国历史上，前所未有的猪肉教材。

【采访】

陆步轩：说一句不谦虚的话，我是全国比较顶尖的猪肉专家。

柴静：我还挺喜欢看你脸上这个表情的。

陆步轩：你可以拿教授来跟我比。

【解说】

但是，从2003年起，陆步轩并没有把杀猪卖肉当成终身的职业，虽然按他卖肉的收入来说，十年下来怎么都会是百万富翁了。但是在被媒体报道之后，有一些工作找到了他，他最终选择进入体制，去长安县档案馆进行县志的编纂。这次，他有了编制。

【采访】

柴静：所以别人难免也会有猜测说，你是不是还是觉得，当一个国家干部，会觉得更体面一些？

陆步轩：这有时候是保证。

柴静：这保证是指什么啊？

陆步轩：老有所养啊。

柴静：百万富翁，不比这个更有所养吗？

陆步轩：我认为自己是个文化人，应该从事文化事业。

柴静：文化人的标志是什么呢？

陆步轩：表面标志是戴眼镜，骨子里就是说在某一个方面，懂的比一般人要多，能够懂得它研究的方法，然后深入地钻研下去。

【解说】

他说，就算你们节目播，我也敢说。我在档案馆里，是干得最好的，谁也离不了我，我研究的经济部分是最难的，也是最有成绩的。说到这儿，他的脸上还依稀可见十几岁时少年自信的神情。不过，已经48岁的陆步轩，再也没有可能像当时幻想的那样在仕途上走多远了。他在书里带一点调侃地写道，为了过把官瘾，结婚以来，我牢牢地抓住家政大权不放，家里的事我说了算。

【采访】

陆步轩：是家长制，在家里是家长。

柴静：有人对你有一个评价，说你身上有传统知识分子特别宝贵的那部分东西，包括有骨气，包括正直，包括对一件事情绝对认真的态度；另一方面也有特别传统的，甚至有一定的农民意识，有这种登堂入室，然后学而优则仕的这种传统想法。

陆步轩：对，这评价是非常客观的。因为是农民出身，本身就是农民习气。再一个是中国传统的，学而优则仕，说明传统的影响也是比较深的。

【解说】

很多人以为，媒体报道之后成为明星的陆步轩，会有一些雄心，也曾经有北大的美国校友，提出过帮他办全国连锁经营。陆步轩曾经对媒体说，等我做到全国第一，再回北大。但后来发现那家公司，没有这么大的实力，只是想借用一下自己的招牌。这次折腾之后，他说自己彻底放弃了做到"第一"才算"成功"的想法。

【采访】

陆步轩：我认为，对我来说，最大的成功就是不成功。不成功的生活好，成功了反倒劳累。

柴静：你是觉得怕劳累，那你一天站在档口里面，十几个小时也很累啊？

陆步轩：比他还轻松。

陈生：他一年有十几、二十万元的收入。那刮风下雨，他就跑到这个屋子里面；阳光明媚的时候，跑到外面去，有空喝喝酒。我觉得这种生活，也不比你们在一个单位里面当个什么总监啊，他一点不差。等于现在我的心态，不是一个经济学院学生对他的评价时的那个心态了。而是一个正常的人，甚至一个讲享受的人，一个讲幸福感的人，对他的一种认同了。

【解说】

这次演讲中，陆步轩和陈生两个人的开场白，因为说到了给北大"抹黑丢脸""是丑角"，引起了争议。但他们说，如果能够看完这几十分钟完整的演讲，会理解他们不是自我贬低。他们对自己当下的状态，都挺满意。只是想把这二十多年来，扎扎实实的人生和教训，完整地说给年轻的学弟学妹听。

【采访】

陆步轩：能上北大只能证明你学习比别人好，脑瓜比较聪明，在学习上有天赋。其他不能证明什么，社会上知识还很多，需要你在实践中，不停地去摸索、去学习。

柴静：您觉得这句话，您用了多少年去理解？

陆步轩：可能最起码用了十年时间去理解这段话。

【演播室】

二十年前的中国，只有百分之三的人能够考上大学。这在一个相对封闭的社会里面，意味着一个人自我实现的通道很少。这就是为什么在那时候人看来，顶尖学府不仅代表着能够接受良好的知识训练，也意味着能够通向未来的世俗成功之路。这样的价值观在两个少年十七八岁的时候，曾经对他们影响至深。而如果我们对自己诚的话，也会承认这样的价值标准在当下依然存在。这就是为什么我们感谢两位，今天面对镜头，能接受访问，坦承自己的人生。听过他们二十年来的故事才会有真切地体会，体会陈生所说的，什么才是一个人真正的成功。是要看他是主动，还是被迫做出人生的选择；是看他在迎合社会评价，还是在做自己天性、最喜爱、最适合的事情，回答这样的问题并不容易。陆步轩有一位北大的校友，在看过新闻之后写信对他说，每个人都在经历这样的苦苦挣扎，他自己用了十几年的时间，才摆脱了"北大"这个沉重的标签，试图做回独立的自我。

（来源：柴静博客 2013 年 4 月 23 日）

作品三

网络专题"南京祭"简介

《祭·忆——南京大屠杀死难者公祭日》，是中国江苏网在 2014 年 12 月 8 日推出的网络专题。

2014 年 12 月 13 日，首个"南京大屠杀死难者国家公祭日"，成为国内外关注的焦点、各类媒体竞相报道的热点。中国江苏网精心策划，及时推出大型专题《祭·忆——南京大屠杀死难者公祭日》。专题紧扣"国家公祭"主题，从"祭奠"与"记忆"多维视角切入，在历史、现实和未来的交汇处触摸祭奠缅怀的痛点，于昨天、今天和明天的维度中脉准受众关注的焦点，创新表达"国家公祭"这一深刻主题。

在片头设计上，专题巧妙运用 flash 特效，以侵华日军南京大屠杀 30 万遇难同胞警示牌为背景，在舒缓悲怆的音乐中，切换一个个记录日军侵华暴行、慰安妇控诉及民间祭奠的历史镜头，把网友带进了那段惨痛的历史情景之中。一组快速跳动的数字则传递出千百万中国人铭记历史、珍爱和平的强大力量。专题主页头区画面中，精心设计了一位手持鲜花的小姑娘，其侧身剪影映衬着缓缓移动的绵延山峦，流溢出无限缅怀的悲怆情愫。红色"祭"字与黑色"忆"字，形成强烈反差，成为视觉焦点，于凝重中传递出一种坚强昂扬的力量。

专题汇集"祭奠""寻证""铭记""直面""警醒"五大栏目板块，集纳消息、图片、史料、访谈、互动、纪录片、数字解读、在线连载阅读、网上音乐会、图式新闻、Flash 动画等十多种表达形式。

大型全媒体互动产品《国家公祭众志成城——为了永不忘却的国家记忆》受到全球 185 万网民高度关注和参与，大型网络新闻行动"十城联动"共有北京、上海、重庆等十个城市的重点新闻网站参与联动。

整个专题呈现四大特点：

1. 多视角呈现——创新表达网络专题。为了既体现"公祭"特色，又能深入触摸千万中国人的共振痛点，中国江苏网从"祭·忆"的角度切入，贯穿历史、现实、未来三个维度，聚焦首个国家公祭日。整个专题以"祭奠""寻证""铭记""直面""警醒"五大板块呈现，集纳消息、图片、史料、访谈、互动、纪录片、数字解读、在线连载阅读、网上音乐会、图式新闻、Flash 动画等十多种表达形式，推出各类报道约 2000 余篇，页面浏览量约 230 多万 pv。整个专题，历史与现实交汇，互动与原创交融，肃穆中显出深远，厚重中透出生动。

2. 多向度聚合——实时呈现全媒体原创报道。国家公祭日从预热到举行仪式当日，各界祭奠活动十分丰富。中国江苏网充分运用网络化特点，全方位出击，运用十八般"武艺"，多向度聚合多媒体资源，集成滚动直播、视频专访、在线阅读、在线音乐会等全媒体原创报道，多视点记录国家公祭日的现实场景。

2014 年 12 月 13 日直播当天，中江网前后方联动，先后有 20 多位图文和视频编辑记者，全程实时发布国家公祭日系列活动；7 月，中国江苏网全媒体记者随侵华日军南京大屠杀遇难同胞纪念馆专家一行，赴成都、昆明、腾冲三地，历时 9 天，寻访抗日老兵 12 人，推出全媒体系列报道"老兵诉说"；12 月，《南京大屠杀死难者国家公祭读本》《第 21 次是国家公祭》《中韩诗歌特刊》等一批文学作品在国家公祭日前后推出。为优化网民阅读体验，中江网打破常规，通过分段连载、精彩篇章主持人诵读等形式丰富了在线阅读模式，受到网民好评。

3. 多平台互动——吸引全球 185 万网友"捐砖"。为更好地与网友互动，中江网聚合多方技术力量，深度开发出大型全媒体互动产品《国家公祭众志成城——为了永不忘却的国家记忆》，实现了由"作品"向"产品"的深度转型。互动产品采用先进的技术手段，打通中江网 PC 端和移动端平台，使其实现捐砖人数的实时更新，并根据 IP 地址判断网民所在的城市、省份以及国家，对其进行详细的图表分析。自 9 月 27 日上线后，受到社会各界的广泛关注，网友的"加砖"数量突破 185 万，成为首个"国家公祭日"各类报道中令人瞩目的亮点。

4. 多网站联动——十城携手形成网上传播强势。首个国家公祭日前夕，中国江苏网策划并组织了"十城联动——南京大屠杀死难者国家公祭日联合报道行动"。千龙网、东方网、东北网、东北新闻网、大众网、荆楚网、红网、山西新闻网、云南网等10家国家重点新闻网站，同时启动"十城联动"联合报道，并共同推出大型活动中英文双语专题。

（来源：中国江苏网　2014年12月8日；第25届中国新闻奖一等奖）

作品四

媒介融合作品："三北"造林记

李从军　刘思扬　李柯勇　白瑞雪　韩　冰

为了生存，为了明天，一群蓑羽鹤振翅高飞，逆势而上，冲击地球之巅。它们亢奋的叫喊声，在喜马拉雅山群峰之间激荡回旋。

每年春天，这种候鸟都要从印度次大陆返回中国北方的繁衍地。

气流、天敌、折羽而亡，都无法阻断攀升前行的向往。它们挑战艰险，穿越极限，飞越珠穆朗玛峰，飞越九曲黄河，飞越万里长城，重返生命的起点。

在这里，在三北——西北、华北、东北，有一群人，如同这些悲壮的蓑羽鹤，为了生存，为了明天，艰难向上，奋力前行。漫漫35年征程，他们构筑着人类历史上最大的人工生态林带——中国三北防护林。

这条绿色长城跨越三北，与古老长城共同挽起了这片土地的历史和未来，见证着中华民族的苦难、忧患、奋斗与梦想。

英雄史诗

满斟烈酒的七只土瓷大碗，高举在七双粗糙大手中，七张古铜色的脸凝如泥塑。

黄沙扑面，白日惨淡。

"死也要死在沙窝里！"头扎白羊肚毛巾的壮汉一声大吼——"这事干成，就没白活这一遭！"

酒碗相撞，一饮而尽。

空碗摔在脚下，碎片八瓣。

30年前那个春寒料峭的黎明，外号"石灰锤"的陕西定边农民石光银做梦都没有想到，自己成了全国联产承包治沙先行者。七勇士大战毛乌素沙地，就此开创一段石破天惊的历史。

三北，中华文化重要发源地。史前遗址、万里长城、丝绸之路……千百年来，我们的先祖在这里繁衍生息，创造了辉煌历史和灿烂文明。

然而，放眼20世纪70年代之前的中国版图，横贯北方万里疆土的，是漫漫黄沙、沟壑纵横、断壁残垣。风沙肆虐、水土流失，沙漠化土地面积以每年15.6万公顷的速度扩张。

1978年11月，几乎与改革开放同时，党中央、国务院作出一个彪炳史册的重大决策——在我国四大沙地、八大沙漠南缘及黄土高原建设大型防护林。

改革开放改变了中国历史，也改变了亿万三北人的命运。

当代人类最为悲壮雄伟的生态史诗，由此拉开帷幕。

为了承包3500亩沙地种树，石光银卖骡子卖羊。当时，所有人都认为他脑袋被驴踢了。这里黄沙一片，哪见长过一棵树？

"石灰锤"，意思是"傻子"。"石灰锤"认准的事就是板上钉钉。

树真的种活了！在乡亲们惊异的目光中，石光银大手一挥，把招贤榜贴到乡政府门口：要想栽树你就来，我出树苗你来栽！

"七勇士"壮大到127户，浩浩荡荡开进"狼窝沙"。

结果是铩羽而归。

新承包的这5.8万亩沙地，像它的名字一样险恶。

一年失利，来年再战。三战"狼窝沙"，终于大获全胜。

那天，英雄们喝光了方圆20里内的苞谷酒。3斤酒下肚，石光银翻身骑上枣红骡子，到地里撒草籽。刚撒了几把，便醉倒在骡背上。

那骡子走30多里路回家，脑袋顶开房门，卧下，把石光银轻轻放到地上。

骡子活了25岁，2004年殁了，石光银把老伙计埋在已然满目青葱的"狼窝沙"，祭上两瓶烧酒，大哭一场……

漫长的三北工程线上，英雄与大树并肩而立。

陕西靖边农民牛玉琴把一根木杆往沙丘上一插，杆头系块绿头巾，用羊粪蛋计数，跨大步量出自家承包的1万亩荒沙："治不了沙，我就死在沙里！"

一只三条腿的母羊和刚产下的羊羔——内蒙古乌审旗农家女殷玉珍咬牙卖了她的全部财产，换回200多棵树苗……

为了生存，为了子孙，一代造林人殊死奋战，在三北大地谱写了一部叱咤风云、感天动地的英雄史诗。

位于三北工程线东部的黑龙江拜泉，曾是全国出名的贫困县。二十多年前，这里的水土流失触目惊心。照这样下去，200年后，拜泉将无地可耕。

时任县长的王树清像一位将军，排兵布阵，给全县3600平方公里土地画上网格，带领56万大军奋战在绿化战场。一天下午上工，谁也找不到王县长。饲养员发现，他在马槽里睡着了。

王树清带领大伙儿发展生态农业，将拜泉打造成全国平原地区第一个百万亩人工林县。远涉重洋前来参观的美国密执安大学校长拥抱他："这是宏大的工程，你是了不起的领导者。"

时势造英雄。改革开放，为三北造林人开辟了广阔的时代空间。

王树清说，是改革春风，吹绿了拜泉。

石光银感慨，没有联产承包，就没有我"石灰锤"的今天。

张生英说，没有体制改革，哈巴湖畔仍是一片荒漠。

在宁夏哈巴湖林场，张生英坚定地推动改革。实行责任制，打破"大锅饭"，让上千名职工吃饱了肚子，也让昔日沙丘一片湖光山色。

一个被改革触动利益的人酒后一刀，砍瞎了张生英妻子一只眼睛。

多年后，砍人者刑满释放，走投无路时万万没有想到，他被接纳回林场。这人再次走进林场场长张生英的家，一进屋，"扑通"一声跪倒在地。

张生英向他伸出双手……

英雄之心，比大漠更宽广；

英雄之泪，如岁月般苍凉。

石占军，石光银的独子，2008年在运树苗途中车祸遇难。

那天是植树节。

石光银遭到了一生中最大的打击。这条铮铮铁汉，走路都得两人扶。

在石光银治沙展览馆，我们看到石占军的遗照，大个子，一表人才。

"想他吗？"我们轻声问。

"想——"

石光银虽然还笑着，但笑容刹那间凝固了，话语中透着无限凄楚和悲凉。

当年石占军栽下的树，如今已成广袤林带，郁郁葱葱，随风起伏。

石占军就葬在这里。

石光银常到儿子坟前坐一坐，点支烟，说说话。只是此时，人们才发觉，"石灰锤"老了……

奋斗二十多年，石光银领导着一个规模庞大的治沙集团，在毛乌素沙地南缘营造了一条百余公里长的绿色屏障。

这是一个改革大潮奔涌的时代，这是一个造林英雄辈出的时代。

三北工程累计完成造林保存面积 2647 万公顷，这些树按株距 3 米排成单行，可绕地球赤道 2300 圈。

山河巨变，绿荫遍野，三北人构筑了一座当代中国的生态长城，实现了由"沙进人退"向"人进沙退"的历史性转折。

1989 年，改革开放总设计师邓小平为三北工程题下四个大字：绿色长城。

壮士悲歌

一棵重生的树，一棵远古的树，一棵孤独的树——我们的故事，就从这三棵树讲起。

宁夏盐池，有一片自古叫作"一棵树"的沙窝子。当白春兰 33 年前举家迁来时，那棵不知年岁、四人合抱的老榆树已被砍掉。风沙依旧茫茫，夫妇俩在原址种下了他们的第一棵树，一棵矮小而坚硬的榆树。

要种粮，先治沙。挖个浅坑把三岁女儿往里一放，白春兰和丈夫冒贤沿着沙丘种树，娃娃烫了一屁股泡也顾不上。第四年，苗苗终于长成小树，树旁的三亩地居然也打出了四麻袋小麦。

这可是能磨出白面的麦子啊！夫妇俩喜笑颜开，赶着驴车把麦子运回家。

"粮食种出来了！"每见到路边一丛灌木，丈夫都要大声吼叫；路过一块石头，他还要再吼，驴却抢先吼了一嗓子。

两个"疯子"，一头老驴。那一天，寂静的荒漠上，笑声与吼声随风远去。

第二棵是来自远古的杉树——

2003 年夏天，造林人在陕西神木挖沙时发现了它，树皮已腐烂、枝条已枯萎，20 多米高的树干，却依然保持直立的姿态！

人们难以推断它的生命起点，可是能想象出昔日的惨烈：风沙呼啸，林树一棵棵倒下，唯独这棵杉树以站着死去的方式，封存下了沙漠前的绿色记忆。

而今，这一幕再现于宁蒙交界的荒滩上。退休工人邱建成的 11 万棵树几近死光，五六米高的枯树仿佛一双双悲愤的大手，伸向天空。

种树二十多年，邱建成挑坏十来根扁担、五六十只水桶，还断了一根手指。

从 2007 年起，他的树就开始成片成片枯死。林子里从前一锹就能掘出水的地方，现在挖六七米深也不见水。他说，是周边新建的工业园抽干了地下水。

邱建成潸然泪下，仰天长啸。

——谁能救活我的树？谁能救活我的树？

残缺的手在枯萎的树干上颤抖地摩挲着，摩挲着……

行走三北，这样苍凉的壮士悲歌，一次又一次激起我们心中的波澜。

在宁夏灵武农民顾芸香心里，自己不知死了多少次。

治沙，治沙，不断的投入耗光了原本丰厚的家底，作为全家唯一收入来源的100多只羊又一夜之间中毒死亡。头羊挺着不肯死去，一直到她回来，不舍地在主人腿上蹭了两下，才闭上眼睛。

追债的人来了，她躲进林子，躺在那些一天不见就挂念、却又让自己一贫如洗的树下，一遍又一遍地问自己："我为什么要种树？"

——"我为什么要种树？"三北大地的造林人，也许都问过自己同样的问题。

那些沙漠、那些荒地，似乎上天就决意让它们彻底荒芜、彻底枯寂、彻底贫瘠，但总是有人不甘、不弃、不离，要改变它们和自己的命运。

后悔吗？面对我们的问题，此时已是一败涂地的顾芸香摇了摇头："我不放弃，我没有别的选择。"

她嘴角微撇，眼睛斜望远方，目光里透着难以言说的悲伤与坚毅。一滴晶莹的泪水，挂在了她饱经风霜的脸颊上，一直没有落下。

就是这个女人，她最好的年华都伴随治沙而去了。而今，所剩的只有无钱医治的胃出血，还有那无尽的苦涩泪水。

第三棵是孤独伫立、却与守护者血脉相连的树——

在新疆库车的极旱荒原上，千年石像无嗔无喜，目睹着大千世界的变迁，也目睹了石窟守护员热合曼·阿木提20年间栽下的几百棵树渐渐死去。

几个月前，因为一项工程，仅存两棵树中的一棵也不得不挖除。

站在挖掘机前，他想用自己的躯体挡住钢铁巨车。

他也知道挡不住。钢铲落下那一刻，他紧闭双眼，听到树根"咔嚓""咔嚓"在折碎。一阵剧痛晕眩，他感到自己的血管被切断了。

热合曼只能守护着仅存的那棵树。枝条已经有些枯黄，不知道它是否能活过即将到来的冬天。

牵动我们目光的这三棵树，不同命运、饱经沧桑的三棵树，如果在同一时空、在大漠长风中牵引共舞，它们会吟出一曲怎样的悲怆之歌？

白春兰和她的同行者们染绿大漠的长歌，远比这苍凉得多、沉重得多。

1980年至今，白春兰每年春天都种树，从不间断。

只有一年，沙地已经开冻，干旱的大西北罕见地接连落了好几场雨，白春兰还把自己关在屋里，从早到晚地哭。

10年前丈夫病逝，让她失去了坚实的依靠。而这一次，跟随自己种树多年的大儿子猝然离世，彻底击倒了白春兰。

"妈，我进城了！"听到儿子的道别，正在屋里忙活的白春兰头也没顾上回。她记得，那是个结了白茫茫一层霜的早上。

几个小时后，儿子去了，任凭母亲用尽气力摇他的身子，却再也不会醒来。

"我都没有看一眼他的背影，就是看一眼，也好哇……"心里装得下风沙大漠的白春兰，至今，无法装下少了那一瞥的悔恨。

如果不种树，丈夫和儿子是不是不会这么早离开？

在有月亮的晚上，在没月亮的晚上，她独自坐在家门口，静静地看着远方黝黑的树林，看着林间星星点点的萤火，问自己这个永远无解的问题，一次次，一遍遍。

英雄在世，充满传奇；英雄谢世，宛如悲歌。

甘肃古浪种树老汉张润元接二连三地失去伙伴。联手治沙二十多年的"古浪六老汉"，如今已走了三人，三座坟茔都面朝生前种了半辈子树的"八步沙"。他心中的最后归宿，也是朝着那个方向。那是他永久的眷恋。

山西吉县造林队失去了一位带头人。吉县林业局长郭天才倒在他视如生命的山林下，全城百姓自发送葬，十里长街白花如雪。

辽宁固沙所首任所长刘斌临终前最大的遗愿，是让他永久地看护试验林地。如今，他的墓地，静静地坐落在那片万亩林间……

那一处处曾经拒绝生命的荒原上，造林人的印迹，化为抹不去的生命标记。

造林人总有一种不可折断的坚韧。面对死去的树，已经75岁、满头白发的邱建成，一只脚踩得尘土飞扬："总有一天，我要把树重新种起来！"

热合曼又拎起小桶，迎着风沙走向他那棵孤独的树："还有一口气，我就不让你死掉。"

儿子去世后的第二个春天，比树更孤独的白春兰又站了起来，扛上铁锹，走向沙地……

只是，不经意间，英雄也会流露出柔弱的一面。

采访结束时，白春兰轻轻说了一句："我旺树不旺人啊。"

此刻，我们无语相对。她的身后，是那棵当年她与丈夫一起种下的老榆树。绿荫如盖，枝叶沙沙。

生命色彩

满树紫红的小花，在宁夏白芨滩林场最高处绽放，迎风狂舞。

从黄沙穿行而来，我们的眼睛顿时被这娇艳的色彩点亮。

这种灌木学名花棒，林场场长王有德却称它为"沙漠姑娘"。不仅如此，每种植物在他嘴里都有昵称。杨柴，叫"沙漠小丫头"；樟子松，叫"美人松"。

怎么都是女孩？我们好奇了。

七尺男儿脸"腾"地一下红了，少女般羞涩，搓着手，嘿嘿笑。

忽然，远处传来一首深沉的歌——

"放牧银河，放牧山林，

心海里澎湃爱恋的激情。

草原，草原，我的情人……"

驻足聆听，猛然间，我们读懂了王有德脸上的沉醉——草原，我的情人。

荒芜贫瘠之地，心灵之花盛开得如此绚丽。

造林人将生命色彩带给大地，他们的人生也变得斑斓夺目。

一件大红上衣，一条油黑辫子，一辆大越野车——殷玉珍就像一团火，从沙漠深处一路燃烧到我们面前。

这个当年穷得卖羊羔换树苗的农家女，指点着自己的 6 万亩林场，指点着正在兴建的沙漠生态园旅游区，神采飞扬，顾盼生辉。

如今，她生活富足，在国内外多次获奖。就在我们写作此稿时，还领取了一个国际奖项。评语这样称赞她——

"勇气、耐心、坚持的光辉典范，一位令人尊敬的沙漠绿化专家。"

当年挣扎求生的大漠农民，如今许多已经蜚声遐迩。石光银、王有德是"全国治沙英雄"；牛玉琴则以 86 个国内外奖项，成为全国获奖最多的女性。

似乎每一片丛林，都蕴藏着童话与魔力。

黄昏时分，白春兰带我们走进她的树林。

在那条野花烂漫的林间小道上，她时而停下来，这儿指一下，那儿指一下，这是什么花，那是什么花，一边笑着，一边蹦蹦跳跳向前走。

此刻，金色的余晖映透了林梢，把一片诗意般的祥和抖落在莽原之上，抖落在白春兰的发梢和肩上。望着她的背影，我们宛如走进童话般的境地，不禁怦然心动：是什么魔力，让这 60 多岁的老人青春重现，宛若十几岁的少女？

这个两次失去亲人而满心凄苦的女人，在亲手栽下的草木之间找回了自己逝去的青春。只有在这里，她的心灵才能够如此自由地徜徉，她的生命才迸发出如此神奇的色彩。

生命的色彩，让孤独者感受温暖，让悲哀者获得慰藉，让伤痛者重获生机，让艰难者看到希望。

1980 年，宁夏彭阳青年农民李志远双腿骨折。在炕上一躺两年，他越想越不甘心：不能就这样等死，得活出个人样。

几近瘫痪的他作出一个匪夷所思的决定——种树。

他只能爬，爬到山坡上去，铁锹、锄头用绳子挂在脖子上。母亲来送午饭，见儿子跪在地上挖树坑，把土一点一点抠出来。母亲老泪纵横。

瘫痪 10 年，日复一日，他跟黄土较劲，跟自己较劲。

一天，照常干了些活儿，忽然心有所感，仿佛一件前所未有的事在等着他。他扶住一棵杏树，试着起身，疼痛钻心，双腿颤抖，大汗淋漓。

就在此刻，太阳穿破乌云，一束光照射到他身上。一瞬间，仿佛有股神力注入躯体，他居然重新站立在大地上了！

一声长啸，掠过山野。

又过 10 年，连拐杖也扔了。

我们前去采访，他居然骑着摩托来村口迎接。一件不合身却整洁的西装，白白的衬衫，满眼自信的光彩。这个曾经爬行在苦难中的人，如今迎风而立，犹如黄土高坡上一棵挺拔的青松。

易解放，一位上海母亲，原本在国外过着舒适的生活。2000 年，风华正茂的儿子突然去世，将她抛入了绝望深渊。

痛不欲生地煎熬了两年，她猛地想起，儿子生前说过："去内蒙古种树吧？"于是，她变卖家产，来到"八百里瀚海"科尔沁沙地。

第一次栽下树苗，她心急火燎地等雨，整夜整夜睡不着，一听到风声，就从床上一跃而起，赤脚冲向门外。

第五天，终于下雨啦！站在雨中，泪水雨水一起滴进脚下的黄沙。她久久地仰望着科尔沁沙地的天空，哦，我的儿子，是你在冥冥中护佑着妈妈吗？

7 年义务造林 1 万亩，儿子的遗愿完成了，易解放却不愿止步，她想为天下孩子留下更多的绿色。

饱蘸生命的颜料，造林人一笔一画勾勒出人生的画图。万千动人的色块，拼成了一幅恢宏的历史画卷。

采访中，王有德带我们登上高坡，看他亲手绘就的"画卷"：一条仿古长城，为的是激励后人；一条绿色长城，护卫着古老的黄河。此刻，他豪情溢于言表："二十多年来，我就干了两件事：让沙丘绿起来，让职工富起来。"

我们连问王有德三个问题——

假如林地一夜被毁，你怎么办？

假如年轻30岁，你想干什么？

假如更高的职位摆在面前，你怎样选择？

三个"假如"，同一个回答——继续治沙！

远处，古长城逶迤而过。

人生是短暂的，雄伟的长城会衰败，丛丛绿树会凋零——不朽的，是造林人生命价值绽放出的夺目光彩。

大漠逐梦

眼前这个女人，就是一个传奇。

一个再普通不过的西北女人，一个堪比豪杰的巾帼英雄。

夕阳西下，点点金光在青翠的枝叶间跳跃。64岁的牛玉琴微笑着，身后白里透红的蜜桃挂满枝头，拖曳在地。一侧屋中，老母亲正绣着布老虎枕头……

我们问：奋斗几十年，日子好了，荒漠绿了，你早年的梦想实现了，还有更大的梦想吗？

牛玉琴把头抬了起来，眼睛在夕照中熠熠生辉："我想回到当年，一个人，站在沙漠上。"

我们惊呆了，感知到什么是震撼。

半生坎坷，终成正果，渴望的却是重返人生的起点，依然在灵魂深处召唤着壮烈和孤寂。这是怎样的女人？

蓑羽鹤——我们联想起在哈巴湖见过的蓑羽鹤。

即便他乡水丰草美，仍然向往故园。纵然冻死累死，纵然魂逝风暴，纵然命丧雕口，也要向北方飞越。每一次悲壮的飞越，都可能是它们在天空中划出的最后一道弧线，但这一切都无法阻挡飞翔——飞翔，向着生命的起点。这，就是蓑羽鹤。

奋力拼搏，从不止步，超越极限，又重返人生的起点——这，就是牛玉琴。

在牛玉琴的诉说中，我们一步步走进她的内心世界——

1985年，她和丈夫张加旺承包了万亩荒沙。每天天不亮，全家男女老少一起出动。架子车拉着树苗，两道车辙，几行脚印，伸向再也不用借锅借米的梦中好光景。

一次，突发阑尾炎，到医院做手术，牛玉琴伤口没长好就跑回来种树。

没工夫去医院拆线，她抄起一把剪树枝的剪刀，撩起衣襟，"咔嚓"一剪子下去，一咬牙，带着血丝的线从肉里抽了出来。

她没料到，还有更痛的痛在等着她。

加旺病了——骨癌。她独自挑起全家担子。

安葬好丈夫第二天，她就带着造林队开进了沙漠。

一场暴雨，浑身透湿，发起高烧。她拔下一根缝衣针，给自己十指放血。不管用，又找来大把干辣椒面，掺和到开水里，连喝两大碗。天亮了，摇摇晃晃进了林地。

那几年，牛玉琴人财两空，倒霉透顶，几乎山穷水尽。

卖！她卖口粮、卖水缸、卖皮袄、卖棺材，家里所有能卖的东西，全都卖了，换钱买树苗。

棺材卖了，一时还用不上；皮袄卖了，怎么过冬？

先把树苗种上，冬天还没想呢。

不知多少人劝她改嫁，把林子卖了，过几天好日子。牛玉琴就一句话："树，我不能卖；人，我不改嫁。"

她腰上挂着一只小小的铜铃铛，那是结婚前加旺送她的定情信物，已戴了48年。铃铛摇曳着她和丈夫共同的富裕梦。为了这个梦，再累，再苦，她不放弃。

年复一年，牛玉琴种树出了名，还作为改造人类生态环境杰出代表登上了联合国讲坛。人一出名，流言也跟着来了。有人说，她这个英雄掺了沙子，造林的亩数是虚报的。

牛玉琴的儿子气血翻涌，要跟人家拼命。

不动声色的牛玉琴摁住儿子。

她坐下来，写了这样一封举报信，寄了出去——

"省林业厅领导：

被誉为'治沙英雄'的牛玉琴其实是个假英雄，其目的显然是为了骗取名誉和个人得利，动机不纯，请你们尽快派人测量核实。

1991 年 7 月 11 日"

专业人员来了，精确测量后得出结果：牛玉琴治理荒沙 1.7 万亩，植树 100 万棵以上，植被覆盖率 40% 以上。

此招一出，谣言顿消。

多年后，她在回忆录中写道："艰难的生活磨炼出我坚强的志气。"

三北逐梦人共同的秉性——心气高，脾气倔，韧劲足。

为了一个改变命运的梦想，他们忍人所不能忍，为人所不敢为。

另一位逐梦人殷玉珍，就住在牛玉琴家 6 公里外。

当初，殷玉珍嫁进沙漠，40 天后才看见一个外人，兴奋得挥手大叫，结果把人家吓跑了。她找到那人的脚印，用脸盆扣起来，一连十来天，就和脚印聊天："你是谁？为什么来这里？跟我一样苦命吗……"

少女时代对爱情和生活玫瑰色的憧憬，破碎为一片黄沙。她暗下狠劲："宁肯种树累死，不叫沙子欺负死！"

栽树累得早产。狂风怒号，黄沙扑面，她靠墙根站着，长辫子咬在嘴里，一使劲，孩子掉落在沙子上。她剪断脐带，一拍屁股，孩子"哇"的一声哭了出来。"儿啊，你命大，像娘。"

又一个背树苗进沙窝的春天，殷玉珍流产了。

孩子埋在沙梁下，她围着小坟栽下一圈杨树苗，对还没见过世间绿色的孩子说："娘对不起你，娘一定把你身边这些树栽活……"

爱与恨，笑与泪，生与死——梦想，与三北人血脉相连。

采访中，脖子总搭着一条白毛巾的牛玉琴带我们再次登上林丘。她脸上泛着微笑，可又有一丝落寞，一闪而过。

如今治沙 11 万亩，已达到行政区划允许范围的极限。无沙可治的牛玉琴，感到了英雄无用武之地的失落。

这是一个逐梦人无梦可逐的痛苦和惆怅。

此刻，蓦然想起牛玉琴关于最大梦想的回答——回到当年，一个人，站在沙漠上。

这个问题，我们也问过其他英雄。石光银毫不犹豫地说——治沙；王有德的回答同样是治沙。

每个造林人，都是绿色梦的追逐者。一次次伤痕累累，一次次浴火重生，即便功成名就抵达终点，又都义无反顾地选择返回人生的起点——重新出发。

不甘命运，奋力拼搏，坚韧不拔，永远向上。他们的生命没有终点，只有起点。

——这，就是三北精神！这，就是三北人！

心灵绿洲

采访车向毛乌素沙地挺进。

窗外景色由绿到黄，最终只剩下棱角分明的层层沙丘，从眼前直铺天际。包着各色头巾的西北男女在打草方格，弯腰，伫立，推进。

此情此景，恍若岁月倒流。由今天上溯到上世纪七八十年代，我们回到了三北工程的时间起点。

一幅幅久违的画面再次闪回——

"干！"风沙深处，石光银众人酒碗相撞，誓言在耳。

"走！"王有德带领职工，铁锹掘进沙土，挖出第一行树坑。

"丁零零"铃声响起，牛玉琴和张加旺抱起树苗，爬上沙丘。

在自家门口种下第一棵榆树，白春兰和丈夫相视而笑。

……………

星移斗转，三十多年过去了，昔日的少男少女已经两鬓斑白，一些人随风而逝。

沧海桑田，曾经的贫穷和绝望逐渐远去，埋葬了亲人战友的土地已是草木葱茏。

——绵延万里的北中国辽阔疆土，经历着由黄到绿的神奇转换。

三北治沙人，如一棵棵挺拔的大树，编织起这无尽的绿。我们问：你像什么树？

石光银说，我像樟子松，百年死不了，治沙干到老；

牛玉琴说，我像新疆杨，不弯曲，向上长；

白春兰说，我像老榆树，生命强，树冠大，好乘凉；

张生英说，我像小叶杨，能固沙，不张扬；

殷玉珍说，我像香花槐，满树都开花，老远闻到香……

三北人的生命之树各有不同的形态，又都是一样的绿，一样的坚，一样的韧，一样的向上，汇成心灵的绿洲。

三北工程35年，是生态恢复与保护的35年。

我们又想起了站在成片枯死林木之中的邱建成。

他四处去讨说法。人家争辩：为了几棵树就得把工业园关了？

邱建成百思不得其解：难道工业和种树就势不两立？

一面是生态工程艰难建设，一面是工业化狂飙突进。为工业文明的奇迹欢欣鼓舞的我们，有时也不得不为青山不再、绿树难留而扼腕叹息。

当经济发展与生态环境发生冲突时，该如何看待？如何取舍？如何平衡？

太中银铁路挺进河套时，在盐池划了道圆弧。有关方面增加上亿元投资，绕道十多公里，只为保护张生英和职工种植的上万亩林地。

在这道漂亮的圆弧上，我们看到了文明和进步，看到了人与自然和谐共处的未来和希望。

三北工程35年，是人类重新认识自然的35年。

在陕西神木，新一代造林人张应龙10年种树30万亩。如今，他有新的担忧。

林场里的海子，过去每年都飞来几百只野鸭，欢叫戏水。自从发展育苗产业、大量使用除草剂，这样的画面再也见不到了。

"站在岸上，耳边一片寂静，树林起来了，鸟却少了。怎样做才更符合自然规律？该如何与自然相处？"他不断自问。

于是，他尽量模拟自然生态系统，对沙漠"九治一放"——九分绿化，一分保持原貌。

在库布其沙漠，内蒙古亿利集团"宜树则树，宜草则草，宜灌则灌，宜荒则荒"，科学治沙造林，尽可能使林区形成自我循环、自我修复的生态系统。同时，以"公司+农户"方式开发沙产业，不仅实现植树造林的可持续发展，还使大沙漠变成农牧民的"钱袋子"。

从毁林垦殖到治沙种树，从惧怕沙漠到亲近沙漠，从征服自然到尊重自然。数十年来，三北人精神世界发生着深刻的变化，与自然的单纯抗争，演化为和谐的对话与交融。

车下高坡，平野千里。

穿行在浓密绿荫中，我们感慨万千：是谁，为这曾经荒蛮的土地重披绿装？是谁，使饱受生态恶化之苦的三北人民重展笑颜？

35年来，在中国共产党和中国政府的坚强领导下，勤劳智慧的三北人民创造了人间奇迹。三北工程被称为世界生态工程之最，规模之大，时间之长，工程之难，效果之著，为世人瞩目、惊叹。

国家引导，群众参与，三北人民闯出了生态建设的中国道路。

顽强生存，追逐梦想，三北人民彰显了无愧时代的中国精神。

齐心协力，众志成城，三北人民凝聚了不可战胜的中国力量。

1978年—2050年，三北工程恰与改革开放全程同步；工程全面建成之际，也将是我国现代化建设第三步战略目标基本实现之时。

民族复兴道路不会平坦，三北工程也进入"啃硬骨头"的关键阶段。建设美丽中国、发展生态文明，难点在三北，希望在三北。

三北绿色梦，与中国梦同行！

车行原野，极目远眺。遍染绿色的沙丘与依旧褐黄的沙丘交错而立，相互守望。

我们不禁遐想，在那人类感官不能触及的时空里，黄丘与绿丘是否也会喁喁私语？

绿丘：人类的几十年，改变了我们的千百年。

黄丘：我是你遥远的从前，你是我不久的未来。

绿丘：人们终于找到了打开大自然宝库的金钥匙——平衡与和谐。

黄丘：也许，找寻才刚刚开始……

车行迅疾，语声渐远。那无尽的对话，消失在莽莽丛林中。

夕阳下，古长城遗址与绿色林莽交相辉映。

突然，一群蓑羽鹤直冲云霄，在巍峨的烽火台上空低回盘旋。随着头鹤一声长鸣，它们飞向晚霞燃烧的天边，飞向生命新的起点，恰如一个代代相传的古老寓言。

（来源：新华社2013年9月25日多媒体版）

作品五

记者微博直播报道湖南常德抢尸案

今天故事发生在湖南常德，故事的名字叫"抢尸"，讲故事的人是凤凰周刊的记者邓飞。

几天前，他刚刚获得新浪网"微博年度新闻记者"奖。今年9月，邓飞在微博上对"宜黄自焚"一系列近乎现场直播的描述，让无数人记住了他。昨日邓飞再次赶往新闻一线，用微博（http：//t.sina.com.cn）向公众报道一起抢尸案。

"我在常德，一直用微博来推进报道抢尸案件，第一次用微博文体来表现这一事件。因为文字限制，我不得不螺蛳壳里做道场，尽量多展现细节，更保证各条微博之间的逻辑连接，最后形成一篇准特稿或创新型的微博特稿"。在博客中他介绍，2010年11月19日下午刚刚参加了一个关于微博的研讨会，讨论传统媒体如何利用微博这一新型工具，来谋求报道方式、力量的改变等多方面。晚上他去胶州路大火现场途中得到一个电话，称湖南常德一八旬老人被发现身悬自家房内一门梁上，后被上百警察和社会闲杂人员破门而入，用一张床单包裹老人遗体，扔上面包车。邓飞放弃了前往昆明的计划，"20日是周六，我乘坐最早一班飞长沙的飞机，去常德，我要去报道这一起抢尸案——我认为中国人需要保卫房子、土地，现在竟然还要保卫自己的遗体，太匪夷所思"。

从"常德抢尸事件最新"到"常德抢尸内幕"再到昨日下午开始播报"桃源黑幕"，在长达十多个小时内，邓飞发出近四十条微博，直播了这场"遗体保卫战"和幕后故事。与此同时，传统媒体开始跟进，多家报纸报道抢尸事件，邓飞称，"这一次，新闻论坛、微博和纸媒多兵种完成一次高效联动"。

1【抢尸撼人心】下午五点二十，我到了常德老太自杀被抢尸现场，近百人跪地，在中国矿业大学（北京）念大学的孙女熊惟艺今天一早从北京赶回来，一度昏厥，现跪捧老人遗像，背后横幅上写还我慈母遗体，数百市民围聚议论，场面震撼。

2【老人没来得及做晚饭急自缢】李的家属称，李被发现悬在靠窗的一根梁上的一条围巾上，气绝，垫脚的椅子未倒，没有遗书，新鲜猪肝、豆角等原料切好，放在碗里准备烹饪，李当时因上访被监视居住。后来的家属和围聚的市民们认为老人没有自杀动因，要求相关部门做法医鉴定，确证因何死亡。老人之死开始悬疑。

3【常德老太李连枝非正常死亡后遭抢尸，生前被威胁】家属发现，老人在厨房里准备做饭，菜料有图，家属们说，难道是老人在做饭时，突然想起要自杀吗？家属反映说，老人曾被当地混混威胁，说要弄李家的人。

4【常德抢尸事件最新：李连枝之死事关桃源县委书记郑弟祥】21日，常德有雨，李连枝家属守着灵堂，要求政府归还被抢遗体，并请法医鉴定死因，他们不相信李是自杀，并称和桃源县委书记郑弟祥有直接关系，本博将客观展现这一家庭和一县委书记的数年战争。常德官员计划今天下葬老人，并将派出城管拆除灵堂。

5 【常德，请还我奶奶的遗体】中国矿业大学【北京】赶回奔丧的大学生熊惟艺在灵堂里几近晕厥，她说求求常德市委政府里的叔叔，还奶奶遗体，让奶奶安宁。她的奶奶19日晚被发现悬在梁上死亡，两小时后被当地上百穿制服者和混混们破门而入，用床单拖走老人遗体，家属坚称老人之死和桃源县委书记郑弟祥有关。

6 【常德，一个沮丧城市】李连枝家属准备去常德市委抗议，要求归还被政府抢走的老人遗体。一官员沮丧说：唐朝，刘禹锡任常德司马写下不朽名篇《陋室铭》；1943年，余程万率八千虎贲抗击日军，浴血常德；2010年，市委书记卿渐伟治下竟出现丧尽人伦的抢尸事件，更冤的是，桃源县惹的一事情，常德来埋单。

7 【菩萨庇护不了老人】在李连枝老人的卧室里，我发现了两尊大小观音像和一张毛泽东像，上写"人民的大救星"，这或许是这个湖南老人内心里横跨古今的信仰。但事实上，他们都没有庇护到她。

8 【他们把老人遗体扔上车，砰一声，四楼都听见】李连枝家属称，他们准备打盆热水给老人擦拭，被那些抢尸者制止，他们一声喊，抓起一张床单裹起老人遗体，拖出房屋，下三楼，快速扔进一台面包车，砰一声，四楼的邻居都听见了，"像扔柴火一样"。

9 【死者家属致市委书记公开信】21日下午4时，李家家属致市委书记卿渐伟公开信：一、查明死亡真相；二、惩罚抢尸者（武陵区公安分局副局长任德民）责任；三、警察24小时监控，为何还出死亡事件；四、要求老人的儿子出来主持丧事；五、庄重严肃归还遗体，并赔罪。

10 【市委书记说老人孙女不懂事瞎胡闹】李连枝的孙女、中国矿业大学（北京）大四学生熊惟艺拿公开信到常德市委找卿渐伟书记，被多人斥责，"你怎么这样不懂事，瞎胡闹"，熊回答说，我是党员，我有权利找党在常德的领导人；我是公民，我有反映情况的权利。我不是胡闹，我是在走正常正当的程序。

21日晚，我完成了证据的收集，决定再来一次直播，向网友们展现这一事件的真相。20时30分，我开始发表一系列微博。

11 【常德抢尸内幕一：老人打破县委书记玻璃遭监视】11月12日下午，老人就儿子熊建平被拘一事到桃源县委书记郑弟祥在常德的家中，数小时见不到郑，老人捡起钉锤打破郑家入室花园玻璃门。当地警察赶到让其回家，但老人从此被多名警察轮班 24 小时监控，出门都被跟踪，邻居说多次看到老人手插在口袋仍颤抖。

12【常德抢尸内幕二（上）：老人去过县委书记家三次，求书记放过她儿子】第一次是 2008 年 6 月，郑打牌，老人跪在他脚下，恳求说儿子如果没罪，请放过他，郑坐到沙发上跷着二郎腿，老人被家人赶出；第二次是今年 4 月，郑不在，老人等候 8 小时，心脏病发作被送到医院；第三次是 11 月 12 日下午，郑不在，情急打破户外玻璃。

13【常德抢尸内幕二（下）：县委书记称被老人威胁】郑弟祥看见自家玻璃被打破，拍照找到市委书记卿渐伟，说李连枝骚扰威胁他，卿拍板要对 80 岁的李和其他家人立案调查，被政法委认为不妥，改为社区民警掌握老人动向，要求她不再去桃源书记郑宅。李的家属称还接到不明来历的威胁电话，称再去郑宅，就会好看。

14【常德抢尸内幕三：老人为何认定县委书记郑弟祥陷害其子】李连枝之子熊建平和郑曾是同事，后成立桃源县共同创业房地产公司，在桃源开发一条商业步行街。2008 年，该公司被项目甲方、县政府全资子公司桃源县城市建设投资有限公司申请破产，获桃源县法院支持，熊颗粒无收，认定是郑一手策划操纵法院夺取其财产。有常德警察称，他们正在日夜守护李连枝的遗体，担心李家家属夺回老人遗体。以后历史将记录这一段遗体争夺战。

15【常德抢尸内幕四：桃源县委书记操纵法院非法破产遭媒体曝光，被称第一奇案】熊建平不服桃源县法院的破产裁定，不断申诉，2009 年 6 月 10 日被《潇湘晨报》以《湖南桃源民企遭恶意破产步行街成"不幸街"》为题曝光，被法学专家们评价为中国破产第一奇案。

16【常德抢尸内幕五：熊建平被恶意破产案获湖南省人大重视和调研，令人大常委们震惊】媒体曝光后，熊继续控告，引起湖南省人大和省高院的高度重视。应湖南省高院邀请，2010 年 7 月 12 日，湖南省人大常委会常委胡肖华和徐涤宇等一行四人来到桃源县法院就熊建平公司破产案进行调研，调研令人大常委们异常震惊。

17【常德抢尸内幕六：人大常委惊叹触目惊心】在对湖南省高院和院长康伟民的《关于桃源县共同创业房地产公司企业破产案调研情况的汇报》里，胡肖华称：该案是一起典型的由桃源县委县政府精心策划并利用法院公权力作为工具而人为制造出来的案件，该案的处理基本上背离了事实和法律，其违法情形令人触目惊心。

18【常德抢尸案内幕七：湖南省 12 人大代表就熊建平恶意破产提批评建议书】今年两会上，省人大常委胡肖华和 11 名省人大代表联名提起《关于依法迅速纠正桃源县共同创业房地产公司企业破产案的建议》，直指破产案审理程序和实体问题，建议省高院责成桃源县法院中止拍卖程序并通知县法院纠错或指令重新作出裁定。

19【今晚直播暂告一段落，明天如未被跨省追捕，将发布更惊骇猛料】常德抢尸案内幕系列微博共七条，可以明确桃源县委书记郑弟祥把握的桃源县委县政府是如何精心策划，并利用法院公权力作为工具，人为制造一起恶意破产案，侵吞豪夺民企资产，并将熊作为刑事犯罪嫌疑人上网追捕，最终酿发熊母命案。

20【李连枝老人之死：一些多余的话】在两天里，我能找到和掌握如此有力丰富证据，并非我个人能力异于常人。这些证据都是客观存在的，只是你要唤醒一个装睡的人，就难于登天。湖南省高院某副院长（我的一个朋友）、常德市市委某主要领导（我的一个院子里的邻居），你们两人心里有数。

（来源：云南信息报 2010 年 11 月 23 日；相关阅读：邓飞新浪微博）

【思考讨论】

1. 请阅读案例一、二的文字版本，并自行查阅两篇作品的音像版本，试着理解书面表达和口语表达之间的差异。同时请总结：广播电视深度报道与平面媒体深度报道相比，其异同之处。

2. 请按照网址浏览中国江苏网的《祭·忆——南京大屠杀死难者公祭日》网络专题（案例三），并根据你所感兴趣的网页及其内容试总结其获奖原因。

3. 案例四《"三北"造林记》被 1380 家中外媒体刊载，在海内外引起了强烈反响。新华社记者深入一线，艰苦跋涉，扎根基层，倾情讴歌了我国生态文明建设中的英雄群像和三北人民追逐"中国梦"的时代精神。三北造林英雄的故事，感动了大批网友。《"三北"造林记》集成报道亮相 YouTube 网站后，两天内点击量突破四万次，在海外舆论场触发广泛热议，激起正能量。

在观看其多媒体版本后，请思考：这篇报道的创新之处主要体现在哪些方面？它为什么会产生巨大的社会影响？

4. 请结合案例五，搜集相关网络文本和资料，总结概括现今微博新闻报道形式的诸多创新，并就以下题目进行小组讨论：这些创新的利与弊。

【训练任务】

任务一

邀请有经验的优秀电台和电视台记者到班级中举行讲座，并就广播电视新闻采访经验、制作技巧、编辑过程等具体情况与同学交流。请同学据此写作交流感想与总结。

任务二

请同学就自己感兴趣的某一个微博新闻制作者（传统媒体或者个人）进行背景资料收集、作品阅读，有条件时进行专门访问，最后以专访、调查报告、论文等形式提交一份研究成果，并与班级同学进行课堂交流。

任务三

鼓励部分同学利用业余时间和实习机会进行网络专题制作与多媒体新闻尝试。

NEWS

新闻报道的文体

本单元的学习和训练目标:

学生通过阅读分析,了解新闻文体的分类及主要报道文体的特点,

了解新闻文体分类中涉及的各种名词术语（这些名词术语也是新

闻报道实践经常涉及的）,更主要的是在此基础上了解主要新闻报

道体裁的基本特征,建立初步的新闻文体意识。

【基本理论概述】

一、新闻文体概述

文体的分类一般依据这样几个因素：（1）内容特点。不同体裁的作品，在内容上必有各自的特点。（2）表达方式。不同体裁的作品，在表达方式上有所侧重并构成不同。（3）结构方式。不同体裁的作品，在安排组织材料的方式上也有不同的特点。（4）语言风格。不同体裁的作品，在语言表达与修饰上呈现出不同的风格。新闻作品文体分类也是同样的依据。

新闻文体经历了一个逐渐发展演变的过程，并仍处在变化中。随着社会的发展、传播手段的进步和新闻视野的扩大，新闻所反映的内容越来越广阔，由于内容表达的需要，新闻文体也越来越丰富。

新闻文体主要有两大类型：新闻报道和新闻评论。新闻报道体裁是报道新闻事实的新闻文体，主要功能是向受众告知新闻事实的情况。新闻评论体裁是对新闻事实进行评论的新闻文体，主要功能是通过分析事实的原因和意义引导人们正确地认识事实。

新闻报道体裁大致可分为两大类型：消息和专稿。消息是对新闻事实简要的报道，专稿是对新闻事实详细的报道。

消息和专稿都是新闻文体类型的名称，是集合性概念。消息这一类型可以分为动态消息、综合消息、人物消息、解释性消息、特写性消息等。专稿这一类型可以分为通讯、专访、特写等。

二、消息

消息是对新闻进行简要报道的文体类型。

消息的特点主要表现为：

（1）内容的新鲜性。体现在两个方面：一是由于快，决定了它内容上较一般新闻体裁更新鲜，最新鲜的新闻总是消息先发布；二是由于简短，消息内容主要围绕新鲜事实表述。

（2）时间的快捷性。快，是消息的基本特征，是消息的优势，也是消息质量的重要体现。消息长于报道变动中的事实，只有尽量迅速，才能准确反映事实。

（3）篇幅的精简性。消息一般要求作者抓住新闻事实的六要素，对新闻事实进行概要表述，文字精练，篇幅较短。

（4）表述的实在性。实在有三层含义：具体表述事实，客观表述事实，以叙述手法为主要方式表述事实。

从篇幅形式上，消息大致由四部分构成：标题、消息头、导语、主体。标题和消息头属零件、配件，而导语和主体是消息正文的两大组成部分。

消息有各种不同的类型：常见的有动态消息、综合消息、新闻素描、人物消息、解释性消息等。

三、专稿

专稿是对新闻进行详细报道的文体类型。

专稿的特点主要表现为：

（1）详细深入的报道内容。有丰富的细节，展示事实的详细情况；有完整的过程，或不同角度的对事实的透视，展示事实完整的面貌；并注重展示事实的内在联系。

（2）灵活多样的表现形式。表达方式灵活，多种表达方式并用；叙述人称灵活，是表现事实的重要手段；篇幅灵活，可长可短；结构灵活，形式多变；语言更富于文采，有修饰性。

（3）较为鲜明的倾向表达。选材上注重意义突出的事实，面对更加丰富复杂的材料，提炼主题成为必要。

专稿主要有四种类型：通讯、专访、特写、调查。通讯的主要特点是详细叙事；专访的主要特点是记录言论；特写的主要特点是情景描写；调查的主要特点是追究真相。

【作品阅读】

作品一

最优雅的祭奠

从玉华

7月25日这一夜，无疑是属于温州世纪广场的。

有人穿着白衣、举着白蜡烛，显然是有备而来。更多人则像平日一样，比如跛拉着拖鞋的老爷子，穿健身服的大妈，踏着溜冰鞋的孩子……

没有组织者，没有特别的仪式，只有最个体化的表达。这一夜，几千人聚在一起，自发祭奠"7·23"遇难者。有人静默地点燃一支蜡烛；有人把蜡烛摆成心形，还有人把百只蜡烛排成长长的通往天堂的铁轨……

暖黄色的烛光不是唯一的颜色。一群学生用彩色的荧光棒，拼出项余岸老师一家三口的名字，那穿透黑夜的彩色光芒像在追忆这家人曾经彩色的人生。这些光芒虽然不能照亮数公里之外病床上两岁多的项炜伊，但来这里的每个人都为这个顽强的小女孩祈祷。

这一夜，烛光点点，有的过路人，停下来，摁亮自己的手机，高举它，成为那繁星般光亮的一部分——此刻，这是他们表达哀思唯一的办法。

人越来越多，有的开着宝马奔驰，有的推着板车，也有的推着婴儿车，大家向一个地方汇集，表达同样的心愿。

这一夜，似乎只有温州时间。

这个广场，有些面孔是不容忽视的。那张失去五个亲人、一身孝服、哭得近乎扭曲的汉子杨峰的脸。那些被父母抱着、把蜡烛捧在手心、第一次学着理解"死亡"这个词的孩子稚嫩的脸。

还有那张白天躲着城管、晚上才能出现的小商贩的脸。来自湖北的余女士一直在世纪广场卖小玩具、矿泉水等，但这一夜，她的孔明灯全部免费赠送。她哽咽着说：我只是普通人，只想表达对死难者的同情。

这句话正是数千人走到一起的理由。这也是，此刻世上最美、最朴素、最天经地义的理由。

对很多人而言，这样的广场就是一个人性主题的大讲堂，它讲述了生死、运命，它唤起人们心底最朴实的悲悯。请安静片刻，让亡灵回家。

希望是半个生命，淡漠是半个死亡。

人越来越多，相识的，不相识的。人群中，分不出你我。此时此刻，甚至广场内外、温州内外，千千万万的人都只有一种表情、一种祈福。

有些声音注定是要被铭记的。有群学生在唱校歌祭奠远在天国的同学，有几个男人在唱《倔强》为生者加油……最后，越来越多的声音汇集成一种声音——《国歌》。歌声中，有眼泪滑过老人皱巴巴的脸，也滑过孩子光滑如缎的脸。

这样的场合永远不缺少诗人。有群人大声朗诵着诗歌："无论你在哪里，我都要找到你，手拉着手，生死不离！"一个大肚中年男人站在人群中间，大声朗诵自己的诗歌："再救一个，再救一个，别让孩子的笑容长埋地下，你听见了吗，听见了吗……"

这样的诗篇，构成这一夜数千人的最强音。

此刻，人们会发现，原来这不仅仅是一次祭奠，更是一种对美好未来的企盼。这些个体的表达，最后汇成强大的公众集体表达。这烛光的海，也是民意的洋。

在集体的哀恸中，我们能看到公民精神的成长。

祭奠接近尾声，蜡烛都已熄灭，但人群迟迟不愿散去，孩子、老人、不认识的、曾经相识的都在一起。他们对扛着摄像机、记录这一切的媒体工作者，轻轻地递过一瓶水，轻声地说谢谢。多么平常的声音，此时此刻，却让年轻的摄像记者感动了。

镜头请不要离开，还有动人的一幕：人群散去，几名"90后"学生蹲下去，用硬币和纸巾清理地上的蜡烛油。他们要还这个城以"干净"，正如他们轻轻地来。

这是一次最优雅、最美丽的祭奠。

（来源：《中国青年报》2011 年 7 月 27 日）

作品二

贵广南广高铁：南中国 2 亿人的"高铁盛宴"

新华网贵阳 12 月 25 日电（记者齐健　吴涛　向志强）贵广、南广高铁将于 26 日开通。惠及近 2 亿人的"高铁盛宴"标志着南中国高铁成网。

【三省区近 2 亿人受益】贵广高铁、南广高铁总投资 1259 亿元，建设过程历时 6 年，广东、广西、贵州 1.92 亿常住人口受益，人均"赞助"656 元。

贵州、广西每年 1000 万在珠三角地区务工群体有了新集散通道。南中国最美的多彩贵州、桂林山水和活力广东串联起来，拉近了沿途美景美食，民族风情、自然山水和现代时尚因高铁"亲密接触"。

【票价较机票便宜一半】贵阳至广州列车运行时间由 21 小时缩短至 4 小时 9 分，南宁至广州列车运行时间由 13 小时缩短至 3 小时 19 分，运行时间平均缩短 80% 和 74%。两条高铁开通初期运力分别为日均 1.5 万人，是航空的 5 倍左右。

贵阳至广州南、南宁东至广州南动车二等座票价为 261 元和 169 元，比机票较低价格以 500 元计（含民航发展基金、燃油附加费）便宜了 48% 和 66%。最新开通的贵广空中快线最低票价仍高于动车二等座票。

【联通五大经济带圈】贵广高铁是目前西南最便捷的铁路出海大通道，未来将与兰渝高铁、渝黔高铁等组成贯穿西部的"一带一路"连接线。贵广、南广高铁将实现长江经济带、珠江西江经济带、珠三角经济圈、中国—东盟自贸区、黔中经济区等快捷"互联互通"，"海上丝绸之路"红利将沿着高铁由口岸向内陆辐射。

【惠及四大产业】广东、广西、贵州三省区目前每年接待游客近 8 亿人次。贵广沿线有自然保护区、风景名胜区、森林公园、水源保护地等 19 个。面对"挑剔的老广"和入境游大蛋糕，"公园省"贵州打出"快进慢游"牌，旅游部门预计高铁开通可降低近一半交通成本，刺激游客人数增长 20% 以上。

南广高铁以客为主、兼顾货运，货运区间广西根竹至广东三水，年运力 1200 万吨。客运专线可开展信邮业务，沿途城市的快递包裹有了新通道。年吞吐快件 2 亿件的贵州最大快递物流园落户贵广沿线的龙里。时空距离压缩使旅游业、快递业直接受益，而制造业、特色农业也将因为三地间人员往来和信息流通的便捷化而受益。

（来源：新华网 2014 年 12 月 25 日）

作品三

合福高铁首日见闻：从山这边到海那边　速度演绎温情

作者　龙　敏　闫　旭

6 月 28 日，合福高铁开通运营。时速 300 公里的高铁贴地飞行，总体平稳又快速。

从山这边，到海那边。合福高铁线路全长 850 公里，南端连接福建福州，与东南沿海铁路相连通达泉州、厦门等海峡西岸城市群；中间纵贯长江中游城市群环鄱阳湖经济圈的东北部，与沪汉蓉铁路、沪昆高铁、九景衢、南三龙铁路相交可达云贵浙等地；北端接入长三角经济区的安徽合肥，并在合肥铁路枢纽衔接京沪高铁一路北上，经江苏、山东、河北、天津，直达北京。

自 7 月 1 日实施全国铁路新运行图起，南昌西站始发途经合福高铁运行去往北京、徐州、合肥等方向的高铁动车 5 对；福州车站始发开行高铁动车 21 对，去往京津济沪苏赣湘贵等省市；厦门北车站始发开行高铁动车 16 对，去往北京、上海、江苏、安徽、湖南、贵州等方向；沪粤皖间途经合福高铁运行的动车 3 对。

当天 7 时 37 分，时速 300 公里的 G2626 次列车从福建福州始发。一路上，记者在首发列车上采访了多名普通乘客，听他们讲述高铁给他们生活带来的变化。

有人看到了近年来福建乃至中国突飞猛进的变化；有人察觉到速度带来的商机；有人计划着一路向北的旅行；还有人感受到离家更近了……

在外务工者：让孩童不再留守

彭祖燕和夏炎军夫妻俩在福州务工已经两年多，谈及在上饶老家读一年级的大女儿，彭祖燕忍不住湿了眼眶，"以前想到她就伤心得掉眼泪，觉得对不起孩子，今天在高铁上想到她，是激动得流眼泪。"

彭祖燕说，合福高铁没通车时，坐普速列车从福州回上饶要九个小时，由于工作忙，假期短，没有时间多回家。"我女儿和她爷爷奶奶在上饶广丰老家生活，今年也就过年的时候回家看了她一次，都成留守儿童了。"

根据规划，通过合福高铁福州至上饶只需要一个多小时，虽然感觉票价偏贵，但也圆了他们常常回家看孩子的心愿。27 日合福高铁车票刚刚发售，夫妻俩就守在电脑旁买下了 28 日首发的 G2626 次高铁车票。

彭祖燕说，她一早就和女儿打电话说好了，让她在家乖乖等着爸爸妈妈回家吃午饭。

香港铁路爱好者：与女友浪漫之旅

合福高铁串联起武夷山、黄山、婺源等风景名胜区，被誉为"最美高铁"。开通首日，香港铁路爱好者陈嘉俊带着内地女友体验了一次浪漫的"尝鲜"之旅。

临上车前，陈嘉俊和女友展开自制的"喜迎合福高铁开通运营"的横幅，在动车前拍了一张合照，照片里二人都笑逐颜开，陈嘉俊还比出"耶"的手势。

陈嘉俊告诉记者，今年大学刚毕业，是个高铁迷，每当内地有新高铁线路、班次开通，他都会专程赶来体验。

合福高铁 27 号开始售票，陈嘉俊特地提前请了这一天假，早上 7 时就起床守在电脑前，为自己和女友抢到了两张首发车票。"去黄山和武夷山旅游，是从小到大的愿望，因此早早就规划了这一次和女友的浪漫'追风之旅'。"

安徽籍六旬老人：从 25 小时到 3.5 小时的乡愁

在福州火车站上车准备到合肥的 60 岁乘客李洪范，上车后一直坐在车厢里默默地看着窗外，这条路她已经走了 40 年，但速度如此之快，乘坐如此舒适，还是第一次。

李洪范出生在安徽，在福州生活了 40 多年。虽然身在福州，但乡愁从未割舍，每隔一段时间，他总要往返于福建福州和安徽合肥间。

合福高铁开通前，李洪范回老家乘坐的是福州始发至青岛的 K68 次列车，到合肥近 25 个小时，"每次回家一路上都很焦急，总是觉得怎么还不到"。

当天，李洪范和丈夫一起，带着幼儿园刚放假的孙女回安徽老家探亲。她告诉记者，听说合福高铁要开通，就一直在关注、期待，希望能乘首发高铁回老家看看。

"合福高铁开通以后，从 25 个小时缩短至 3 个半小时。"李洪范说，老家的黄山，江西的三清山、龙虎山、婺源都是一直想去的地方，退休以后希望能经常沿着这条线走走，"把沿途的景点，都和爱人一起一路走过去。"

（来源：中国新闻网 2015 年 6 月 29 日）

作品四

中国铁路驰全球
——中国产能输出的新贡献

新华网北京 6 月 18 日电　从阿根廷布宜诺斯艾利斯城铁到土耳其安伊高铁，从在建的肯尼亚蒙内铁路到已经签署合同的美国波士顿地铁，这 4 条铁路是中国先进装备制造得到世界认可的体现，也是中国产能输出推动国际合作的新贡献。

海外专家和业内人士认为，中国轨道交通行业具有技术先进、安全可靠、性价比高、运营经验丰富等综合实力优势，中国铁路"走出去"战略，不仅能解决发展中国家基础设施建设短缺的问题，也能给相关产业出现"空心化"的部分发达经济体提供价优质高的高铁产品，带动当地就业，从而实现互利共赢。

中国铁路抢滩全球市场

南半球刚刚过去的炎炎夏日里，中国城铁列车内舒适的空调让布宜诺斯艾利斯市民印象深刻。

家政服务人员玛格丽塔住在郊区,每日乘城铁进城务工,来回需要两个半小时,更换新列车之前,这趟旅程辛苦而又无奈。当记者问起乘坐中国城铁列车的感受时,她毫不犹豫地说出这两个词——安全、舒适。

如今,中国城铁列车"安全舒适"的品牌形象植根于当地人心,成为奔驰在阿根廷的"中国名片"。

这一切始于2013年。当年,中国南车与阿根廷政府签订了两项城际电动车组供货合同,共计709辆,总价值近10亿美元,涉及首都萨缅托、米特雷和罗卡三大铁路线路,成为迄今中国城际电动车组最大的出口订单。

连接土耳其首都安卡拉和土最大城市伊斯坦布尔的安伊高速铁路二期工程去年7月底顺利实现通车。

安伊高速铁路全长533公里。2005年,由中国铁道建筑总公司和中国机械进出口(集团)有限公司牵头组成的合包集团成功中标二期主要路段,中标路段全长158公里,合同金额12.7亿美元,设计时速250公里。

该线路的通车使安卡拉和伊斯坦布尔两个城市间铁路运行时间由9小时缩短至3个半小时。该项目是中国企业在境外组织承揽实施的第一个电气化高速铁路项目。

东起非洲东海岸第一大港蒙巴萨,西至东非最大城市肯尼亚首都内罗毕,扼东非咽喉要道,这就是连接沿海和内地的东非次区域互联互通重大项目——肯尼亚蒙内铁路。这条全长480公里、由中国公司承包承建的运输线,将为东非经济发展注入强大动力。

中国北车股份有限公司去年中标波士顿地铁车辆采购合同,并将在波士顿附近建组装厂。波士顿地铁一单意味着中国轨道交通设备制造商正式打入有着最严苛安全技术标准的美国市场,可谓高端"中国制造"赢得全球高端市场的历史性一步。

中国铁路引领高技术

150年前,为建设第一条横贯北美大陆的铁路——中央太平洋铁路,数千名华工漂洋过海,在崇山峻岭中开山铺路,一些人甚至付出了生命。世易时移,150年后中国企业为美国地铁生产车厢,提供技术和管理经验,并雇用当地人完成组装。

中国北车所属的北车美国公司与美国马萨诸塞州交通管理局签订的美国波士顿红橙线地铁项目合同,包括284辆地铁车辆,总金额为41.18亿元人民币。马萨诸塞州交通管理局副总经理戴维斯告诉记者，美国本土没有地铁车辆制造商，北车在全球招标中提供了较高的性价比，新车将改善波士顿地铁系统。

北车美国公司总经理卢西伟对记者表示，美国地铁车厢的技术标准世界最严：欧洲、日本对于车体压缩强度的要求在几十吨，高铁车厢的要求是120吨；而美国对地铁车厢的要求是340吨。此外，即使车体底盘着火，45分钟内不允许车厢变形。

在卢西伟看来，企业"走出去"不仅是收获产值，还考验技术标准的复制对接能力和经营管理能力。真正优秀的企业不仅能在国内生存，在任何一个国家都应该能生存。

中国铁路不仅赢下美国市场。由于中国掌握轨道交通行业集成核心技术、产品性价比高、交货能力强，德国铁路公司近日计划从中国购买3.5万组高铁轮对。

中国铁路红利带来共赢

在当前全球交通大发展的背景下，中国的铁路设计和建造及配套产业凭借先进技术经验和高性价比，不仅给当地基础设施建设带来巨大推动，而且促进就业和经济发展，互联互通带来互利共赢。

阿根廷战略规划研究所所长豪尔赫·卡斯特罗认为，中国机车极大提升了现有线路的运力和效率，周边数百万民众受益。另外，阿根廷极力发展对华经贸合作，城铁项目的民生效应无疑会提升中国形象，巩固阿中合作的民意基础。

土耳其铁路总局局长苏莱曼接受新华社记者采访时说，安伊高铁是土中双方经过努力建成的，这是土中两国重要合作的结晶，希望土中两国在铁路建设领域展开更广阔的合作。

据有关报告，蒙内铁路建设有望每年拉动肯尼亚经济增速1.5个百分点。肯尼亚政府估算，新铁路可使东非货运成本下降79%，商务成本下降40%，运输时间缩减一半。数据还显示，在蒙内铁路建设每100元花销中，将有40元被用于当地。在高比例采用当地物资材料和设备的同时，该项目的施工主力是本地员工。预计每修一公里铁路就会创造约60个就业机会，在施工高峰期，肯尼亚本地员工将达3万人，这将极大提高当地的就业水平。

在中国北车中标波士顿地铁修建项目中，由于招标动用的是马萨诸塞州政府的资金，而《购买美国货法案》规定政府采购中60%的零部件必须在美国生产，因此北车需要寻找性价比合适的美国本土零部件供应商，并计划投资6000万美元、雇用并培训150名美国工人在波士顿附近建组装厂。这意味着这批车厢60%在美国制造、40%在中国制造、100%在美国组装，北车主要提供的不再是产品和劳动力，而是知识、技术和管理经验。

此外，海外专家指出，以轨道交通为代表的中国先进装备制造加快"走出去"，与中国经济实力增强、企业跨国能力演进、金融资源配给充分、"中国制造"在国际上美誉度不断提升密切相关，而且中国的国际产能合作并非单向输出，还拉动了巴西、澳大利亚等资源类国家的出口，带动落地国配套产业发展，带来的正向作用影响深远。（执笔记者：汪平，参与记者：叶书宏、赵燕燕、李铭、丁小溪、王子诚、刘劫、郑启航）

（来源：新华网2015年6月18日）

作品五

中国高铁　绝对配称"人间奇迹"

原铁道部发言人接受环球时报专访

环球时报记者　郭媛丹

原铁道部发言人王勇平11月27日退休。这位因2011年"7·23"甬温线动车事故而一度引发人们关注和争议的人物，并不想再度成为"热点人物"，只想过平静的生活。王勇平本月中下旬在接受《环球时报》记者多次采访时表示，"借此机会向关心爱护我的朋友表示感谢"，"我相信事实毕竟是事实，再暴力的攻击也改变不了事实真相，随着时间推移和许多事实真相的显现，理性声音的传递最终会到来"。每当谈到中国高铁这张"中国名片"，王勇平总是十分自信。

归来：到发言人培训班拿"7·23"现身说法

"7·23"甬温线特别重大铁路交通事故造成40人死亡，约200人受伤。事故发生第二天，铁道部召开新闻发布会，时任铁道部发言人的王勇平主持会议并公开回应外界质疑。因发布会上说出"至于你信不信，我反正信了"和"这是一个奇迹"两句话，王勇平成为舆论漩涡中心。2011年8月，王勇平离开发言人岗位，赴波兰华沙任铁路合作组织中方代表。

对于那段"突如其来"的驻外生涯，王勇平告诉《环球时报》记者："在我内心深处，一直盼望回国。越是后期，归心越强烈。"2014年底从波兰归来，有多家媒体联系采访王勇平，都被他拒绝了。回国后，王勇平任职中国铁路文联主席兼秘书长。"为推进新闻发言人制度再做点贡献，发挥余热"。他还出现在第三十四期全国新闻发言人培训班的讲台上，为来自全国各地的新闻人讲授《新闻发言人的责任与担当》。在《环球时报》记者问到会不会拿"7·23"新闻发布过程现身说法时，王勇平说："当然会讲。我告诉大家，新闻发布工作是与记者直接打交道的，要善待记者，善用记者，获得双赢，要以外在形象、学识修养、情感共鸣赢得记者好感。还有，要注意记者的设伏，机警地避开媒体设下的话语埋伏，理直气'和'地否定对方不正确、不准确的观点和信息；善于运用一些正确的废话；不回答假设的问题；控制好情绪，不要被记者激怒。"

2016年的"春运"火车票已经开售，在王勇平担任新闻发言人的职业生涯中，每当"春运"开始，他总会被问到"买票难"。时至今日，当《环球时报》记者再次问到这个话题时，王勇平笑言："过去回答这个话题确实有点勉为其难，现在这个问题比较好回答了。不过我不是以新闻发言人的身份，而是以一个铁路人的身份来谈。在春运和其他'黄金周'客运高峰期，由于客流暴增，旅客买票仍然会出现暂时紧张状况，但与往年比起来已经好多了。此外，解决'买票难'问题的一个十分重要的原因，就是高铁业已成网并大量投入运营，发挥了铁路客运主力军作用。"

自信：中国高铁从起步到今天堪称完美

11月25日，中国总理李克强和中东欧16国领导人，从苏州登上开往上海的高速列车。王勇平说看到新闻后，心情十分高兴和振奋。他告诉《环球时报》记者："总理此举实际上就是在向这些国家领导人发'中国名片'。中国高铁当'中国名片'，说明中国高铁在中国人民心目中的分量。"

2003年中国高铁开始起步，并在随后的几年间取得很大进步。在担任铁道部发言人期间，王勇平不遗余力地推介中国高铁，在不同场合不断回应外媒关于抄袭国外技术、安全性是否有保障等问题。当时的王勇平做足了功课，回答问题轻松自然。在2008年京津城际高铁开通首日，虽然现场安排有技术专家，但王勇平依旧是媒体包围的热点人物，有问必答，如果是特别技术的问题，他会推荐其他人接受采访。

时至今日，王勇平表示，当时认可和支持中国高铁的占主流，当然也有质疑，尤其是国际上一些媒体的质疑甚至诋毁，大多是竞争对手。王勇平说："我在最后一次发布会上说过的'对中国高铁要有信心'已有定论。中国高铁发展的现实就是最好的回答，对当年的质疑已不需要我再说些什么了。"

"7·23"事故一度引发公众对国产高铁的担忧。事故之后，高铁"降速运行"——设计最高时速350公里的高铁，按时速300公里运行；设计最高时速250公里的高铁，按时速200公里运行。高铁全面降速运行后，争议很快伴随而来，有人认为"这是浪费"，还有人"以此为证"，说什么这反映出中国的高铁在高速运行状态下无法保证安全。

　　对于回应过无数次针对高铁质疑的王勇平而言，他的第一反应就是驳斥："中国高铁在高速运行的状态下无法保证安全这种观点，我并没听说过，如果有的话，只能说他们的想象空间大了些。我个人认为，以中国现有的高铁技术水平，开行时速350公里就安全来说是不存在问题的。"

　　王勇平对中国高铁充满自信，他告诉《环球时报》记者："中国高铁从起步至今天，站在宏观的角度看，是一个完美的过程。中国目前已经拥有全世界营业里程最长、在建规模最大的高速铁路网。日本人、法国人、德国人、美国人没做到或做得还不够的，中国人做到了；中国仅用十余年时间，就跨越了发达国家半个世纪的高速铁路发展历程，成为造福十几亿中国人以及子孙后代的业绩。这样的辉煌成就誉为'人间奇迹'有什么不妥的呢？如果这也不能配称为奇迹的话，那么，什么才配称呢？而且中国高铁早已跨越出铁路行业之外，它属于中华民族，属于中国人民，我们去宣传它为什么要低调？"王勇平说："在高铁发展中，国外一些公司都有成功之处。与之相比，中国高铁虽然起步较晚，但发展较快。这除了中国政府的高度重视、制度优越、全国人民的大力支持外，还有一个重要的原因，就是后发优势，我们在学习借鉴别国的先进技术基础上，结合自身实际进行不断再创新，充分体现了中国人的智慧和创造精神。"

　　提到中国拿下印尼的高铁项目，王勇平对《环球时报》记者说："中国高铁的胜出，符合情理，但也赢得不易。这毕竟是一场全面的竞争和较量，包括装备技术、工程造价、设计标准、建设期限等。客观地说，日本的高铁技术也是比较成熟的，是个较强的竞争对手。"王勇平表示："中国高铁在国际上一直有较好的声誉和评价。在我工作的铁路合作组织中，有很多国家的同事到过中国，亲身体验过中国高铁的速度和舒适度。他们对中国的高铁技术很钦佩，这种共识在铁路合作组织中是不言而喻的。"

回应："王勇平是发言人高危职业代表人物"？

　　王勇平在"7·23"事故新闻发布会之后的"离去"，更被给予一种象征意义——"王勇平"成了新闻发言人高危职业的代表人物，新闻发言人都担心会成为第二个"王勇平"。对此，王勇平回应说："说我成为新闻发言人高危职业的代表人物，那只能说明我的功力太浅。凡是掌握了规律并按规律办事，就不会出现高危的情况。"

做过8年的新闻发言人，王勇平深知，新闻发布台风光与风险并存，任何一场新闻发布尤其是突发事件的新闻发布，会面对来自多方面的考验。作为最早的一批新闻发言人，王勇平曾在美国学习新闻发布，并写过一本书，成为当时新闻发言人交流和学习的书籍。王勇平认为，美国媒体发展较早，他们在新闻发言人职业化以及技巧手法的运用和管理程序的规范上都有独到的地方，许多地方值得借鉴，但中国的新闻发言人不能全盘照搬，"我们有我们的国情"。

"如何规避风险，有很多方法和技巧。"王勇平告诉《环球时报》记者。但他认为，必须坚持一些基本的原则，比如公开透明的原则、及时迅速的原则、客观真实的原则、真挚诚恳的原则、坚定自信的原则。他还表示，现在是一个网络世界，人人都可做新闻发布工作，王勇平认可这是现实，而且网络对发言人的考验是更大了，不能否定网络在政府与民众之间架设了沟通的桥梁，新闻发言人的价值仍然存在，毕竟代表政府，更具权威性。在王勇平看来，任何一个新闻发言人的生涯都属于承前启后的某个阶段，"既然有登台时，就会有谢幕时"。他相信，未来中国新闻发言人制度越来越规范，越来越成熟，尽管要走的路还远。

（来源：《环球时报》2015年11月30日）

【思考讨论】

1. 分析上述作品，指出其文体特征。
2. 每一种文体都有不同的功能，试说明新闻不同文体有什么不同的功能？
3. 以上述作品为例，说明消息和专稿有什么不同？
4. 为什么说消息和专稿是文体类型的名称？
5. 以上述作品为例，分析通讯和特写的不同。
6. 分析作品四《中国铁路驰全球》，与其他作品有什么不同？
7. 对于文体，学者们说"大体则有，定体则无"，你怎么认识这个问题？

【训练任务】

任务一

任意选取一日《中国青年报》进行文体调查，写出简略的书面分析：

1. 以符号角度分析，图片新闻与文字新闻的状态；
2. 分析文字新闻，新闻报道多少，新闻评论多少；
3. 分析新闻报道，消息多少，专稿多少；
4. 分析消息，篇幅多少，类型多少；
5. 分析专稿，篇幅多少，类型多少。

任务二

搜集同一事件的不同新闻文体的报道，研究各种新闻报道文体的不同特点及不同功能。

任务三

搜集对同一人物、或对同一事件、或对同一现象、或对同一问题的同一体裁报道，研究各种新闻报道文体。

消息标题和导语实训

本单元的学习和训练目标：

练习消息标题和导语的写作，了解消息标题写作的一般要求，掌

握各种消息导语的写作要领。

【基本理论概述】

一、消息标题

（一）消息标题的概念、功能和特点

消息标题就是放在消息前面，用以对新闻内容进行提示、评价的一段最简短的文字。标题是消息的眼睛，在一个"读题时代"，消息标题的作用举足轻重。消息标题具有对消息内容进行提示和评价的功能。与一般文章标题相比，消息标题具有明显区别，它着力于表述具体事实，多呈现出动态特点，主题和辅题相结合，形式变化多样。

消息标题的主要特点有以下三方面：

1. 以新闻中的具体事实或事实最精彩的部分为主要内容来命题；

2. 结构较复杂，一般由主题、辅题构成；

3. 动态化，一般是一个完整的句子。

（二）消息标题的种类

消息标题的种类，按照不同标准划分，可以分成：

1. 单一题和复合题

单一题是指只有主题的消息标题。

复合题是指既有主题又有辅题的消息标题。

所谓消息主题，指标题中最主要的部分，它是新闻的精华所在；它居于最显著的位置，所用字号也最大；所谓消息辅题，包括引题和副题两种类型。

引题，又称肩题或眉题，位于消息主题之前，用以引导主题；所用字号小于主题；

副题，又称子题，位于消息主题之后，对主题进行补充和解释；所用字号小于主题和引题。

2. 实题和虚题

实题的定义为：消息标题中叙述事实的部分，着重表现具体的人物、动作和事件等；

虚题的定义为：消息标题中发表议论的部分，着重说明原则、道理、愿望等。

在消息标题中，虚题必须依附于实题而存在。这句话可以理解为，消息标题可以全部由实题组成，也可以虚实结合，但不可以全部由虚题组成。

另外，目前在部分报刊及网络新闻消息中，常常出现"主题+提要题"的组合形式。提要题是指在新闻的主题之下所加的"内容提要"式的长副题，它往往较详细地概括新闻的主要内容。

（三）制作消息标题的要求

1. 内容具体：消息标题要避免只有虚题的情况，要叙述具体事实；

2. 概括准确：消息标题要突出精华，保持题文一致，避免歧义；

3. 态度鲜明：在消息标题中运用"用事实说话"的技巧，在该有态度的时候要态度鲜明、正确、经得起推敲；

4. 文字简练：避免冗长；

5. 表达生动：可以巧用诗词，注意炼字，整齐错落，运用对比，借助修辞。

另外，需要注意标点符号在消息标题中的使用，恰当而巧妙地借助于标点符号，有时会收到好的传播效果。

二、消息导语

消息导语是消息区别于其他文体的重要特征。消息导语用极其简练的文字展示新闻中最新鲜最重要的内容，从而引导读者深入阅读。

（一）消息导语的基本职能

1. 激发读者阅读兴趣；

2. 揭示新闻精华，即表明新闻主要传递了什么信息及意义；

3. 一语定音，为新闻报道定下基调。

消息导语从产生至今经历了三次比较明显的发展演变，第一代导语是全要素导语，其特点是将新闻五要素比较详细地展示在导语之中；第二代导语是部分要素导语，其特点是在导语中重点突出最具有新闻价值和受众吸引力的新闻要素，篇幅相对较小；第三代导语则被称为丰富型导语，其特点是在展示新闻（部分）要素的基础上以丰富的语言形式增强新闻的趣味性。

（二）消息导语的类型

消息导语以其交代新闻要点的快慢，大致可分为直接导语与间接导语两种类型：直接导语的特点是开门见山叙述新闻精要，通常用于报道时间性强、事实新闻价值明显的新闻；间接导语的特点则是以比较含蓄、委婉的方式交代新闻要点，多用于时间性不太强、事实新闻价值不明显的新闻。

直接导语的类型主要有：直叙式导语、概述式导语、复合式导语、评述式导语。

间接导语的类型主要有：描写式导语、解释式导语、提问式导语、悬念式导语、延缓性导语。

此外，还有几种常见但难以归类的导语类型：引语式导语、对比式导语、"你"导语。

（三）消息导语的制作要求

1. 突出新闻精华：要突出内容新意，突出新闻的重点、特点以及受众关注点；

2. 要具体实在、以叙述事实为主，力戒内容空泛；

3. 要简练、忌冗长：导语中不可不加选择地堆满事实、数字，写进导语的专有名词也不能过多；

4. 保持新颖多样，忌千篇一律。

（四）消息导语写作的常用技巧

1. 在导语中突出应该突出的事实要素

何事要素一般来说在六要素中居于核心地位，是消息导语不可缺少的要素。

当新闻中所涉及的人物是显要人物或新闻事实的价值意义体现在人物上时，导语中应该突出何人要素。

突出何时要素的导语通常有以下三种情况：新闻事实发生在历史性时刻，新闻事实发生的时间有特殊意义，突发性事件的发生时间。

突出何地要素的导语有以下情况：何地要素是报道对象，何地要素决定新闻价值，新闻事实发生地具有独特性，突发性事件中的何地要素（如果是著名地方，则还须放在时间要素前）。

"何因"要素在导语中不常出现。当"何因"要素体现新闻事实的特点、或者为读者所关注时，导语中应该交代。

2. 避免导语与标题的重复，发挥导语的引导和定调功能

要注意导语和标题之间的逻辑关系，避免重复。可以通过以下方法避免重复：

导语比标题写作更具体；导语和标题各取不同角度；突出标题，淡化导语。导语要能够统领全篇，引出正文，并确定全文的基调。

作品一

解密嫦娥三号月球车"玉兔"：
这只兔子是个"高富帅"

两只机械"手"——在翅膀前端，还有负责钻孔、研磨和采样的机械手，在采矿时使用。

"四眼"观六路——科学家们为"玉兔"安装了4只眼睛，分别是全景相机和导航相机。即便在白天120摄氏度的高温中也能拍出高质量的动态、静态图像。

身后长"翅膀"——"玉兔"肩部有两片可伸缩的太阳能电池帆板，白天工作时展开，晚上睡觉时收起来。

身披"黄金甲"——"玉兔"周身金光闪闪，可以反射月球白天的强光，降低昼夜温差，阻挡各种高能粒子的辐射。

脚踩"风火轮"——"玉兔"在月面巡视时不仅可以自主前进、转弯、后退，还可以原地打转、横向侧摆，确保在危机四伏的月面上畅行无阻。

11月30日的西昌街头，"嫦娥三号月球车"模型已经摆进了商店的橱窗，一只只精灵古怪的"玉兔"向过往的旅人们"颔首"致意，引得不少人前来围观。羊城晚报记者请教了多位专家，对这只"兔子"进行详细了解，发现其内部真是大有乾坤，竟然是个"高富帅"。

高 1.1米古来罕有迄今唯一

"玉兔"号月球车长1.5米，宽1米，高1.1米，体重140公斤，如此巨型的"兔子"恐怕此前还没有人见过。

为什么要这么高呢？因为这只"兔子"的身体系统一点不比真实的兔子简单，包括了移动、电源、热控等8个分系统，是一大批科研人员历经10年才"分娩"出来的。在那些最聪明的头脑哺育下，它长得又大又结实就不奇怪了。更关键的是，这个"庞然大兔"的身体还有着过人的本领——能够耐受月表真空、强辐射和高温差等极端环境。

"月球重力是地球的六分之一，表面土壤非常松软，凹凸不平，有石块、有陨石坑，还有陡峭的高坡。在这种环境中，月球车既不能打滑，更不能翻车。"全程参与研制的主任设计师肖杰说。基于这些考虑，科学家们给这只兔子配备了很多仪器、设备和"脏腑"，所以就使得它更显魁梧了。

富　身披黄金甲专挖贵金属

更重要的是，这是只有钱更善于"赚钱"的兔子。它身上披着一层闪亮的"黄金甲"，这可不是为了"臭美"，而是为了反射月球白天的强光，降低昼夜温差，阻挡各种高能粒子的辐射，从而保护"五脏六腑"不受伤，好好完成科学家们交给它的任务。

有钱的一个重要标志，便是"睡到自然醒"。"玉兔"号月球车便是这样一只贪睡的"兔子"，不睡饱了绝不起来——它睡到自然醒需要的时间是14天。为什么是14天呢？因为月球自转的周期是28天，月球绕地球一周也是28天，也就是说月球上的一"天"相当于地球上的28天，睡一"夜"就需要14天。

"广寒宫"向以寒冷著称，夜间月表的最低温度是零下180摄氏度左右，这时对"玉兔"来说睡觉恐怕是最好的选择了。

帅　腰插机械手脚踩风火轮

除了高大有钱，这只兔子长得还很帅，实在是"美煞旁兔"。

先说头上，科学家们为"玉兔"安装了4只眼睛，分别是全景相机和导航相机。制造相机的中科院光电所的相关专家告诉羊城晚报记者，这些"眼睛"在技术上克服了白天120摄氏度的高温、太阳角度变化大对相机成像质量的影响等，能拍出高质量的动态、静态图像。有了它们，"玉兔"便可以"眼观六路"了。

让人颇为惊奇的是，"玉兔"还长了两个翅膀——其肩部有两片可伸缩的太阳能电池帆板，白天工作时展开，晚上睡觉时收起来，将仪器设备包在里面，防止仪器被过低的温度冻坏，从而起到"保暖"的作用。在翅膀前端，还有负责钻孔、研磨和采样的机械手，在采矿时使用。

本次回转广寒宫，着急的"玉兔"踩了6个"风火轮"。肖杰说，为了找到更合适的车轮，科学家们试验了几千次，才有了这些"风火轮"，"'玉兔'号在月面巡视时不仅可以自主前进、转弯、后退，还可以原地打转、横向侧摆，确保在危机四伏的月面上畅行无阻。"

（来源：《羊城晚报》2013年12月1日）

作品二

驾"长征"抱"玉兔" 嫦娥夜奔月
1 时 49 分顺利进入地月转移轨道

据新华社西昌 12 月 2 日电 担负中国首次地外天体软着陆和巡视探测任务的嫦娥三号，12 月 2 日 1 时 30 分在西昌卫星发射中心发射升空，展开奔月之旅。

由着陆器和"玉兔"号月球车组成的嫦娥三号月球探测器，总重近 3.8 吨。在月球表面软着陆后，"玉兔"号将驶离着陆器进行为期约 3 个月的科学探测，着陆器则在着陆地点进行就位探测。

为满足嫦娥三号入轨精度的要求，中国目前推力最大的长征三号乙运载火箭进行了多项技术状态改进，提高了可靠性和安全性。这也是长征系列运载火箭的第 186 次飞行。

在夜幕中飞行 19 分钟后，火箭把嫦娥三号送入近地点高度 210 公里、远地点高度约 36.8 万公里的地月转移轨道。

嫦娥一号是经过约 280 小时的太空跋涉，才到达月球轨道的。"如今，嫦娥三号的旅程变短了。"探月工程领导小组高级顾问欧阳自远院士说，在嫦娥二号任务中验证成功的直接进入地月转移轨道发射技术，将使嫦娥三号奔月时间比嫦娥一号减少 7 天。

约 112 小时后，嫦娥三号将抵达 36.8 万公里之外的月球附近。经过近月制动，将建立起距月球 100 公里的圆轨道，并于 12 月中旬择机在月球虹湾地区实现软着陆。

"这是中国航天领域迄今最复杂、难度最大的任务。'零窗口'发射成功后，嫦娥三号的考验才刚刚开始。"探月工程总设计师吴伟仁说，我国有望在 2020 年前实现月球无人采样返回，从而完成无人探月工程"绕、落、回"三个探测阶段，为下一步载人探月奠定基础。

（来源:《文汇报》2013 年 12 月 2 日）

作品三

奥巴马签署《丹尼尔·珀尔新闻自由法案》

周一，美国总统奥巴马（Barack Obama）签署《丹尼尔·珀尔新闻出版自由法案》（*Daniel Pearl Freedom of the Press Act*），使之成为法律。根据新法，国务院（State Department）的年度人权报告将点名指出哪些国家参与或容忍对新闻从业者的攻击。

法案的命名是对《华尔街日报》记者丹尼尔·珀尔的纪念。2002年，珀尔在调查报道"鞋子炸弹客"理查德·雷德（Richard Reid）与基地组织（al Qaeda）据说存在的关联时，在巴基斯坦遭到绑架，后被杀害。

在白宫椭圆形办公室举行的签署仪式上，奥巴马说，在没有这种关注的情况下，有些国家和政府常常觉得自己可以跟新闻媒体作对而不受惩罚，而我们要发出信号说，它们不可以这样。

站在奥巴马周围的是珀尔的家人，包括现年七岁的珀尔遗腹子亚当（Adam）和遗孀玛丽安·珀尔（Mariane Pearl）。奥巴马将法案签署成法律后，玛丽安教儿子把双臂举过头顶，以示庆祝。

奥巴马说，失去丹尼尔·珀尔让我们想起新闻出版自由有多么可贵，也让我们想起，有人会不择手段地让全世界的新闻从业者噤声。

新法将要求国务院在年度人权报告中指明哪些国家存在对新闻出版自由的侵犯。

对于存在严重侵犯的国家，美国国务院必须确定这些国家的政府有没有参与或容忍相关行为，过后有没有采取措施保证新闻从业者的安全与新闻单位的独立。另外，国务院也必须明确这些国家是否确保袭击或杀害新闻从业者的个人受到起诉。

（来源：华尔街日报　2010年05月18日）

作品四

"本地企业发展快，群众都坐着火车又回来了"
火车站见证兰考经济变迁

本报讯（记者童浩麟）12月2日下午3点15分，兰考县南彰镇徐洼村村民李麦花在新疆摘棉94天后，乘坐K1352次火车回到了兰考。

94天挣了6100元，比去年少了2000元。"今年全国涌到新疆摘棉的人有70多万人，比去年又多了10万。"李麦花说。

"今年兰考到新疆摘棉的明显减少。"兰考县火车站总支书记何金峰说，"从火车站出发摘棉的约为1.8万人，比去年少了8000人。"

兰考县劳动和社会保障局统计数字显示，在2008年达到18万人次峰值以后，兰考劳务输出总数逐年回落。今年前10个月，兰考就地转移劳力6万人，本地就业和外出务工人数比例达到了74：26。

"兰考的劳务经济，已从劳务输出进入到回乡创业和带动就业层面。"兰考县劳动和社会保障局局长孔留书说，"劳务经济的变化和本地经济发展密不可分。"

自2008年起，兰考县委、县政府每年春节都举办"返乡创业明星评比活动"，在评出的52名创业明星中，无一不是上世纪90年代从兰考走出去的务工人员。

第五届创业明星古顺风回报家乡的是投资1.5亿元的生态农业科技园。"公司已促使2500亩土地实现流转。"古顺风说，"1亩地2万元的效益，完全可以让村民不出村就挣钱。"

在古顺风生态农业科技园打工的城关镇姜楼村村民有470人，人均月收入1600元。"在家门口就能养家，还能顾家，俺咋还会舍近求远外出打工呢？"村民齐庆竹说。

"兰考火车站虽然是陇海铁路线上一座普普通通的县城车站，却见证了兰考人民生存的几次改变。"焦裕禄纪念园管理处副主任董亚娜说，"1962年焦裕禄来兰考的第一天，在火车站看到外出逃荒的群众直流泪。上世纪90年代，百姓又一次坐上火车离开兰考，兰考进入劳务输出时代。"

"17年共介绍了2万多人外出打工。"作为兰考最早从事劳务输出的游富田说，"因为本地企业发展快，群众都坐着火车又回来了。今年我就不再介绍劳务外出了。"

"随着当地企业用工越来越多，企业用工空岗、用工备案在我局频率越来越快，从2010年的一年4次，发展到现在的一月一报。"孔留书说。按照规划，未来5年，兰考企业将全部消化本地富余劳动力。

2011年，兰考县财政一般预算收入完成5.1亿元，同比增长76%，由2008

年的全省排名第 103 位上升到第 42 位；固定资产投资完成 63.5 亿元，增长 30.7%，增幅居全省 10 个直管县第一位。

（来源：《河南日报》2012 年 12 月 3 日；第 22 届中国新闻奖一等奖）

作品五

中俄军演将进行实兵实弹对抗

核心提示：4 月 22 日，中俄海上联合演习在青岛举行。据海军副司令员丁一平介绍，此次演习是中国海军与外国海军举行的规模最大、科目最丰富的联合军事演习。中俄双方共派出各型舰艇 25 艘、飞机 22 架、特战分队 2 个，演习中将进行对空、对海、对潜实兵实弹射击。

新华网青岛 4 月 22 日电 "海上联合—2012"中俄海上联合演习 22 日起在青岛举行。海军副司令员、演习联合导演部中方总导演丁一平中将 22 日就这次联合军演的目的意义、演习内容及特点进行了介绍。

联合军演有四大目的

丁一平说，根据中俄双方商定，这次演习有四个目的：一是发展两国全面战略协作伙伴关系；二是深化两军、特别是两国海军间的务实合作；三是提高两国海军遂行海上联合军事行动应对安全威胁和挑战的能力；四是增强两国海军共同维护地区海上和平与稳定的信心。

规模最大的中外联合海上演习

这次演习参演兵力多、持续时间长、协同要求高，具有合成性、对抗性和实战性。丁一平说，这是中国海军与外国海军举行的规模最大、科目最丰富的联合军事演习。中俄双方共派出各型舰艇 25 艘、飞机 22 架、特战分队 2 个。其中，中方兵力覆盖空中、水面、水下和特种作战；俄方兵力多为俄太平洋舰队主力作战舰艇。

联演将进行对空、对海、对潜实兵实弹对抗

丁一平介绍，演习以统一导调、统一指挥下的海上两级实兵对抗方式进行。演习按照作战筹划、图上作业、实兵演习、实际使用武器、海上阅兵、总结交流的顺序进行，重点演练联合护航、联合防空、联合反潜、联合反劫持、联合搜救、联合补给等科目。演习中将进行对空、对海、对潜实兵实弹射击。

中方参演装备多为新型号装备

在谈到中方参演装备时丁一平说，中方参演装备一是种类多，包括驱逐舰、护卫舰、潜艇、导弹快艇、多型飞机和直升机，涉及水面、水下、空中13型装备；二是多为新型装备，除一艘补给舰、一艘医院船外，其余参演战斗舰艇都是海军的主要舰艇，多数是近10年来研制和装备部队的；三是装备综合作战指数高，新型驱逐舰和护卫舰在远程打击、防空反导、电子对抗等方面有了新突破，新型战机的作战半径有了新跨越，潜艇的续航能力、隐蔽性、打击能力大幅提升。

海上阅兵式将在26日下午举行

为满足公众的参观需求，参演的俄罗斯"瓦良格"号导弹巡洋舰和中国海军"沈阳"号导弹驱逐舰23日向公众开放。届时将由青岛市有关部门组织公众登舰参观。

丁一平介绍，根据演习安排，4月26日下午组织海上阅兵式。阅兵将采取海上分列式的方式，中方潜艇编队、驱逐舰编队、护卫舰编队、俄方巡洋舰和反潜舰编队、中方导弹快艇编队依次受阅。中方新型战机组成的空中梯队也将依次受阅。阅兵舰为"沈阳"号导弹驱逐舰，海军司令员吴胜利上将将检阅双方参演部队。

中国海军已十多次与外国海军举行联合演习

丁一平说，中国积极倡导"互信、互利、平等、协作"的新安全观，始终把建设海上安全合作机制作为建构和谐海洋的重要支撑，中国海军与外国同行广泛开展军事交流和海上安全合作，开展了形式多样、领域广阔、内容丰富的联合演习。2002年以来，中国海军先后与法国、巴基斯坦、英国、印度等国海军在中国海域举行海上联合军事演习；此外还走出国门，2005年11月首次在阿拉伯海北部海区与巴基斯坦海军举行联合搜救演习，2006年9月与美国海军在圣迭戈附近海域举行海上联合搜救演习，在亚丁湾海域与多个国家进行联合反海盗演习。除了双边演习，中国海军还参加了多次多边演习。

联合军演将深化中俄两国海军务实合作

近年来，中俄两国两军关系不断发展，战略协作水平不断提升。丁一平说，在这样的背景下举行联合军事演习，有利于深化两国海军间的务实合作，也给两国海军提供了一次相互学习的机会，全面检验双方海军的战斗力水平，提高联合行动、联合协作的能力。

（来源：新华网2012年4月22日）

作品六

美报告：新媒体时代　职业记者仍不可取代

核心提示：报告称，如果大量重要工作由业余人士或机器来做，那就不能成就精彩的新闻报道。

参考消息网11月30日报道哥伦比亚大学陶氏数字新闻研究中心本周公布的一项重大研究报告指出，博客博主、"众包"商业模式和计算机写作的文章都在为新媒体作出贡献，但它们在挖掘重要新闻时却不可能取代职业记者。

据法新社11月28日报道，这一研究报告题为《后工业时代的新闻业》。

研究报告的作者称，技术导致了可获取信息量的大爆炸，经济变化也在从正负两方面影响新闻业。

但研究称，在特定的报道中，机器或"众包"（指企业通过网络将工作分配给志愿群体）都不能取代职业记者。如果大量重要工作由业余人士或机器来做，那就不能成就精彩的新闻报道。

"精彩的新闻就是报道可以改变社会的重要和真实的事件。爱尔兰天主教堂长期包庇性侵儿童者、美国安然公司假账案就是这样的报道。"

报告的作者说，记者"作为真相告知者、感知创造者和解释者的角色不能被归结为可以被取代的输入者……我们需要的是一群全职工作者，去报道某些地方的某些人不想被人报道的事件"。

但研究报告称，由于媒体发生的变化，由广告支撑的报纸和广播新闻业模式可能永久地改变了，这意味着新闻"必须降低制作成本"。

研究报告作者C. W. 安德森、埃米莉·贝尔和克莱·舍基说："没有办法保留或恢复新闻业在过去50年间一直采取的运作模式。"

他们说，变化导致了"美国新闻质量的下降"，并且指出："我们相信，这个国家的新闻业会变得更糟，而不是更好。在一些地方（主要是没有日报的中小规模城市），情况明显会变得更糟。"

（来源：参考消息网2012年11月30日）

【思考讨论】

1. 请对作品一和作品二中报纸的新闻标题进行分析，分析标题的类型、结构、功能，结合具体的新闻事实和新闻文体，理解其拟定不同标题的原因，在此基础上对标题做出评价。课下，同学们可通过互联网等寻找"玉兔"月球车的其他类型报道（如特写、通讯等）和评论，将它们的标题与作品三中的标题进行对比，发现和理解其异同。

2. 辨别作品三与作品四的消息导语类型，并对直接导语和间接导语的作用、特点、适用范围进行理解和分析。

3. 作品四的作者为河南日报报业集团开封记者站站长童浩麟。2011年11月后的5个月，童浩麟6次去兰考深入基层采访。2012年4月5日、4月25日、12月3日，《河南日报》分别在重要位置刊登了该记者采写的三篇关于兰考、关于焦裕禄精神的新闻稿：《兰考：三年之变》《丰碑的力量——焦裕禄精神在兰考》《火车站见证兰考经济变迁》。三篇文章分别获得了报社优等稿件和月度精品奖。记者后来自述："三篇文章一脉相承。写反映兰考发展之路的3500字长篇工作通讯《兰考：三年之变》带出了6000字的《丰碑的力量》的主题，《丰碑的力量》凝练出了《火车站见证兰考经济变迁》的历史沧桑。"

请通过网络查阅这三篇报道，并思考：作品四为什么会荣获当年的中国新闻奖一等奖？

4. 作品五和作品六作为网络消息，其标题写作、导语写作与报纸消息相比，有何异同？试加以总结。

5. 根据本章所给出的消息文本，试总结和验证新闻消息写作中标题与导语的地位，标题和导语之间的相互作用和相互关系。

【训练任务】

任务一

查阅近日媒体上的消息，每名同学找出不少于10则你认为制作精彩或有特点的消息标题，不少于3则你认为有错误或传播效果不佳的标题，对这些标题加以简要评析。以小组为单位，随堂进行讨论。每个小组选出最具代表性的消息标题（优良、有特点或错误的），向全班同学进行现场展示和讲解，并展开讨论。

有兴趣的同学可在课下深入一步，就本堂课中总结出的相关消息标题联系相关媒体，与其新闻编辑进行沟通和交流。并将消息标题作为一个研究题目，写出研究报告或小论文。

任务二

要求同学研读本教程和其他配套教材或媒体上的消息文本，分析其消息导语的具体类型和写作特点。每名同学分析不少于十篇消息。

任务三

教师给出一篇或几篇新闻材料，请同学据此在规定时间内写出一篇或几篇新闻消息的标题和导语。

要求：

1. 试写出两种消息标题：传统报纸的消息标题和网络消息标题。

2. 拟写出各种导语形式：直叙式、概述式、复合式、延缓式、描写式、评论式、提问式、对比式、悬念式、引语式、第二人称导语等等。并思考，对给定的新闻材料来说，用什么形式的导语最为合适？

任务四

请同学课下查找和阅读各种媒体上你自己感兴趣的新闻消息（不少于10则），并对其新闻标题和导语的写作进行评析。在此基础上，试着自己改写几则消息的标题和导语，看看能不能使之更符合消息写作的要求和各个媒体的传播特点？

第
七
单
元

NEWS

动态消息实训

本单元的学习和训练目标：

练习写作动态消息及简讯等短消息，精选写作材料，熟悉倒金字

塔结构、时序结构，掌握动态消息的写作要领。

【基本理论概述】

一、动态消息的概念、特点、类型

动态消息是对有新闻价值的事物最新发展变化的动态进行及时报道的一种消息样式。动态消息是各类新闻报道文体中最标准最典型的一种。写作动态消息一般要求为：新闻六要素齐全，有完整的新闻结构，必要时追加新闻背景。

动态消息的特点主要包括三方面：

1. 是事件性新闻（分为突发性与非突发性两种）；
2. 注重时效性，以事物最新变动为着眼点；
3. 内容单一，篇幅简短。

动态消息的类型，可以有两种划分方式：按照事件本身性质划分，可分为单独事件报道和综合（非单独）事件报道；按照时间划分，可分为完成式报道、连续报道、预告性报道。

二、动态消息的写作要求

（一）突出时间上的最近点

对于时效性强、刚刚发生的新闻事件，在写作中将时间要素放在标题和导语中即可达到突出的效果。对于时间上略显陈旧的新闻事件，可以通过寻找挖掘事件最新进展或者事件未来状态预告等方式以突出时间"最近点"。

（二）一般以客观叙事为主

动态消息写作需要迅速、清晰而实在地交代事件的来龙去脉、具体情况和最新进展，记者一般不需要在文章中下结论和提供过多主观化的判断，以免出现差错。

（三）尽量写出新闻事件的现场情景

动态消息写作提倡记者深入事件现场，客观、真实、生动地展现事件现场。即便记者没有身处事件发生的第一现场，也应尽量在事后赶到现场，描述事件发生后的场景。退而求其次的做法是通过当事人、目击者的描述来还原现场情景。

（四）注意对事实动态的追踪报道

动态消息往往只是报道了事件发生、发展中的一个阶段或环节。为了给读者展示完整的事件和故事，记者要注意对所报道事件的进一步追踪和报道。

三、动态消息的常用结构

动态消息常用的消息结构有倒金字塔结构、时序结构、并列结构和对比结构等。

（一）倒金字塔结构

倒金字塔结构是指按照事实的重要程度递减的方式安排材料的一种结构方式，对于动态消息而言，这是一种应用相当广泛的结构模式。应用倒金字塔结构的消息文本简洁、明快、富有节奏感，符合新闻传播的根本要求。倒金字塔结构的主要特点为："重要性递减"排列原则，一般采用直叙式导语，以及"断裂行文"的方法。

就倒金字塔结构而言，大多数情况下，新闻事实的展开程度有以下规律和层次：

1. 初步展开——围绕导语要点，概述新闻事实的基本情况、做初步解释；
2. 进一步展开——提供更具体的事实材料，所涉及几个方面的具体情况；
3. 再一层次展开——提供更详细的情况和细节；
4. 最后——提供最次要的材料，或补充其他相关事实和材料。

（二）时序结构

时序结构，是指根据事实发生先后顺序来组织材料、排列层次的一种消息结构方式。时序结构主要分为编年体式和提要式两种。

编年体式的时序结构从消息导语开始即按照事件发生的时间顺序来写作。导语一般陈述事件开端，有一定的悬念性。消息主体承接导语，陈述事件过程。事件结束时消息也就收尾。这种写法适合故事性强的新闻事实。

提要式的时序结构在消息开头往往是一个总结性的导语，点出新闻事实中最精彩和重要的部分。消息主体则基本按照事件发展的时间顺序结构成篇。

（三）并列结构

并列结构的消息有一个概括性导语，消息主体所涉及内容则基本上是对消息导语中各部分的分别展开。消息导语与消息主体的关系是总分关系，消息主体各部分之间的关系则是并列关系。

（四）对比结构

对比结构，适用于有明显反差的两方面事实或一些有关矛盾、争议的新闻报道。对比结构的消息，导语常常是对比式的，消息主体部分自然以对比方式展开叙述。对比结构可以分为前后对比和交叉对比两种类型。

四、简讯概述

简讯，又称简明新闻，是最简明扼要的消息形式。简讯用最简短的文字报道新闻事实的简要情况。快讯则是对重大新闻做出快速报道的简讯。

简讯即浓缩的消息，其特点主要是内容精简、篇幅短小、结构简单。

简讯的功能主要表现在两方面：1. 对不太重要的新闻事实作简要处理，拓宽新闻报道面，增加新闻媒体上的信息量。2. 在注重时效性的突发性新闻报道中发挥特殊而重要的作用。

简讯和快讯的写作重点可从两方面考虑：首先，提炼精华，用一句话说出新闻精要；其次，把新闻精华表述清楚，并考虑必须同时交代的其他内容。

【作品阅读】

作品一

美康州校园枪击案调查：枪手连射 154 发子弹杀 26 人

中新社纽约 3 月 28 日电（记者李洋）　美国康涅狄格纽敦校园枪击案的调查结果 28 日陆续公布。调查结果显示，枪手兰扎在短短不到 5 分钟便射出至少154 发子弹，杀死校园内的 26 人。

康涅狄格检察官塞登斯基（Stephen J. Sedensky）28 日发表声明，公布了有关调查结果。声明说，兰扎去年 12 月 14 日使用一把美制 XM15 制式半自动步枪在纽敦桑迪胡克小学行凶，校园内 26 人皆死于这把枪下。

20 岁的兰扎在行凶后使用 Glock 手枪结束了自己的生命。他还藏有一把 Sig SauerP226 手枪作为备用。警方在现场收缴了那把半自动步枪和这两把手枪。

负责解剖遇难者的康涅狄格州首席法医卡弗此前已透露，此次枪击的所有被害者皆死于枪伤，均身中数枪，伤口多者达 11 处。

声明同时称，兰扎来到桑迪胡克小学行凶之前，在其家中使用一把 0.22 口径步枪，将其母亲杀害。警方在兰扎的家中没有发现母子搏斗的迹象。

与此同时，康涅狄格联邦法院 28 日公布了对案发现场和兰扎住所进行调查后的物证文件，长达 84 页，人们发现兰扎拥有众多和枪支及射击有关的资料。

最引人注目的是，兰扎的家如同"武器库"。他的母亲拥有大批枪支弹药，兰扎也携带了很多枪支弹药前往桑迪胡克小学。兰扎行凶使用的枪支弹药仅是其中一部分而已。除了枪支，兰扎还携带了一些刀具。

另外，警方在兰扎的家中缴获了美国全国步枪协会（NRA）编撰的《手枪射击基础教程》，以及讲授如何与埃斯博格综合征患者相处的书籍。兰扎的母亲和兰扎本人都拥有 NRA 颁发的持枪许可证。

纽敦枪击案调查结果的陆续公布引发全美高度关注。美国总统奥巴马 28 日说，忘记纽敦的悲剧将是"我们的耻辱"，并要求国会支持他的控枪措施。NRA 则发表声明，撇清与兰扎的任何关联。

目前普遍认为，兰扎患有埃斯博格综合征，智力超群但有严重的自闭倾向，不善交际。调查还发现，兰扎本人其实很少出门，沉迷于电子游戏。

去年 12 月 14 日，兰扎在打死其母后，前往附近的桑迪胡克小学疯狂杀人，打死 26 人，包括 20 名儿童，随后自杀身亡。这场枪击案震惊世界，更在美国引发了一场控枪大辩论。

（来源：中国新闻网 2013 年 3 月 29 日）

作品二

本世纪最壮观日全食"现身"我国长江流域

亿万群众为目睹这一天象奇观感到幸运和兴奋

据新华社北京 7 月 22 日电（记者吴晶晶　蔡玉高）　"8 时 12 分，重庆合川看到初亏！""8 时 16 分，湖北罗田看到初亏！""8 时 24 分，浙江舟山看到初亏！"……

在其后的数十分钟内，我国长江流域的这些地区上空，太阳逐渐亏缺，成为弯月形、金钩形，直至出现璀璨的钻石环和贝利珠，接着太阳被遮住最后一道光芒，白天瞬间成了黑夜。几分钟后，光线一点点地从黑色圆球的周边发散，太阳逐渐复圆。现场观众爆发出阵阵欢呼声，为目睹这一世纪天象奇观感到幸运和兴奋。

22 日，我国境内发生本世纪最为壮观的一次日全食天象。全食带先后经过西藏东南部、云南省西北部、四川省、重庆市、湖北省、湖南省北部、河南省南部、江西省北部、安徽省、江苏省南部、浙江省北部、上海等地。

据中科院国家天文台介绍，此次日全食带在我国的长度约 1 万公里，平均宽度230公里，几乎覆盖整个长江流域。我国境内能够观测到的全食时间最长达到6分1秒，是本世纪最长的一次日全食。

据了解，此次日全食起始于印度，日食带穿过印度、尼泊尔、孟加拉国、不丹和缅甸，从中印边境进入中国，从浙江和上海进入太平洋。在太平洋上，日食带扫过琉球群岛，并一直延伸到西太平洋的北库克群岛。

在湖北、重庆、江西、浙江等条件较好的日全食观测地，来自世界各地的科学家、天文发烧友和当地群众共同目睹了这一天文奇观，并观测到了色球层、日冕、贝利珠、钻石环等壮观绚丽的景象。

各地的"追日族"有的手持护目镜，有的拿着废胶片，有的架好天文望远镜，大家被壮丽的天象震撼，照相机快门声响成一片。在湖北宜昌三峡大坝观测点，一名来自英国的天文爱好者说："我很早就选定了来中国见证这次百年罕见的日全食，这次的经历非常棒！"

在上海、苏州、拉萨等地，由于天公不作美，人们在阴雨天气里感受到了日全食发生时天色变暗、气温下降等过程。除了处于日全食带上的省份，我国北京、天津、广东、广西、内蒙古等地出现了日偏食。此外，很多网民通过网络视频直播也同步欣赏到了难得的日全食天象。

日全食期间，国家天文台、云南天文台、紫金山天文台及国际天文联合会等国际组织的科学家在多个观测点开展了科学研究，涉及日冕光谱和成像观测、白光观测、太阳耀斑偏振光谱的空间分布、水内星搜索、日全食的电离层效应、日全食期间重力异常观测、闪光谱观测、日全食射电宽带动态频谱观测等内容。

国家天文台研究员张洪起在浙江安吉看到了持续5分多钟的日全食过程。他兴奋地说："去年发生在我国新疆、甘肃等地的日全食只有两分多钟，这次足足有五六分钟。我们可以充分观测太阳日冕层，探测太阳与地球间电离层的变化，研究重力变化等。"

"虽然天气条件不算太好，云层对光学观测有一定影响，但我们已经取得了一些数据资料，希望带回去分析后能获得有价值的研究结果。"张洪起说。

我国科学家在日全食期间还实施了"中国2009日全食中心线联测项目"，沿着日食中心线由西向东布置了15个观测点，以获得连续日冕像。

"我们在其中9个观测点拍摄到了太阳日冕，连在一起就是30分钟的日冕像，这在中国天文学界是第一次，在全世界也是非常难得的。"江苏省天文学会秘书长李旻说。

此外，令科学家鼓舞的是，在苏州观测点，紫金山天文台的射电望远镜观测项目没有受到大雨的影响。在日全食的4分多钟时间里，科学家成功地观测到了数据。对这些数据的分析将有望确定日面上太阳射电精细结构和射电太阳半径。

据了解，我国下一次日全食将发生在2034年3月20日，届时西藏北部和青海西部可见约1分40秒的日全食。

（来源：《中国青年报》2009年7月23日）

作品三

山东作家莫言获诺贝尔文学奖

本报高密10月11日讯 　（记者：孟庆军　逄春阶　杨国胜　兰传斌）

晚上7点刚过，高密的大街上便响起了鞭炮，一条消息在鞭炮声中口口相传：高密走出去的山东作家莫言荣获2012年度诺贝尔文学奖。这是中国籍作家首次问鼎这一奖项。

几天前，莫言成为诺贝尔文学奖大热门的消息不胫而走。来自国内外20余家媒体的记者奔向高密，在莫言文学馆的手稿里，在莫言出生的大栏乡平安村，在高密的剪纸、扑灰年画和山山水水中找寻密码，期待一条爆炸性新闻。

这是收获的季节，高密的棒子黄澄澄地摆满了场院和房顶，侍弄着活计的老乡们略带疑惑地观望着纷至沓来的记者。莫言的二哥管谟欣已经说不清接待了几拨客人，但他还是面带笑容。

随着时间推移，记者群里散发出焦急和期盼的气氛。他们不停地看表，翻着网页，并一遍一遍追问着莫言的下落。莫言事后对记者说，那时，他正躲在一个地方逗着小外孙玩耍，还舒舒服服吃了顿晚饭。

"成了！"晚上7点刚过，记者当中一个手疾眼快性子急的率先确认了这一消息，人群中随即爆发出热烈的掌声。

在斯德哥尔摩当地时间10月11日13时，远在北欧的瑞典文学院宣布，2012年诺贝尔文学奖授予中国作家莫言。

瑞典文学院常任秘书彼得·恩隆德在瑞典文学院会议厅先后用瑞典语和英语宣布了获奖者姓名。他说，中国作家莫言的"魔幻现实主义融合了民间故事、历史与当代社会"。

诺贝尔文学奖评委之一、瑞典汉学家马悦然说，莫言的作品十分有想象力和幽默感，他很善于讲故事。莫言获奖会进一步把中国文学介绍给世界。

晚9点，让各路记者找得好苦的莫言终于现身。对于获奖，莫言表示："可能是我的作品的文学素质打动了评委，中国文学是世界文学的一部分，表现中国独特的文化和民族风情，站在人的角度上，立足写人，超越了地区、种族的界限。"他强调，"诺贝尔文学奖是重要的奖项，而并不是最高的奖项"，自己要"尽快从热闹喧嚣中解脱出来，该干什么干什么"。

莫言出生于1955年2月，原名管谟业，山东高密人。小学即辍学，曾务农多年，也做过临时工。1976年2月离开故土，尝试写作。1981年开始发表作品，一系列乡土作品充满"怀乡""怨乡"的复杂情感，被称为"寻根文学"作家。他的主要作品包括《红高粱家族》《丰乳肥臀》《檀香刑》《蛙》等。长篇小说《蛙》获第八届茅盾文学奖。

按照诺贝尔奖有关规定，所有获奖者将前往瑞典首都斯德哥尔摩，参加12月10日举行的颁奖典礼。

（来源：《大众日报》2012年10月12日；第23届中国新闻奖二等奖）

作品四

欢迎"孕妇"来，不舞彩旗；喜送"母子"去，
不敲锣鼓这段青藏铁路又成"无人区"

请过路吧　亲爱的藏羚羊

本报讯（记者朱海燕）　昨晚，约有500只藏羚羊带着刚满月的儿女们，通过可可西里青藏铁路建设工地，向黄河源头的扎陵湖、鄂陵湖迁徙。

为不惊扰这些可爱的精灵，可可西里至五道梁一线，铁路夜间停止施工，拔走彩旗，灯光休眠，机器熄火；作为高原生命线的青藏公路，过往车辆在夜间停驶3个小时。这里又呈现出一种远古洪荒的宁静，只有高原的夜风为这群母子结成的队伍送行。

潜伏下来的观察哨称：跨越铁路线，母藏羚羊若无其事，像跨过自己家的门槛一样；小羊羔紧依着母羊，流露出一种莫名其妙的惊喜。

每年6至8月，藏羚羊集结成群，长途跋涉，前往可可西里腹地的卓乃湖、太阳湖一带产崽，去完成一年一度的延续种群的历史使命。小羔羊满月后，再由母羊呵护着返回原栖息地。

今年 6 月 20 日前后，两万多只雌性藏羚羊北上产崽，铁路夜间停止施工 10 天，为它们开辟通道。一个多月里，两万只小羔羊诞生在那块神秘的"天然产床"上。估计，从 8 月 4 日到 8 月 15 日，将有 4 万只大小藏羚羊跨过铁路安然回迁。

藏羚羊是国家一级保护动物，有"羊绒之王"之称，因此，也带来杀身之祸。近十多年，偷猎者大量涌入，每年有上万只藏羚羊遭到捕杀。1994 年，保护区工委书记索南达杰，为保护藏羚羊，在太阳湖与 18 名偷猎者搏斗壮烈牺牲。

青藏铁路开工后，环保理念渗透到建设者的血脉之中，青藏高原成为他们心目中的环保圣地。他们精心爱护每寸绿草，善待每一种动物。一年来，他们将 5 只失去母爱的小藏羚羊送到自然保护区机关，可爱的小宝贝得到妥善的保护。在他们的精神昭示下，没有一只藏羚羊在捕杀的枪声里倒下。

这块拥有野生动物 230 多种，国家重点保护的一、二级动物有 20 多种的土地，正在恢复野生动物天堂的动人景象。

可可西里自然保护区党委书记才嘎说，铁路建设的一年间，藏羚羊增添了两万多只，到铁路建成之日，将由现在的 7 万只增至 15 万只。

据悉：青藏铁路在设计中专门设立了动物通道。铁路建成后，不影响野生动物正常生活和自由迁徙。

（来源：《中国铁道建筑报》2002 年 8 月 17 日；第 13 届中国新闻奖二等奖）

作品五

四川汶川发生 7.8 级强烈地震　北京通州发生 3.9 级地震

新华网北京 5 月 12 日电　据中国国家地震台网测定，北京时间 2008 年 5 月 12 日 14 时 28 分，在四川汶川县（北纬 31.0 度，东经 103.4 度）发生 7.6 级地震。

新华网快讯：据从地震局了解，此次强烈地震发生在四川境内。

新华网快讯：据国家地震台网重新核定，北京时间 5 月 12 日 14 时 28 分，在四川汶川县（北纬 31 度，东经 103.4 度）发生的地震震级为 7.8 级。

新华网快讯：12 日 14 时 35 分左右，北京地区明显感觉到有地震发生。

新华网北京 5 月 12 日电　据国家地震台网测定，北京时间 2008 年 5 月 12 日 14 时 35 分，在北京通州区（北纬 39.8 度，东经 116.8 度）发生 3.9 级地震。

5月12日14时35分，北京通州区发生3.9级地震，北京部分地区有明显震感，正在收尾阶段的2008年北京奥运会主场馆国家体育场（"鸟巢"）并未受到影响。

（来源：新华网2008年5月12日）

四川汶川发生7.8级地震部分地区震感明显

新华网消息：据国家地震台网重新核定，北京时间5月12日14时28分，在四川汶川县（北纬31度，东经103.4度）发生的地震震级为7.8级。

中国地震局新闻发言人张宏卫说，此次地震强度大，波及面广。最新测得的震级为7.8级，宁夏、甘肃、陕西、山西、山东、河南、湖北、湖南、重庆、云南、贵州、广西、西藏、江苏、辽宁、上海等省市均有震感。

以下是部分地区情况，不断汇总更新中。

上海：居民反映震感明显

新华网上海5月12日电　12日14点40分许，上海的市民明显感受到有地震发生，写字楼人员和高楼居民纷纷下楼，跑到马路上，南京路步行街上挤满行人。

与南京路步行街一街之隔的汉口路上，解放日报的一位记者反映，在办公楼里有明显震感，人感到头晕。

她说，周边写字楼上的人员纷纷下楼，南京路步行街上已经聚满了人。但到15点左右，相关人员开始回到写字楼办公。

浦东陆家嘴金茂大厦等高楼和位于静安区威海路的上视大厦有强烈震感，不少人员纷纷撤离。

上海：高层建筑普遍有震感，但不会造成危害

新华网上海5月12日电　上海市政府新闻办12日15时45分发布消息称，据上海市地震局刚刚提供的消息，我国地震台网测定5月12日14时28分在四川汶川县发生强烈地震，上海高层建筑普遍有感，但不会对上海造成危害。

天津：有较为明显震感

新华网快讯：受北京通州有感地震影响，5月12日14时35分左右，天津地区有较为明显震感。

云南：楚雄、昭通等地有较强震感，并有部分房屋倒塌

新华网昆明5月12日电　据云南省民政厅消息，云南楚雄、昭通等地受四

川汶川地震影响，有较为强烈的震感，并有部分房屋倒塌。截至 15 时还没有接到人员伤亡的报告。

湖南：很多人跑出房屋避险

新华网长沙 5 月 12 日电（记者明星、丁文杰）　12 日 14 时 40 分左右，湖南许多地区感觉到明显震感，一些人跑出房屋避险。

怀化市洪江区旅游局干部蔡海军说，14 时 40 分左右，他正睡在市中心 8 楼的家中，突然感觉房屋剧烈晃动，像是快崩塌似的。当地最高建筑 11 层的洪江大酒店振幅最大，许多人都惊吓得从房屋中跑到了大街上。

河南：全省普遍有震感　地震局发布信息稳定群众情绪

新华网郑州 5 月 12 日电　12 日 15 时 45 分，河南省地震局宣教中心王志敏接受记者电话采访时介绍了河南省震感发生后的情况。据介绍，省委书记徐光春、代省长郭庚茂立即赶赴地震局了解情况，会商震情。

为了尽快稳定群众情绪，15 时 48 分，河南省地震局通过手机短信、电视、广播等形式，向群众发布震情提示："地震台网测定今天 14：28 四川汶川发生 7.8 级地震，震感波及我省，不会影响正常生活，请不要恐慌，本局正关注震情及时向社会公布。"

广西南宁：部分学校、商场紧急疏散人群

新华网南宁 5 月 12 日电（记者王志伟、王立芳）　受四川汶川县地震的影响，12 日 14 时 35 分左右，南宁市民震感强烈，部分学校、商场紧急疏散人群，部分建筑工地工人、社区居民也反映有强烈震感。

"地震了！"当日 14 时 35 分，南宁许多人感觉到电灯等物品轻微摇动，并伴有轻微的头晕和恶心症状。

山西：感到地震后很多人跑到户外空旷地带

新华网太原 5 月 12 日电（记者滕军伟）　12 日 14 时 30 分左右，太原市有明显震感，市民纷纷跑到街上，目前当地社会秩序已经恢复正常。

据记者电话向有关部门了解，山西省临汾市、运城市等地区也有明显震感。

石家庄：有较为明显震感

新华网石家庄 5 月 12 日电（记者曹国厂）　四川汶川县发生地震后，正在石家庄建设大街一家商务楼开会的王女士对记者说，当时她感到有点头晕，当有同事喊"地震了"后，大家随即都跑到了街上。

据河北省地震局工作人员介绍，四川汶川县发生地震后，河北全省范围都有

震感。

甘肃庆阳：出现明显震感

新华网兰州5月12日电　记者从甘肃省地震局获悉，受四川汶川强烈地震影响，甘肃中东部地区普遍有感。

庆阳市宁县中村乡一位农民说，震感很强烈，放在院子里的一桶水，受地面摇动影响，桶水泼洒了一半，群众纷纷离家在空旷处躲避。西峰区也有强烈震感，很多群众离家到大街上躲避。

甘肃省地震局正在抓紧了解与四川接壤的甘肃陇南等地的情况。

甘肃兰州：震感明显

新华网兰州5月12日电（记者宋常青）　受强烈地震影响，12日14时30分许，兰州市区感受到明显震感。

市民纷纷走上街头避险，学校等单位也立即疏散人群到安全场所避险。大量停靠在路边的车辆受震动影响，警报器纷纷响起。手机通信一度普遍受阻。

重庆：市区有明显震感，电线杆在摇晃

新华网重庆5月12日电　重庆市区也感受到明显地震。记者在街头看到，电线杆在摇晃，南开中学附近楼房发生轻微摇晃，千余市民走上街头。

在龙湖花园一带，政府机关工作人员都走出来，站在街边。一些居民家里的家具倒下，但路面交通正常。

合肥：市区有明显震感　市区秩序正常

新华网合肥5月12日电（记者杨玉华）　14时30分左右，合肥城区有明显震感，其中市区高层震感较强，市民在楼内感到晃动。

市中心一些高层建筑内，办公人员主动撤出建筑，但没有造成恐慌。市区秩序正常。

武汉：感到较明显震感

新华社快讯：汶川地震发生后，武汉市感到较明显震感。汉口京汉大道一栋高楼的人员纷纷往外跑。武汉外校等一些学校学生迅速疏散到操场上。

昆明：震感强

新华网快讯：12日14时35分左右，昆明地区震感强，明显感到有地震发生，一些市民跑出楼外。

成都：震感明显

新华网快讯：汶川发生的地震，成都震感明显，办公大楼剧烈晃动。

江西南昌：有明显震感

新华网快讯：受四川汶川强烈地震影响，江西南昌地区有明显震感。

西安：市中心震感明显

新华网快讯：四川汶川发生地震后，西安市中心震感明显，省政府大院人员纷纷从办公室跑出来。

郑州：市区感觉到较强烈震感

新华网郑州5月12日电　14时30分左右，郑州市民普遍感到较为强烈的震感。室内人普遍感到晃动，室内吊灯剧烈晃动。人站在地面有眩晕感。

记者在郑州的花园路、金水路一带发现，人们纷纷离开室内站在街道两侧空旷地带，听到有人喊："地震了，快走！"很多商户和工作人员中止了工作，议论纷纷。手机信号不好，一度联系困难。

海口：市区有较明显震感

新华网快讯：四川汶川发生地震后，海口市区有较明显震感。

南京：震感使有的人出现眩晕感

新华网南京5月12日电（记者姜帆）　12日下午2时30分左右，南京明显感觉震感，一些高楼里的办公人员、居民感到门、灯等晃动，有人有眩晕感。

市中心新街口地区写字楼里的人们被有秩序地撤离大楼避险。

南京：地震后人们已恢复正常工作和生活（以下内容为链接）

新华网南京5月12日电　据江苏省地震局提供的情况，四川汶川发生地震后，江苏省普遍有感，南京市震感明显。

目前，南京市交通、通信秩序正常，跑出楼外的群众已纷纷回到室内恢复正常工作和生活。

内蒙古：人们感到地震后纷纷咨询地震情况

新华网呼和浩特5月12日电（记者李云平）　14时30分左右，内蒙古自治区一些地区均感觉到较强烈震感，一些群众纷纷向当地地震部门咨询情况。当时正是呼和浩特市各单位刚刚上班之时，许多单位工作人员感觉桌椅晃动，看到灯管来回摆动，赶紧从办公室跑到楼下。

银川：办公楼等晃动达4分钟左右

新华网银川5月12日电　12日14时30分左右，银川地区明显感觉到有地震发生，办公楼等剧烈晃动达4分钟左右，手机信号一度中断。

（来源：新华网　2008年5月12日）

【思考讨论】

1. 请分析作品一、作品二的结构层次。并讨论：作品一与作品二在消息结构方面有何异同？选择使用这样的消息结构有何优势？会取得怎样的传播效果？

2. 作品三采用了时序性结构，请思考：就这篇消息而言，此种结构方式有何优点和缺点？并请同学尝试选择其他消息结构方式重写这篇稿件。

3. 找出作品一、作品二、作品三中的新闻背景部分，并分析其作用与应用。

4. 作为一篇获奖的动态消息，作品四有何突出的写作特色？试总结和讨论之。

5. 根据本章所给出的消息文本，试总结动态消息的组成部分、一般性结构与基本写作要求。并思考：评价一篇动态消息优秀与否的标准有哪些？

6. 请根据作品五中的简讯（快讯）思考：在当前新闻传播环境中，简讯发挥了怎样的作用？简讯在新媒体如互联网、APP、手机客户端上都有哪些应用？新媒体上的"简讯"与传统媒体上比较起来有何异同？并体会简讯的写作要点。

【训练任务】

任务一

教师随机给出一篇或几篇新闻材料（近期发生的新闻），请同学据此在规定时间内写出一篇动态消息。

要求：

1. 试写两种结构形式：倒金字塔式结构与时序性结构。

2. 限定字数，规定段落。

之后随机点评和互评。

任务二

组织学生在学校内外展开现场采访。要求同学以小组为单位，在规定时间、规定地域发现一条或多条新闻线索，迅速行动完成采访，并最终写作出一篇或几篇动态消息来。

各小组推出代表向全班汇报这次采访的过程、收获和不足。由全班同学对各组新闻稿进行评比。

任务三

请同学在本教材中寻找几篇通讯、调查性报道和专访等作品，根据其中新闻材料，将其改写为动态消息。

同理，请同学在本教材中寻找几篇消息作品，根据其中新闻材料，将其改写为简讯。

任务四

请同学在一学期内完成一项任务：每名同学以各媒体微博为榜样（如人民日报微博、新浪今天头条等），以自己寻找到的时效性较强的新闻事件为材料和主题，发出至少三条具有新闻价值的微博，并关注微博的传播效果（反馈）。

NEWS

新闻素描实训

本单元的学习和训练目标：

了解新闻素描的文体特征和功能，积累对新闻素描的感性认识

与理性认识,学习运用素描形式描述事件表达意图的技能。

【基本理论概述】

一、新闻素描及其特点

新闻素描是一种事件性消息。它以事件的现场情景为描述对象，报道新闻事件或社会问题。也叫特写性消息，或现场短新闻。

新闻素描的特点主要表现在两个方面：

（一）通过现场情景的描写表述报道意图

消息的主要篇幅及内容是现场情景的描述，主要报道意图是通过描述传达的。如果从新闻事实要素上看，就是展开"如何"的情况。

（二）描述手段是叙述加描写

描写是新闻素描重要的表现手法，意图也通过描写表达出来。

二、新闻素描的写作要求

（一）灵活安排消息结构

动态消息大多用倒金字塔结构，新闻素描相对来说灵活一些。它也有一些规律，可以用倒金字塔结构，但通常不是很典型的倒金字塔结构，中间会有时间或空间的推移方式。

（二）选择和描写好典型场景和细节

写这种新闻素描，是用场景描写表述记者的新闻意图，所以不是随意什么情景及细节都可入文，一定要根据报道的意图进行筛选，要选择出那些能够反映报道意图的典型的情景和细节。

（三）用自然、准确的文字再现事物本色

新闻素描，是一种描写性消息，其特点是诉诸视觉，记者总是希望借助绘声绘色的语言，感染并打动读者。但新闻的描写要避免夸张、渲染。要慎用形容词，多用白描手法。

【作品阅读】

作品一

青海玉树地震已造成 9 乡镇受灾　救灾物资匮乏

青海省玉树州 4 月 14 日发生地震后，目前已造成结古镇、隆宝、仲达、巴塘、小苏莽、上拉秀等9个乡镇受灾。目前，灾区帐篷、棉被、医疗物资、食物及饮用水处于匮乏状态。

记者在被用作紧急避难场所的玉树州体委操场上看到，救援人员已支起了40多顶帐篷；由于缺乏帐篷，在此借宿的上千灾民中，还有大部分露天躺在操场上；由于棉被缺乏，不少灾民仅用棉絮覆盖身体；操场上随处可见受伤和哭泣的灾民，他们焦急地等待救援食物和饮用水。

不少藏族灾民流着眼泪，一见到医务人员就伸出双手大拇指，意思是请求帮助。在一所帐篷里，55岁的才仁多杰刚刚在帐篷里被截肢，手术进行了一个多小时，记者采访时还未苏醒。他的儿子则紧紧攥着他包着绷带的左手，生怕父亲死去。

在帐篷里，才仁多杰的妻子哭着对记者说："我家是二层小楼，地震时他（才仁多杰）在一楼，被压在底下。"

玉树州医院的医务人员尕玛希燃说："实在没办法将他（才仁多杰）送去医院治疗，州上医院大部分都坍塌了，没坍塌的也都成了危房，没有条件医治这些人，我们能做的，只是简单地清理伤口和简单地包扎，手术也都是在帐篷里进行，严重的来不及治疗，就只有截肢了。"

在帐篷外，一户藏族家庭将20多岁的女儿紧紧地裹在被子里。见到医务人员，女主人卓玛急切地掀开被子露出女儿充满瘀血的脸，伸出双手拇指请求帮助。

望着伤员，尕玛希燃看了看手中空空如也的医疗袋，无奈地摇了摇头说："我们现在缺酒精，缺针线，缺麻药，基本什么都缺，实在是没办法。"

夜晚来袭，操场上寒气逼人，温度从白天的12℃～13℃骤降至只有2℃～3℃。不少灾民在露天的操场上冻得瑟瑟发抖。

结古镇地处牧区，60%以上是土木结构的房屋，居民很少从西宁购进红砖，因此不少房屋为当地烧制的空心砖建造，镇上80%左右的房屋均无法抵御强震，纷纷在地震中倒塌。此外，结古镇交通不便，大型救援设备和器械缺乏，救援工作受到极大阻碍。（记者王雁霖　任晓刚）

（来源：新华网2010年4月14日）

作品二

青海玉树85%民房倒塌　缺少各种救灾物资

新华社4月14日电　14日早上发生的青海玉树地震造成州府结古镇地区大

部分民房倒塌，伤员众多。面临"缺帐篷、缺医疗器械、药品，缺医务人员"的紧急状况。

据玉树州委宣传部副部长卓华夏在电话中介绍，玉树州已成立地震抢险应急救援指挥部，正在和玉树机场联系。

机场位于州府西南 30 多公里。地震造成山体滑坡，州府结古镇通往机场的道路被阻断，州政府派往机场的车辆无法通行回到州府。由于和机场方面的通信中断，目前，尚不清楚玉树机场能否降落飞机。

卓华夏在电话中描述了他看到的情况：玉树宾馆被震裂了一条大裂缝，州委办公楼四楼会议室倒塌，倒下的建筑物将一辆停在楼下的车辆砸毁；大街上到处都是伤员，很多人头上还流着血；在州职业学校，由于校舍倒塌，很多学生被埋在下面。

州上已确定把体育场作为救治伤员的应急场所。"我看到的，到处都是伤员，根本没法统计。现在最大的问题就是缺帐篷、缺医疗器械、药品，缺医务人员。"卓华夏的语气十分紧急和忧虑。

作品三

唐山 13 位农民兄弟惜别郴州市民

本报湖南郴州 2 月 23 日电（记者樊江涛） "你们参与抢修的线路已经全部通电！"今天上午 9 时，郴州电业局局长易泽茂带来的好消息，让今天启程回家的唐山 13 位自费前来支援抗灾的农民兄弟的心踏实了。

今日的郴州街头，曾被暴风雪压折了的樟树，已抽出新枝。在初现的春色中，宋志永和他的农民弟兄们与并肩战斗了半个月的郴州人民依依惜别。

"先要痛痛快快放几挂响鞭，和家人再好好补过个春节！"王宝国边收拾行李，边和兄弟们一起合计回到玉田县东八里铺村家后要做的第一件事。

就在 2008 年新春佳节脚步临近的时候，怀着对千里之外灾区人民的牵挂，怀着唐山人感恩的心，宋志永等 13 位农民从冀东的那个小村庄向着一片冰雪的南国出发，于大年初二赶到郴州。

"无私奉献，情暖郴州！"听说 13 位农民兄弟将要回家，郴州市委常委、宣传部长李荐国代表市委市政府为他们送来了写着这八个大字的锦旗和郴州荣誉市民证书。

在李荐国看来，13 位农民兄弟是抢险队，更是播种机，源自燕赵大地的

"帮一点"精神，已在三湘大地得到呼应。"在他们的带动下，桂阳县正合乡正合村的 200 名村民自愿到抢修电力现场帮忙；郴州市下岗职工陈小生义务为恢复重建工作服务……"

"这个小靓仔，好英雄的！"郴州市民李梅英一边气喘吁吁地把一束鲜花献给王金龙，一边慈祥地看着眼前这个小伙子。家住郴州市苏仙区的李梅英得知 13 位河北农民兄弟准备回家，65 岁的她跑到 1 公里外的花店，专门选了一束美丽的玫瑰，亲手送给他们。她说："这可是我平生第一次送花。"

"这些食品你们可千万不要捐啊！带着在路上吃！"听说 13 位农民兄弟要回家，热情的郴州市民带着特产临武鸭和东江鱼赶来相送。62 岁的王加祥不停地推让着："谢谢大妹子、大兄弟！咱唐山家里不缺吃的啊！"

但当 13 人离开时，郴州市民再次发现，这些礼物被整整齐齐地留在了驻地，同时社会福利院又接到了宋志永代表 13 位农民的捐赠电话——他们把全国各地为他们捐赠的人民币 37000 元和所有物品悉数回馈当地。

13 位农民兄弟只从郴州带走了两样东西——每个人在抢修工地戴过的安全帽和一张 13 人在工地的合影。"这是我们送给孩子的礼物，就像我妈当年给我讲述上海医疗队支援我们唐山的故事一样。"宋志永说。

9 时 58 分，在电力工人和市民的欢送下，那辆挂着冀 B 牌照的车缓缓驶离郴州。

来时一片冰雪，走时万里春光。

（来源：《河北日报》2008 年 2 月 24 日；第 19 届中国新闻奖二等奖）

作品四

绵阳"醒"来

新华社记者　肖春飞　伍　皓　姚润丰

绵阳，一夜"醒"来。

12 日早上，小雨，新华社记者走上绵阳街头，看到一座既熟悉又陌生的城市。

街头熙熙攘攘，人们赶着上班、买菜、吃早餐。1/3 淹没线的标志犹在，但路上已经车水马龙；防洪的沙袋犹在，但鳞次栉比的商店纷纷拉开卷闸门恢复营业。涪江两岸，市民在悠闲地散步、遛狗；富乐山上，帐篷正被陆续拆除、折叠……

仅仅在一天前，绵阳还是一座空城，静悄悄的楼房，空荡荡的马路，警戒线前站着警察与民兵。一入夜，到处是黑暗与沉默，只有凄冷的灯光照着涪江。

这座西部名城，在不到一个月的时间内，接连经受了八级大地震与2.4亿立方米"悬湖"的双重考验。

绵阳市城区固定人口是80.8万人，加上流动人口，城区共有约130万人，由于余震和堰塞湖的双重威胁，市民或投亲靠友，或撤离到地势高的安置点，城区剩下的人口为30多万，近100万人离开了绵阳城区。

"终于可以回家啦！"在富乐山，王朝福抱着孙子王垣皓说，孩子在11日刚满一周岁，生日是在帐篷里过的。

先是避余震，后来躲洪水，王朝福一家离开游仙区沈家坝富乐小区的家，已有20天。10日唐家山堰塞湖泄洪后，洪水过绵阳，王朝福与众多市民走出帐篷，到涪江桥上看洪水，颇有些震惊："头一次看见这么大洪水！"

富乐山是绵阳市撤离群众的重要安置点，漫山遍野均是密密麻麻、五颜六色的帐篷。11日起，人们陆续返回家中。

来自游仙区的谢成东正冒着零星小雨收拾帐篷，他说："绵阳经受了洪水考验，绵阳的新生活已经开始。"

在海棕路，29路公共汽车满载乘客缓缓驶出站台，司机宋思满喜笑颜开，他说："我们这条线已经停开一段时间了，现在恢复正常了。"

连接涪城区与游仙区的涪江大桥下，绵阳市交警直属一大队的邓洋正在忙碌地指挥交通，他说，这一段此前是1/3溃坝淹没区，几乎没有车辆通行，12日一大早，这里车流量就不断增加。"我们的绵阳终于挺过来了！"

涪江的水势较洪峰来时已经平稳，但依然浑浊，缓缓向下游流去，防洪堤上，市民们在散步、聊天，穿着时尚的年轻姑娘，开始结伴逛这里的精品商店。

距离涪江不远的南河东街，一家名叫"玉竹奶汤面"的饭店顾客盈门，老板周洪自豪地说：这条街是1/2溃坝淹没区，虽然不在撤离范围内，但街上只有他们一直坚持营业，总得给没走的人一个吃饭的地方。

记者在这里吃完早餐，但是周洪执意不让记者付钱："你们这些天一直守在绵阳这座空城里，很辛苦，我请你们吃面。"

地震发生后，生意清淡，他受到一些损失，但现在一切正在恢复正常。"绵阳的未来会越来越好，我们的生意会越来越好的！"他说。

（来源：《新华每日电讯》2008年6月13日）

【思考讨论】

1. 通过对以上作品的分析，思考新闻素描和动态消息有什么区别。
2. 分析上述消息结构，思考新闻素描的结构特点。
3. 上述消息在展现事件情景时主要用什么样的手段？
4. 新闻素描适合报道什么样的事实？

【训练任务】

任务一

阅读媒体报道，寻找新闻素描 3 篇，小组讨论交流，分析其特点。

任务二

用下面的材料写一篇动态消息和一篇新闻素描：

5 月 29 日 11 时 40 分，吴斌驾驶 "浙 A19115" 大客车从无锡返杭途中，突然有一块约 30 厘米长、5 公斤重的铁块，像炮弹一样从空中飞落，击碎车辆前挡风玻璃，砸向他的腹部和手臂。危急关头，吴斌强忍剧痛，换挡刹车将车缓缓停好，拉上手刹，开启双闪灯，并站起来转过身提醒乘客："注意安全!" 这是他留给人世间最后的一句话，说完这句话，吴斌就突然倒下，陷入昏迷。他以一名职业驾驶员的高度敬业精神，完成一系列完整的安全停车措施，确保了 24 名旅客安然无恙。而他虽经全力抢救，却因伤势过重于 6 月 1 日凌晨 3 时 45 分不幸去世，年仅 48 岁。

大客车监控系统记录了这震撼人心的短短一分多钟：吴斌受伤后，出于本能痛苦地按了一下腹部，马上换挡减速，让车缓缓停下，拉上手刹、开启双闪灯，然后艰难地站起来，跟车上乘客说些什么，最后倒下……

"我们总算找到恩人了，如果不是他处置得好，很可能发生车毁人亡的惨剧。" 66 岁的孙锡南是车上 24 名旅客中的一位。他眼眶通红，在吴斌的遗像前三鞠躬后，哽咽着说："吴师傅，我们不会忘记你，车上所有乘客都会记得你的。"

孙锡南是江苏无锡人，6 月 2 日特地赶到杭州送别吴斌。他强忍着悲伤回忆那惊险的一幕：出事那一刻，坐在后排的他，听到驾驶室传来一声巨响。不一会儿，大客车就稳稳地停下来。他走上前去，看到吴斌身上都是血，瘫坐在座位上，连说话的力气也没有，痛苦地呻吟着。

"过了好一阵子，大家才明白发生了什么事情，我们都被吴师傅的壮举深深震撼了。"孙锡南哽咽着说。当时，大家想上前帮忙也不知该做什么，直到救护车把吴斌接走，才忐忑不安地继续坐车来杭州。

6月2日一早，孙锡南从新闻中看到吴斌不幸去世的消息。于是，他和其他3名乘客马上通过各种渠道四处打听，好不容易才找到位于杭州朝晖五区的吴斌家里送恩人一程。

"他留给我们最后7个字：别乱跑，注意安全。"孙锡南说。

"一般情况下，客车紧急制动，车辆会失去控制，乘客碰伤或撞伤，而这辆大巴没有一名乘客受伤。"去现场处理事故的一位交警说。

"如果他不是意志坚强，根本做不到这些。"据医生介绍，吴斌在这次飞来横祸中，80%的肝脏被击碎，肋骨骨折，肺、肠均严重挫伤。

在杭州朝晖五区吴斌的家中，一张白得透明的布，将他与亲人分隔在两个世界。

"以后再也没有机会和他一起旅行、看电影了。"妻子汪丽珍守在丈夫身旁，伤心欲绝，嘴里不时念叨着丈夫答应她却来不及兑现的承诺。

在出事前半个小时，吴斌还在休息间隙给妻子打来电话，说今天路上比较顺利，晚上可以赶回来一起看电影，并叮嘱妻子不要忘记把电影票提前放包里。特别是两人聊到5月30日准备去云南旅游时，开心不已。

吴斌16岁的女儿悦悦泣不成声。5月29日早上，父亲像往常一样去上班，出门前还答应她说"会早点回来陪你们"。

吴斌妻子汪丽珍的妹妹汪丽敏说，姐姐结婚18年来，姐夫从未带姐姐去外地玩。每逢节假日，大家有空约他们一起出去旅游时，姐夫总是在加班。他们结婚时，连蜜月都没有，这也成了吴斌心中的愧疚，所以前几个月，好不容易排上假期的他订好旅行社和机票，计划补上迟来的蜜月。谁想到，这次迟到的旅行，还没有开始，就残酷地画上了句号。

在工作上，吴斌尽心尽职。杭州长运客运二公司经理孟联建说，吴斌已安全行驶了100多万公里，从未发生过交通事故，也从没有过交通违章，更未接到旅客的投诉。

6月2日上午，吴斌家楼下临时搭建的一个悼念棚内，已摆满上百个花圈，除所在单位、同事和亲朋好友外，还有一些素不相识的市民也前来悼念："英雄司机吴斌，交通行业楷模。""吴斌，一路走好！"……

在网络上，吴斌的事迹和瞬间处置突发事件的视频成为最热的关注。处置此事的一名无锡交警在微博上说："大客车刹车拖印是笔直的，一个肝脏被突然刺破的司机，要用怎样的意志力才能做到这一点啊……我们纪念老吴，纪念他深扎在心底的崇高职业道德……"在网络上，吴斌被称为"最美司机"。

还有网友自发发起"点一盏蜡烛"活动，从 2 日 9 时许至 20 时，已有近 20 万名网友"点燃"祝福的"蜡烛"，相关评论 3 万条："您真的是英雄！是我们中国人最值得尊敬的英雄！一路走好！""向英雄致敬！在生命最后一刻，您彰显了一名普通司机的专业水平和职业道德。""您最后一刻的坚持，震撼了所有人的心灵！""普通百姓身上的正直、善良、大爱从没远离，更没丢失，也永不会失去，总能给人们带来欣慰和心灵的震撼。"……

2 日，浙江省委常委、杭州市委书记黄坤明作出批示：吴斌同志在危急时刻用生命履行了职责，为我们树立了坚守岗位、舍己为人的光辉榜样。向"平民英雄"致敬。杭州市决定授予吴斌同志杭州市道德模范（平民英雄）荣誉称号。

浙江省交通运输厅党组书记、厅长郭剑彪 2 日作出批示："平凡岗位，职业行为，交通骄傲，弘扬光大。"浙江省交通运输厅党组副书记、副厅长徐纪平 3 日下午代表省厅看望慰问吴斌家属，并称吴斌为"旅客群众的好司机，交通行业的好职工，司机朋友的好榜样"。

任务三

采访现实中的素材，写一篇新闻素描。

综合消息实训

本单元的学习和训练目标：

了解综合消息的文体特征和功能，积累对综合消息的感性认识与

理性认识，学会准确归纳事实，学习点面结构及叙事结构的写作。

【基本理论概述】

一、综合消息的特点及其分类

综合消息是一种把若干不同的事实组织在一起进行报道的消息形式。

（一）综合消息的特点

综合消息具有以下特点：

1. 材料的综合性；

2. 时空的广阔性。

（二）综合消息的分类

根据报道对象的不同，综合消息可以分为事件性综合消息和非事件性综合消息两种。

1. 事件性综合消息

事件性综合消息通过对同一事件多个动态的综合，反映的是事件的较为整体的动态状况。这种事件性综合消息是一种动态综合，与动态消息性质更接近，写法也没有不同。

2. 非事件性综合消息

非事件性综合消息通过多个事件的综合，反映的是社会生活中某些渐变的规律，反映的是一种社会现象、社会状态。多个事件综合起来，反映的不是事件的表面联系，而是事件的内在联系。

二、综合消息的写作要求

（一）准确地概括事实

综合消息的新闻价值蕴含在事实的联系中，这种联系靠记者的主观认识去发现。写综合消息时，记者的思考很重要。写动态消息思考的重点是如何选择，写综合消息需要思考的是各种现象内在的共同的联系。所以，记者在写综合消息时，比动态消息的思考要更深入一些、更复杂一些。写综合消息，有一个由表及里的思考过程，对众多事实的内在联系作准确的概括，这是写作综合消息首先要做的。

（二）事实材料要充分

准确的概括要建立在充分的事实基础上，材料充分才能为记者对事实的概括提供有力的根据，材料充分才有可能进行准确的概括。概括即使是准确的，若没有充分的事实进行说明，概括也将是空洞的、没有说服力的。

（三）常用对比手法衬托主题

由于非事件性综合消息的信息具有隐蔽性，反映的是一种社会现象，是一种渐变，如果没有相关的事实作对比，变化很难显示出来。所以，对比，在非事件性综合消息的写作中，是一种常用或者说是必用的手法。在每一篇非事件性综合消息中，几乎都要用到对比手法。

【作品阅读】

作品一

部分国家和组织对玉树地震遇难者表示哀悼

综合新华社驻外记者报道：中国青海省玉树县 14 日发生强烈地震后，一些国家和组织对玉树地震遇难者表示沉痛哀悼，同时表示愿意向地震灾区提供援助支持。

欧盟委员会主席巴罗佐在声明中对地震遇难者深表哀悼，向遭遇这一灾难的青海人民表示同情。他说，欧盟委员会愿意向中国地震灾区提供援助，与中国政府和人民"肩并肩"抗震救灾。

欧洲议会议长布泽克说，他代表欧洲议会向地震遇难者表示哀悼。他说，希望灾后的保障服务和重建工作能够尽快开始，欧洲议会愿意向中国政府和人民提供支持。

日本首相鸠山由纪夫说，他对青海地震遇难者表示哀悼，祝愿地震灾区早日实现重建，日本政府准备尽可能地提供援助。日本外务省当天设立了"中国青海省地震联络室"，负责搜集青海地震灾区的相关信息。

法国外交部部长库什内发表公报，对中国青海发生强烈地震深表同情，表达了法国对遇难者的哀悼以及对中国政府和人民抗震救灾的全力支持。库什内说，他已紧急安排法国外交部下属的危机管理中心对玉树震后情况进行重点关注，并表示法国已经做好准备，向中国政府提供可能需要的援助。

乍得总统夫人茵达说，她代表乍得政府和人民及她本人，对中国政府和人民表达同情和支持，向地震罹难者表示深切哀悼，对遇难者家属致以诚挚慰问。

阿尔及利亚内政和地方政府国务部长努尔丁·耶齐德·泽古尼说，阿方对中国青海玉树地震遇难者表示沉痛的哀悼。

中国青海玉树藏族自治州玉树县 14 日上午发生里氏 7.1 级地震。地震造成重大人员伤亡和财产损失。

（来源：新华网 2010 年 4 月 15 日）

作品二

牧民开始用卫星放牧

本报 11 月 21 日讯（记者哈丹宝力格　海粼）　"图门桑，牛群已离开您的牧场，在伊克尔湖东南约 3.5 公里处"。11 月 20 日下午，鄂尔多斯市杭锦旗牧民图门桑看了一眼手机上的短信，急忙骑上摩托，向着伊克尔湖方向疾驰而去。在卫星放牧系统应用之前，图门桑为了找寻在沙尘暴中迷失的牛群，曾在草原上转了整整 15 天。

目前，杭锦旗已有 4 个牛群、2 个驼群、1 个马群受到卫星的守护。卫星放牧系统开始在内蒙古草原逐步推广。

卫星放牧系统的一部分制成项圈套在牲畜颈上，一部分安置在卫星数据服务站，另一部分则是游走于浩瀚太空的卫星。华东师范大学专家王远飞说："运用遥感、卫星定位、地理信息化等技术的卫星放牧系统，在我国首次应用，必将推动我国现代草原畜牧业的发展。"

有关数据显示，2010 年我区因灾死亡牲畜近 20 万头（只）。失去了看护的畜群，会在一场沙尘暴中惊慌失措，消失得无影无踪；会因突降的暴雪，刨不出一点干草，冻饿致死。图门桑说："一场大雪之后，你总会听说谁家的牲畜找不回来了，谁家的牲畜死掉了。"

杭锦旗农牧业局朝鲁介绍，卫星放牧系统应用之后，牛羊的移动路线一览无遗，会通过互联网或手机短信告知牧民。现在，畜群就像图门桑手里牵着的一只永远也飞不远的风筝，每隔三四天他才会去看上一眼。

科技逐渐将原本脆弱的畜牧业生产武装到牙齿，同时节省了养殖成本，减少了人力物力投入。图门桑不再雇人放牧，节省下每月 3000 元的支出。在失去牛倌的情况下，图门桑第一次不必和牛群紧紧拴在一起，多出了时间从事第二职业。他说跑运输每天可以给他带来 100 多元的收入。

（来源：《内蒙古日报》2011 年 11 月 23 日；第 22 届中国新闻奖二等奖）

作品三

787 名"死魂灵"混进广东新农保

本报讯（记者蒋悦飞） 死人也能参保并领取养老金？记者昨日从广东省社保局获悉，惠及千万广东农民的新农保参保人员中混进了787名已经死去的冒领者，他们早在参保之前已经入土为安，却突然"醒来"领起了养老金。

莫某，粤北一个小山村的农妇，1936年出生，2010年8月参加了广东新农保，然后领养老金一直领到今年2月份时，却被社保机构核查发现其人已经在2004年死亡。

黄某，粤东一个山沟的农夫，2010年1月参加新农保，2010年12月被省社保局查出其人在1997年5月14已经死亡。

2009年11月，广东省选定14个县（区）正式推开"新农保"试点，截至今年4月，广东已有993万农民参加养老保险，其中214万人领取养老待遇，分别比2009年底增长了1.8倍和2倍。特别是年满60周岁的广东老农们自己没花一分钱就过起了每月领养老金的生活，心里别提有多美。

暴风骤雨式的参保浪潮过去之后，广东省社保局开始仔细核查新农保数据。2011年1月，广东省社保局通过省级基金核算系统数据与省公安系统信息比对，发现了一些蹊跷事：一些正享受着新农保养老金的参保人员，却早在参保之前已经死去，这样的人有787个。通过与省职工养老保险信息比对，查出在农保、城保两个制度内重复领取待遇的有97人。幸好，新农保刚刚启动，待遇不高，每人月均55元，涉及的金额仅38万。

然而，千里之堤，毁于蚁穴。启动不过一年多的新农保，今后所面对的将是3800万的应参保人员，而且分布在广东的1236个镇中。这种贪恋如果不遏制的话，就凭区区几千个社保经办人员怎么可能将分布在偏远山村的冒领者——揪出。而任其发展的话，刚刚建立起来不久的、还很薄弱的、却是今后几千万广东农民的养命钱又怎样保得住？

（来源：《广州日报》2011年7月15日；第22届中国新闻奖二等奖）

作品四

结婚花销步步攀升　年轻一代"婚不起"现象普遍

中新社兰州 1 月 12 日电（记者张道正）　　"都愁死了，想不到结个婚这么麻烦，父母都要去贷款了。"供职于兰州某家传媒公司的王强愁容满面，坐在记者面前一支接一支地抽烟。

王强来自甘肃农村，大学毕业后换了好几个工作，相比较兰州的高物价，大多数工作薪水都不算高。他今年 28 岁了，在父母的催促下匆匆相亲准备结婚，然而，大量的花费让他愁肠百结。

时近中国传统节日春节，新一轮的结婚潮又在中国大地展开，像王强一样"遭遇"的年轻人相当普遍。

在兰州市城关区民政局婚姻登记处，一对即将步入婚姻殿堂的新人谈起高额的结婚费用也是犯愁："动不动就要花钱，事又多，好复杂。我们俩本来想去旅游一下就可以了，亲朋都不愿意。"

甘肃省社会科学院 1 月 8 日发布《甘肃蓝皮书·甘肃舆情分析与预测（2013）》指出，2012 年社会热点调查数据显示，有接近半数的被访对象感觉物价大幅度上涨，他们的家庭已经难以承受物价造成的巨大压力。

对当今中国的城市年轻人来说，结婚要买房、买车、拍婚纱照、办婚礼等，每一项的背后都需要大笔资金的支持。随着物价的快速上涨，婚宴、婚庆、婚纱照等各种费用也水涨船高。"婚不起"，渐渐成为越来越多中国年轻人的共同感受。

在微博上被网友们广为转载的一个帖子称：爷爷娶奶奶只用了半斗米，爸爸娶妈妈只用了半头猪；我结婚却要用爹娘半条命！

这个带点戏谑的帖子却道出了一个事实，中国人的结婚成本在快速增高。记者在兰州一家大酒店进行了采访，2010 年时婚宴普遍一桌是 800 多元人民币，2011 年时涨到一桌 1500 多元，2012 年涨到一桌 1800 元左右，且要至少 20 桌才起订。除了婚宴外，还有婚庆、婚纱、照片、酒水、喜糖、喜烟等各项支出，一般也需要三四万元。

微博上一对"80 后"小夫妻晒婚礼账单，令众网友唏嘘。他们未买房已花 43 万元。而网友"老赵和小于"则贴出了无意中保留下来的 1981 年 10 月婚礼账单，各项花费加一起才二三百元。

2012 年，电视相亲节目《非诚勿扰》引起中国全民关注。节目上，一名 22 岁的模特这么样说："宁愿坐在宝马里哭，也不坐在自行车后座上笑。"

"不是不想结婚，是结不起啊！"许多在城市夹缝中生存的"80 后"待婚族们如此感叹。

兰州大学哲学与社会学院副教授牛芳表示，导致中国年轻一代"婚不起"的原因大概有三：物价上涨有点快，父母之命不可违，攀比炫富心理。

牛芳指出，时代发展不同，改革开放后，中国社会经济高速发展，人民的生活水平也随之提高，伴随着物价上涨，结婚成本水涨船高，这是自然而然的道理。但物价增长过快也是事实。

牛芳说，应该看到，现代婚礼给年轻人带来的巨大压力，有一些是父母对传统习俗的固守，也有些是有攀比炫富心理，把婚礼也当作社交的一部分，通过婚礼来炫耀自己的经济实力和社会地位。爱面子的中国人让结婚花销步步攀升，一路疯涨，令想结婚、需结婚的年轻人望之却步。

牛芳表示，当代人个体差异大，贫富差距大，有人为结婚花百万千万，有人结婚简朴素雅，都无可厚非。但结婚应量力而行，将感情因素放在首位。奢华的婚礼只能满足一时的虚荣，真正过日子，还需要真情维系。

(来源：中国新闻网 2013 年 1 月 12 日)

作品五

数羊泡脚都不管用，不少年轻人成"特困一族"

新华社济南 3 月 20 日专电（记者萧海川　叶婧）　随着"世界睡眠日"到来，奔波劳碌的人们得以重新审视自身睡眠质量。"觉少、易醒、爱犯困"的睡眠现状，给人们平添不少烦恼。

"白天昏昏沉沉，夜里精神抖擞。"不少年轻人将自己调侃为"特困一族"。

"时常夜里 11 点睡，凌晨 3 点就醒。一睁眼，窗外还一片漆黑。"在北京从事演艺工作的 26 岁女孩杨莉说，有时为了次日演出任务，明知会带来依赖性，还是离不开几片安定药的帮助。"这四五年，办法用得不少，可基本都管得了一时、管不住一世啊！"杨莉告诉记者，除数羊催眠、温水泡脚、喝温牛奶等路人皆知的招数外，睡前小酌红酒、中医养生调理等代价不菲的手段，自己也一一尝试，效果却不尽如人意。

"缺觉少眠"早已不是老年人的专利。"近些年，因为睡眠问题来咨询的年轻人有逐年增多的趋势。"山东省精神卫生中心主任医师赵玉萍说，"工作压力、生活压力、就业压力、升学压力等，都可能引发人体应激反应，降低睡眠质量。"目前年轻群体面临的睡眠问题，大多源于精神心理因素及不良睡眠习惯。

"许多年轻人，睡前爱看看电影、玩玩平板、刷刷微博微信，大脑皮层受到过分刺激，自然难以入眠。"赵玉萍告诉记者。

不少人都表示，一旦失眠，身体往往表现出浑身无力、精神涣散，记忆力、反应力、判断力都受到影响，不想吃饭、工作没效率。

医学专家表示，纵容不良睡眠习惯长期存在，肆意熬夜晚睡，将不断加重机体的负担。"长此以往，陋习成了痼疾，睡眠问题向睡眠障碍恶化，或将引发焦虑、抑郁等心理疾患。"赵玉萍强调，同时患者整体免疫能力下降，其他疾病容易乘虚而入。

据中国医师协会3月16日发布的"2014年中国睡眠指数"，我国目前有36.2%的居民睡眠质量不及格，较2013年发布的指数上涨11.6%，涨幅显著。

"解决睡眠问题，自身因素起着决定作用。"赵玉萍希望年轻人能学会控制心态，尽力在睡前摒除日间的纷繁杂念，抵制各种电子产品的诱惑，将身体及时调整到睡眠状态。

"如果需要使用药剂，务必咨询专业医师。那时候更需要对症下药，而不是几片安定将就了事。"赵玉萍说。

（来源：《新华每日电讯》2014年3月21日）

【思考讨论】

1. 阅读上面的作品，分析事件性综合和非事件性综合有什么不同。
2. 对比分析作品二和作品三，两篇有什么不同的写作特点？
3. 综合消息适合报道什么样的新闻事实？
4. 分析上述作品结构，思考综合消息的结构特点。
5. 综合消息的写作，在材料运用上有什么特点？

【训练任务】

任务一

阅读媒体报道，寻找综合消息范例三篇，并分析其特点。

任务二

用下面的材料写一篇非事件性综合消息：

"你有多久没带父母一起看电影了？"春节返乡时，很多人被这样的电影宣传语打动。

2月8日，农历猴年正月初一，《美人鱼》《西游记之孙悟空三打白骨精》和《澳门风云3》3部大片上映。当天，我国内地电影单日票房超6亿元，比去年同期上涨76.9%；2月8日至2月14日周票房突破30亿元大关。

今年春节期间，在一二线城市工作、学习、生活的人们回到故乡，所激起的涟漪波及电影市场。平日被北上广垄断的票房排行榜发生逆转，一众小城市跃进前十。小城市的电影院，是否也将因此迎来春天？

在北京念研究生的滕沐颖回山东郯城过年。大年初一，她带上表妹走进影院，在拥挤的人群中赶上了《美人鱼》的首映日。尽管当日排片量很满，但滕沐颖下午1点去买票时，最早的一场已是下午3点之后的，到下午4点时，整个影院午夜前的票都已卖完。她买了下午5点的票，能容纳约200人的大厅座无虚席。

根据猫眼电影票房数据，2月8日至14日，全国单日票房量稳坐内地单日票房纪录的前七名。其中，大年初一单日票房更是高达6.41亿元，创国内电影市场单日票房新高。相较于往年，今年的独特性更体现在票房分布地域的巨大反差上。

艺恩咨询分析师杨荣清告诉笔者，每年春节档的票房市场都有一个逐渐下沉的趋势，而今年三四线城市的下沉趋势更为明显，"这与返乡青年的增长和院线终端的下沉关系尤为密切"。

猫眼电影数据显示，2016年大年初一以来，二三线城市的票房反超一线城市，前者每日票房纷纷过亿元，甚至超过两亿元，而后者只在几千万元左右。仅2月8日一天，二线和三线城市票房分别达2.6亿元和1.7亿元，而一线城市票房仅为9000万元；前两者观影人数分别高达716万和476万，后者仅为200万。

在影院的票房排行榜上，平日被北上广垄断的榜单上出现了新的竞争者，阜阳、绵阳、柳州、廊坊……这些平日里在电影市场中表现并不突出的城市，纷纷跃进单日榜单前十。

中国人民大学新闻学院教师、瑞士日内瓦大学社会学系特聘研究员常江说："返乡潮必然会带动二三线城市的电影消费行为。从技术、观念到生活方式，都会经历一个从创新到扩散的过程。在大城市生活和工作的年轻人在返乡时，必然会身体力行地将其在大城市中形成的价值观和消费行为等'扩散'给身边的亲友。"

近年来，贺岁片从"元旦档"延伸到"春节档"，常江认为，这种变化主要得益于电影放映业的发展，尤其是二三线城市和乡镇放映基础条件的日趋成熟。以往院线资源大多集中于中心城市，使得过年返乡的人们缺少观影的基本条件和资源。这一状况随着放映市场的成熟而逐渐改变。

返乡青年春节观影消费需求的大数据，也对影院终端的扩散产生正向影响。易观智库分析师黄国锋说："一个影院的开设，取决于这个城市前三年和本年度票房增长情况和本地居民消费能力。春节返乡人群的消费情况，可以被院线拿来做渠道下沉的指导数据，会有一定的影响力。"

春节返回安徽宿州的曹姗姗带着父亲走进影院看电影的动力，来自越来越"接地气"的影院服务。在宿州这座安徽北部的年轻城市，影院原本不多。不过，这两年，随着四五个大商场的兴建，电影院纷纷落户。

黄国锋说，影院各类服务终端在一线城市发展基本饱和的情况下，纷纷往三四线城市下沉。艺恩发布的《小镇青年白皮书》显示，影院建设热潮向二级以下城市不断扩散。2015年前三季度，79%的新建影院布局在三线及以下城市。"这是在被一二线城市市场挤压后，又发现新大陆的感觉。"黄国锋说。

多元的购票渠道、便捷的电子支付方式，也吸引着更多观众前来观影，成为票房增长的又一个原因。艺恩咨询的数据显示，2015年贺岁档，网络线上票房贡献率已经达到77%；2016年春节档更是超过了80%。

笔者走访了浙江嘉善的一座电影院，发现大厅中有猫眼电影、大众点评网、格瓦拉等多个票务平台的终端取票机。在影片开始前15分钟，各个取票机前都围了10人左右，人工售票台则显得冷清。

针对返乡青年，一些院线也推出了春节档特别营销活动，比如以"你多久没有陪父母一起看电影了"为话题引起大家的情感共鸣。"这种大规模的宣传，带动了返乡青年带父母去看电影的热潮。"杨荣清说。

2月15日，曹姗姗和父亲一起观看了电影《美人鱼》，这是这对父女第一次一起看电影。以往在北京、香港求学，曹姗姗发现一起看电影的大多是同龄人；然而在春节时的家乡，曹姗姗看到许多家庭共同观影。

"和家人看电影感觉挺不同的，比如有很多网络流行词汇父亲不知道，你得解释半天；主角邓超他也不认识，很多笑点他也不懂，年轻人都在笑时你得解释。"曹姗姗说，"但跟家人一起看电影是一件好事儿。让爹妈接触一些新事物，融入现代的生活方式；而且看同一部电影会聊起话题，也能了解对方的思想，促进子女和父母之间的了解。"

不过，2016年的电影市场能否因为"春节档"的火爆而迎来爆炸性增长呢？黄国锋说："直接接触到用户的票务平台和终端渠道在引导、培育用户上，很难在短期内见效。另外，渠道下沉的增长速度很快，但观影人群的增长还是较慢，赶不上影院数量增长速度。"

返乡的小镇青年能否对家乡文化的改变起到一定的作用呢？常江说："文化这个概念十分复杂，包含了各种各样的价值、信仰、观念和生活方式。它在历史中形成，也不可能在短时间内发生剧变。地方文化最深层次的结构和特征，其实是很难改变的，能够在短时间内被改变的，只是浅层的行为和态度。"

"春节毕竟是一个特殊的时间，在一二线城市生活的人回去后，带动了三四线城市消费的增长。他们的消费习惯是稳定的，但当他们走了之后，又该怎么办？"黄国锋说。

任务三
采访现实材料，尝试用点面结构和叙事体，写不同形式的综合消息。

第十单元

NEWS

解释性消息实训

本单元的学习和训练目标：

了解解释性消息的文体特征和功能，积累对解释性消息的感性认

识与理性认识，学习写作解释性消息的技能。

【基本理论概述】

一、解释性消息的含义及其特点

（一）解释性消息的含义

解释性消息是对新闻事实的原因展开阐述的消息种类。这种消息不是表面地、孤立地报道新闻事件或者某种社会现象、社会问题，而是将其放在一个大的社会背景下，反映它与其他事物之间的内在联系，说明它之所以出现的必然性，它的发展趋势、它的潜在意义，以及它对其他事物可能产生的影响。

（二）解释性消息的特点

1. 解释性消息的意图不是陈述事实，而是解释事实。
2. 在六个新闻事实要素的展示上，侧重于"为何"要素的表述。

二、解释性消息的写作要求

（一）选准解释的对象；

（二）写好新闻由头；

（三）巧妙地运用背景材料进行解释。

【作品阅读】

作品一

800 年树龄缘何依然枝繁叶茂?
专家破解团城古树之谜

本报讯（记者梁凤鸣）　古人在北海团城地下建有一套完整的收集、涵养天然降水的系统。这是市科委去年立项的一个课题最近得出的结论。至此，团城内古树几百年来即便在没有浇灌的情况下，也都郁郁葱葱，长势明显好于其他地方古树的原因有了科学的解释。

团城距今已有800多年历史，城内有树龄300年以上的古树17棵，其中的"遮荫侯"油松和"白袍将军"白皮松树龄更高达800年。此外，还有树龄大于100年的古树21棵。据测量，团城地面高于四周地面4米至5米，高于北海水面5.63米，但数百年来，即便在无人管理的年代，这些古树也明显比其他古树生长苗壮。团城还有一个奇怪的现象：大雨如注，街头巷尾水流成河；团城地方却只是湿漉漉的，形径不成流。而古建筑，如正阳门箭楼、鼓楼、北海白塔、万里长城，一般都有泄水石槽（吐水嘴），但团城却没有一条排水明沟，城墙上也没有一个泄水石槽。那么，水到哪里去了？

最早试图破解这些问题的北海公园副园长沈方介绍，团城的奥秘是从一块青砖正式开始揭开的。一次，因养护古树需要，在地面上起出一块青砖，发现这块砖与普通青砖不一样，上大下小，呈倒梯形，砖与砖之间没有用灰浆勾缝，砖内多气孔，吸水性强，特别利于地面雨水渗透到地下。由此，原以为城内地面布置的9个石板雨水口是渗排污水的说法也发生动摇。派人下去，发现每个雨水口均与地下涵洞相通，而涵洞用砖也是渗透性极强的，这样既可以在雨天收集雨水，又可以涵养雨水，在干旱时向周围土壤渗水，冬天还能起到提高土壤温度的作用。经专家采用热释光法等科手段探查，结果显示：青砖一种为明代烧制的，一种是清代烧制的。同时还探明了涵洞几乎围绕团城一周。

专家计算，北京年平均天然降水量为595毫米，团城面积为5760平方米，每年可以从天然降水中得到3427立方米。而团城土体的最大蓄水能力为4037立方米，也就是说，在多年平均降水量的情况下，一年降水量均可储存在团城的涵洞中，供给团城树木。

这一发现意义重大。市园林局专家表示，古人在团城的这种做法，充分利用了天然降水。北京是缺水的城市，每年珍贵的降水大量流失、蒸发了。如果能把这种收集天然降水的做法推广开，对减少绿化喷灌量、节约水资源无疑是大有益处的。

（来源：《北京日报》2002 年 8 月 24 日）

作品二

洞庭湖长大五分之一

本报讯　洞庭湖变大了！经过三年规模空前的综合治理，洞庭湖面积扩大1/5。这个自明清以来不断萎缩的湖泊，终于出现了历史性大转折。

12 月 25 日，省有关部门的权威统计表明：1998 年以来，我省已对 220 处阻洪堤垸实施了平垸行洪、退田还湖，洞庭湖蓄洪能力增加 27 亿立方米，扩大蓄水面积 554 平方公里。水利专家称，整治后的洞庭湖如果再遇到 1998 年那样的特大洪水，水位可平均降低0.1米。岳阳城陵矶的水文标尺上，凶猛的洪水再也爬不到那令人毛骨悚然的高度。

长大了的洞庭湖别是一番景象。隆冬时节，记者在湖区采访看到，原来人丁兴旺的华容县小集成垸、汉寿县青山湖垸已无人迹。成千上万的白鹭、野鸭、天鹅在栖息、飞翔，成片的杨树在风中摇曳着，赶走了冬天的苍凉。

据史料记载，明朝嘉靖年间，洞庭湖方圆八九百里，号称"八百里洞庭"，洪水期湖面达6000平方公里。此后数百年泥沙淤积，盲目开垦，致使"堤垸如鳞"。在实施综合治理前，这个长江水系重要调节湖泊的面积减少到2691平方公里。湖面锐减，调蓄能力削弱，灾害频频发生，湖区人民深受水患之苦。仅以1998年为例，洪涝灾害造成的直接经济损失就达197亿元。洞庭湖失去了宝地的光彩，成为一块不得安宁的险地。

治理洞庭湖，还历史的本来面貌! 1998年特大洪水过后，党中央、国务院对整治洞庭湖极为重视，投资70多亿元支持我省。改变单纯加高加固大堤"堵"的传统办法，实施以疏导为主的综合治理方略，湖区30个县（市、区）及大型农场实施了平垸行洪、退田还湖、移民建镇。广大群众对治理洞庭湖期盼已久，表现出极大的热情，使这项浩大工程进展顺利。三年中，湖区8.4万农户、30多万群众告别故地，实施大迁移，成为湖湘史上的一大壮举。澧县的澧南垸、西官垸是治理的重点地区，许多老人虽难舍故土，但更感谢党和政府让他们离开了"水窝子"。两个垸子7万多人有序搬迁，实现了安居乐业。"平垸行洪还洞庭浩浩荡荡，移民建镇让百姓世代安康"，搬迁户新居门上贴的这副对联反映了湖区人民的共同心声。

人与自然在洞庭湖开始和谐相处。随着治理的深入，烟波浩渺的八百里洞庭将再现人间。

（来源：《湖南日报》2001年12月26日；第12届中国新闻奖一等奖）

作品三

我省交通图五年七变

本报讯（记者石磊） 祖籍沧州的郑先生在沪经商数年，前不久他从上海返乡，连遇两个"没想到"。

第一个没想到是石家庄到沧州的高速公路上舒适、快捷、干净的旅途，让他连说"没想到过去要走六七个小时的路现在只用 3 个小时"。

第二个没想到就是他离家前买的 1996 年版的《河北省地图册》已失去了作用，因为里面的河北交通图上，只标有京石和石太两条高速公路，而现在连沧州这个号称"交通死角"的地方都有两条高速公路穿过。

5 月 17 日，记者特地从河北省测绘局要了一张 2001 年版的河北交通图送给了郑先生。原河北省制图院总工程师师云杰介绍说："近几年，我省公路建设，特别是高速公路建设速度太快，交通图每年都要更新，有时一年要更新 2 次。从 1997 年到去年年底，河北交通图一共出了 7 版。"

对照新旧两张地图，我省高速公路飞速发展的步伐跃然纸上：从 1996 年底的"一横一竖"，到 2001 年底初步形成以北京为中心，石家庄、天津为枢纽，辐射 10 个中心城市和秦皇岛、京唐、天津、黄骅 4 个港口以及大同、阳泉两个煤炭基地的"两纵两横"井字形布局的高速公路主骨架，我省已建成高速公路 13 条（段）。

省交通厅有关负责同志说，为打破经济发展的"交通瓶颈"，我省近几年加大了公路建设投资，1997 年到 2000 年几乎每年投资都近 130 亿元，从 1996 年到 2001 年底我省已完成公路投资 639 亿元，新增高速公路 1332 公里。1999 年全省高速公路突破 1000 公里，跃居全国第二位；2001 年，通车里程达 1563 公里，继续保持全国第二。交通，正在成为我省国民经济的先行官。

省会到全省任意一个省辖市的车程均在 6 小时以内，目前我省路网平均车速已由 1996 年的 30.2 公里/小时提高到 53.8 公里/小时，"走高速"成为人们驾车出行的首选。

高速公路的快速延伸，带动了公路客运、货运的大发展和水平的提高。"高速直达"的出现，尤其激活了客运市场的一潭死水，也彻底改变了人们的出行观念。

这种伴随高速公路而生的新型陆路运输方式，以其及时、快捷的优势，吸引了大量客源，迫使"铁老大"放下了架子，民航降低了门槛。

截至今年 3 月，我省高级客运班车已达 1169 辆，客座 32520 个，配备空调、电视、卫生间等设施的"豪华大巴"，让人们体验的是先进的客运工具，"航空式服务"的出现，让乘客越来越深地感觉到当"上帝"的味道。

（来源：《河北日报》2002 年 7 月 11 日；第 13 届中国新闻奖一等奖）

作品四

我国首次在特大自然灾难后接纳国际专业救援队

新华社四川青川 5 月 16 日电 在搜救汶川大地震幸存者的最紧要关头，日本政府派出的首批 31 名专业救援队员，携带着先进的救援仪器和设备，16 日上午到达几乎遍地残垣断壁的四川省青川县展开救援。

据中国外交部新闻司参赞李文亮说，这是 5 月 12 日汶川发生大地震后第一支抵达灾区的外国专业救援队，也是新中国自成立以来首次在特大自然灾难后接受外国专业人员救援。

"只要有一线希望，我们就会努力到最后一刻。"日本救援队队长小泉崇沉重而坚定地说。

除日本外，俄罗斯、韩国、新加坡三国政府派遣的专业救援队也分别于同日下午和晚上抵达四川，并分别立即赶往绵竹市、什邡市重灾区。

"中国政府以自力更生为基础接受必要的国际援助，反映了中国改革和开放的一种趋势。"人民日报原副总编辑周瑞金 16 日对新华社记者说。

他指出，中国在抗灾中融入国际社会的行动，显示改革开放 30 年后，对外开放程度的进一步加深。这位资深媒体人在 1991 年曾以"皇甫平"为笔名，发出进一步改革的呼声。

1976 年造成 24 万余人遇难的唐山大地震发生后，中国决定"自力更生"克服困难，婉拒了一切国际援助。

5 月 12 日下午突发的汶川大地震是新中国迄今为止最为严重的一次震灾，其范围和强度超过了 32 年前的唐山大地震，估计遇难者将超过 5 万人。目前，还有上万人被埋在废墟下。

目前，距离四川汶川强烈地震已经过去了 100 多个小时，营救被困者的难度进一步加大。但是，16 日赶赴绵阳重灾区的中国国家主席胡锦涛表示，仍然要把挽救人民群众生命作为重中之重。要继续尽最大可能救人，只要有一线希望，就要作出百倍努力。

北京的观察人士说，中国对国际救援采取前所未有的开放姿态，正是"人的生命高于一切"的行动体现。

报告文学《唐山大地震》的作者、知名媒体人钱钢说："32 年前中国不接受国际援助是由于当时东西方'冷战'的大背景。现在改革开放已经30年了，国家越来越开放了，思维和心态也发生了重大转变。"

人们注意到，唐山大地震四年后，已经开始实施改革开放的中国的观念就已悄然发生了变化。

1980年，由于遭遇严重水旱灾害，中国第一次谨慎地向外传达了愿意接受救灾援助的信息。当时的西方舆论惊呼："这是30多年来中国政府首次要求国际援助！""中国终于抓住援助之手来应付灾害。"

"拥有先进经验的外国救援队此时进入重灾区应该说是'雪中送炭'。"北京大学国际关系学院副院长贾庆国说。

外交学院国际关系所所长王帆说："虽然外国救援队没能在第一时间进入灾区，但是他们携带的先进医疗救护设备和丰富的实地救护经验，一定能协助中国政府尽最大可能抢救更多的生命。"

周瑞金说，日本是一个地震多发国家，在抗震救灾方面有丰富经验和先进技术。相信日本救援队参与汶川灾区救援能发挥技术优势。

中国外交部发言人说，汶川地震灾害发生后，一些国家表示愿意派遣救援人员赶赴灾区，"我们是根据邻近和快捷的原则作出有关决定的"，"我们对这些国家的政府和人民给予中国人民的同情与支援深表感谢"。

近年来，中国在其他国家突发灾难后也多次派出专业救援队伍，进行人道主义救助。印度尼西亚、巴基斯坦、阿尔及利亚、土耳其等国家的灾区都留下了中国救援队员的足迹。

当31名日本救援队员携带生命探测仪、煤气泄漏检测仪等仪器设备赶到青川灾区时，正值搜救被困者的"最后窗口"。

"目前，受困者的生存希望应该说很低了，但即便这样，以前也有在这种时刻救出生还者的先例。"小泉崇说。

16日下午，救援队来到了青川县中医院宿舍楼开展工作。这幢6层楼房中间坍塌。目前了解的情况是，楼内压了12人，其中9人的尸体已经挖出，废墟内还有三人。

"此次接受外国援助，也是中国整体应急机制进一步充实完善的体现。"贾庆国说。

更为重要的是，中国自2005年8月起，已不再把因自然灾害导致死亡的人员总数及相关资料作为国家保密事项。

民政部救灾救济司官员当时曾表示，这"有利于在减灾和救援领域开展国际交流与合作"。

汶川大地震后，中国迅速披露有关信息，紧急动员全国一切可能使用的资源投入抢险救灾。中国政府救灾的效率和透明受到国际舆论的普遍好评。

除了接受国际救援力量外，地震发生后不久，中国就允许外国记者进入灾区采访。16日，又有一支中外记者采访团抵达灾区。

周瑞金说，相比于唐山大地震时期的保守，中国政府在此次汶川大地震中坦诚以对国际社会，信息披露及时、充分，反映了中国的更加开放、成熟的趋势。

（来源：新华网2008年5月16日）

【思考讨论】

1. 阅读上面的作品，分析其写作特点。
2. 阅读上面的作品，分析其结构特点。
3. 解释性消息长于报道什么样的事实？
4. 解释性消息在运用材料上有什么特点？

【训练任务】

任务一

阅读媒体报道，寻找3篇解释性消息的范例，分析其报道内容和写作特点。

任务二

用下面的材料，写一篇解释性消息：

记者采访发现，竹子在上海世博会上大放异彩。有9个场馆的建筑材料主要采用了竹子。印度馆巨大的穹顶完全是用竹子为"梁"撑起来的；德中同行之家8米高的两层建筑，几乎完全是用竹竿和竹板材建造的；在国际组织联合馆内，专设了一个竹藤馆，整个展馆的设计挑战人们对竹子的传统认知；此外，在休闲区，有以"竹"命名的餐厅，有完全用竹子建造的花店，世博园黄浦江边长达3.6公里的栈道，完全用竹子铺设……

为什么世博会上流行"竹元素"？德中同行之家的设计师马库思·海因斯多夫给出的答案是，用竹子做建筑材料可以表达绿色、环保、可持续发展的理念，符合当今的世界潮流。

在有"中国竹子之乡"美誉的浙江省安吉县采访，置身于竹海之中我们才知道，竹子有独特的属性，是大自然赐予人类的一份特殊礼物。

竹子属多年生木本植物，木质化程度高，但外形、结构和草类很相似，因而有"似木非木，似草非草"的评价。竹子具有一次造林成功，即可年年出笋、年年成林、年年砍伐，永续利用而不破坏生态环境的特点。竹子生长速度快，成材周期短，竹林长成后必须及时砍伐。像毛竹，5年即可成材砍伐，立竹时间过长将导致自行枯萎死亡；像丛生竹，生长周期更短，第三年的竹子即可全部砍伐。

竹林对于生态保护功劳巨大。据研究，毛竹林固碳能力很强，是杉木林的1.46倍、阔叶林的1.33倍；一棵毛竹可固土6立方米，固土能力是松树的1.6倍、杉木林的1.2倍；竹林的涵养水源能力很强，1公顷竹林可蓄水1000吨；同等面积的竹林较树木可多释放35%的氧气。

另外，竹子是地球上最有生命力的植物之一，对生长环境要求不高。竹子大多生长在山区等不适宜粮食作物生长的地方，即使大量种植也不会过度占用耕地。

我们明白了一个道理：竹子和树木相比，使用竹子更加有利于保护环境。

目前竹产品中最大宗的是竹地板。竹地板最大销售市场在国外。我国竹地板60%用于出口，主要是美国，其后是欧洲各国，再后是澳大利亚。

采访中我们一再追问，为什么国外消费者那么喜欢竹地板？得到的答复几乎一样：发达国家的消费者环保意识强，在竹地板和木地板之间，更愿意选择对环境更友好的竹地板。

我们再追问，为什么国内竹地板市场不太好？得到的答复不尽相同，但有一点一样：国内一些消费者对竹产品存在误解。

张齐生，中国工程院院士，专门从事竹材工业化利用研究。他一直呼吁，应该改变消费者的消费观念，消除对竹产品的误解。

误解之一：竹地板易发霉、虫蛀、开裂。千百年来，竹子曾长期停留在原竹利用和手工编制农具、用具等初级利用阶段，给人们留下的印象是容易发霉、虫蛀、开裂。但现在，情况完全变了，张齐生院士说，"目前竹地板加工技术已十分成熟"。竹地板在北方地区使用也没有问题，竹地板大量出口欧洲、北美，也能适应那里的气候条件。因此，选择竹地板还是木地板，应该完全是个人爱好，就像青菜萝卜各有所好一样。

误解之二：竹产品是低档货。和木材制品相比，人们容易认为竹材制品档次低，不名贵，摆不上台面。但实际上，随着技术进步，竹材完全可以造出高档产品。

在上海世博会江西展馆，我们看到了一款竹制仿红木家具。这款家具吸引了不少人。一位老者在对这款家具细细看、细细摸了之后，肯定地说，这家具就是红木的，不会是竹子的。我们向他讲解，这的确是用竹材制作的，他最后信了。然后我们问他，会买吗？他回答得很干脆，"不会，因为竹制的一定会裂"。从这个例子中，可见人们对竹产品误解之深。

误解不止这些。消除误解需要一个过程。消除误解的一个最好的办法，或许就是我们在生活中更多地知道、看到、用到竹产品。看看这几个案例：西班牙首都马德里国际机场23万平方米的天花板是用竹制品做的；耐克德国公司和IBM欧洲公司办公楼用的是竹地板；奔驰、宝马汽车的内装饰件也选用了竹产品。

误解消除之后，得出的结论是：在许多领域，竹材制品完全可以替代木材制品，即可以"以竹代木"。

不过，张齐生院士对这个说法并不完全满意。他的观点是，竹材还有自身的独特优势，还有胜过木材的地方。他认为要两句话同时说，一是"以竹代木"，二是"以竹胜木"。

在采访中，我们一直在询问、在思考，放在加快经济发展方式转变的大背景下，倡导加快发展竹产业，究竟有怎样的战略意义？我们归纳了四个方面。

第一，有利于农村经济发展和农民增收。竹产业的源头是竹林。竹子是竹产业的基础原材料。我国竹类资源分布广泛，主要生长在山区。竹林属于非耕地资源，充分利用好竹林，有利于提高土地利用率，缓解南方地区人多地少的土地资源压力。加快发展竹子加工产业，有利于培育新的农村经济增长点，吸纳农村富余劳动力，缓解农村社会就业压力。目前，竹产业已经成为许多竹产区的支柱产业，是农民增收致富的主要来源。

第二，有利于保护生态。我国竹类资源丰富，是森林资源的重要组成部分，素有中国第二森林资源的美称。按目前的生产工艺，100根毛竹可生产1立方米竹板材，折合1.5立方米木材，"以竹代木"前景十分广阔。加快发展竹产业，对增加森林资源、改善生态环境有着十分重要的作用。在加快我国林业现代化的进程中，竹产业大有可为。

第三，有利于引导人们增强环保意识。我国有着悠久的爱竹、种竹、养竹、赏竹的文化传统，"宁可食无肉，不可居无竹"就是其真实写照。加快发展竹产业，可以弘扬竹文化，引导人们增强环保意识。环保意识的提升，影响十分深远。

第四，有利于巩固我国竹产业在国际市场上的竞争优势。我国竹产业发展水平居世界第一位，竹林面积、竹材产量都居世界第一。毛竹集中成片分布，性能最优良，利用价值最高。毛竹约90%的资源量在我国，这为我国竹材工业化利用提供了得天独厚的优势。竹产业是我国林业中最具有国际竞争力的朝阳产业。加快发展竹产业，有利于巩固我国竹产业在国际市场上的竞争优势，为促进人与自然和谐发展做出贡献。

我们高兴地了解到，近年来我国竹产业发展势头强劲，成效显著。竹林资源进一步扩大，竹产业效益进一步提高，竹子加工利用水平上了一个新台阶，竹林资源的多种效益得到开发，竹产业科技水平和研发力量进一步提高。竹子作为一个小物种，正在催生一个大产业。竹产业正在从原来的传统产业转变为一个前景光明的新兴产业。可以预见，竹产品将逐渐进入千家万户。

加快经济发展方式转变，积极调整产业结构，有的产业要压、要限制发展，有的产业要上、要鼓励发展。毫无疑问，竹产业应该列入鼓励发展的范围，应该有大发展。

任务三
确立选题，采访现实材料，写一篇解释性消息。

新闻通讯实训

本单元的学习和训练目标：

通过阅读作品和分析作品，学生能够明了通讯的报道内容和写作

形式，并通过实际训练学会写作各类通讯。

【基本理论概述】

一、通讯的特点

通讯是以叙述为主要手段详细陈述新闻事实来龙去脉及具体情况的一种长篇报道，是专稿中最早出现的一种文体，也是长篇报道的主要文体类型。

二、通讯的类型

根据报道内容，通讯可分为人物通讯、事件通讯、风貌通讯、社会观察通讯。

（一）人物通讯

人物通讯是以人物为报道对象的通讯品种，具体来说，就是用详尽生动的笔墨描述人物事迹，展示人物精神面貌，从而使读者比较深入地了解所报道的人物。报道的人物通常是杰出人物、新闻人物、著名人物、特异人物及普通人物。

（二）事件通讯

事件通讯是以新闻事件为报道对象的通讯品种。具体来说，事件通讯是对具有比较重要社会意义的、受到公众普遍关注的新闻事件进行详细深入报道，报道事件的起因、过程、结果及其内幕，以揭示其意义。报道的事件通常是有历史意义的重大事件、为受众关注的新闻事件、重大的灾难及事故以及重要活动的场面情景等。

（三）风貌通讯

风貌通讯是以地方风貌为报道对象的通讯品种。风貌通讯所反映的风情状貌，大多是概略的、轮廓画式的，所以有时也称作概貌通讯。其中不少作品，是旅途所见、所闻、所感的记录，所以有时也称旅途通讯。

风貌通讯的写作对象非常广泛，一个地方的建设成就、社会状况、民情风俗、自然风光、名胜古迹、异物特产都在它写作的范围。

（四）社会观察通讯

社会观察通讯，是对社会生活中的新现象、新变化、新观念、新问题进行分析报道的通讯品种。

社会观察通讯报道的视野比较广阔，报道的内容不限于社会中的某个人、某件事、某个地方或某一方面工作的经验和教训，而是从整个社会的角度考察普遍存在的现象和问题。它对现象和问题的报道是观察和思考的性质，不追求"终极性结论"，和传统的通讯相比，在报道理念上有较大创新。但也不同于深度报道，它可以只是呈现现象，也可以深入挖掘本质。

三、通讯的写作要点

（一）材料翔实丰富

通讯是由详记发展而来，其内容特点就是对人对事对现象及问题的详述。需要能展现事实完整面貌的丰富材料，并且来源丰富，类型丰富。所以在通讯报道中，要尽力搜集丰富的材料，在占有丰富材料的基础上精选材料。

（二）主题提炼明确

通讯是对事实面貌较为完整的展示，材料较为丰富。在丰富的材料基础上，要形成对事实明确的看法，有时需要突出某一个角度，以展示事实有特点的一面。这就需要深入研究材料、研究事实，提炼出能呈现事实真相、或展现事实精彩的一面、并揭示意义的报道主题。没有主题的提炼，通讯写作无从落笔。

（三）谋篇布局合理

为了清晰表达报道的主题，对于各种类型的材料，需要有一个合理的组织安排，做到清晰有序。通讯的结构形式相当丰富，有纵式的、横式的、纵横结合式的，有单线索的，有双线索的。并且在实践中不断丰富。对于具体某一篇通讯的结构布局，要从具体事实的报道需要出发。

【作品阅读】

作品一

76 秒，他用生命诠释责任
——杭州长运驾驶员吴斌英雄壮举感动中国

今天，整个杭州只有一位司机；

今天，所有的事情连同西湖的水光都只是乘客；

今天，司机用生命把客车停靠在岁月的宁静里；

今天，离开的是死亡，留下的是责任、爱和伟大的平凡；

今天，叫吴斌。

——诗人潘维

驻浙江首席记者　贾刚为　本报记者　刘　洋　通讯员　康信茂

一块铁片意外飞来穿透挡风玻璃，被砸成重伤的他，在昏迷前76秒极其疼痛的状态下和极其宝贵的时间里，以超人的意志力和职业素质，完成一系列非常连贯的操作，把正在高速公路上行驶的大客车安全地停下来，挽救了车上24名乘客的宝贵生命。自己却因伤势过重，不幸殉职。

浙江省杭州长运客运二公司驾驶员吴斌，一名普通的交通职工。通过一段76秒的视频，他的壮举迅速传遍了大江南北，感动了全中国。网络、微博上关于他的留言多达数百万条，成千上万的民众纷纷以各种方式甚至自发前往吴斌的家里表达对他的悼念和敬意。浙江省委书记赵洪祝作出批示，要求广泛学习宣传吴斌同志的敬业精神和崇高品德。浙江省交通运输厅党组授予吴斌同志"交通英模"称号，在全省交通运输行业开展学习吴斌同志先进事迹的活动。

最美司机感动中国

5月29日11时40分，吴斌驾驶"浙A19115"大客车从无锡返杭途中，突然有一块约30厘米长、5公斤重的铁块，像炮弹一样从空中飞落，击碎车辆前挡风玻璃，砸向他的腹部和手臂。危急关头，吴斌强忍剧痛，换挡刹车将车缓缓停好，拉上手刹，开启双闪灯，并站起来转过身提醒乘客："注意安全！"这是他留给人世间最后的一句话，说完这句话，吴斌就突然倒下，陷入昏迷。他以一名职业驾驶员的高度敬业精神，完成一系列完整的安全停车措施，确保了24名旅客安然无恙。而他虽经全力抢救，却因伤势过重于6月1日凌晨3时45分不幸去世，年仅48岁。

根据视频录像，76秒，吴斌耗尽最后一丝生命，用惊人的意志完美诠释了交通人的责任与担当。最美司机感动了中国。

送恩人一程

"我们总算找到恩人了，如果不是他处置得好，很可能发生车毁人亡的惨剧。"66岁的孙锡南是车上24名旅客中的一位。他眼眶通红，在吴斌的遗像前三鞠躬后，哽咽着说："吴师傅，我们不会忘记你，车上所有乘客都会记得你的。"

孙锡南是江苏无锡人，6月2日特地赶到杭州送别吴斌。他强忍着悲伤回忆那惊险的一幕：出事那一刻，坐在后排的他，听到驾驶室传来一声巨响。不一会儿，大客车就稳稳地停下来。他走上前去，看到吴斌身上都是血，瘫坐在座位上，连说话的力气也没有，痛苦地呻吟着。

"过了好一阵子，大家才明白发生了什么事情，我们都被吴师傅的壮举深深震撼了。"孙锡南哽咽着说。当时，大家想上前帮忙也不知该做什么，直到救护车把吴斌接走，才忐忑不安地继续坐车来杭州。

6月2日一早，孙锡南从新闻中看到吴斌不幸去世的消息。于是，他和其他3名乘客马上通过各种渠道四处打听，好不容易才找到位于杭州朝晖五区的吴斌家里送恩人一程。

大客车监控系统记录了这震撼人心的短短一分多钟：吴斌受伤后，出于本能痛苦地按了一下腹部，马上换挡减速，让车缓缓停下，拉上手刹，开启双闪灯，然后艰难地站起来，跟车上乘客说些什么，最后倒下……

"他留给我们最后7个字：别乱跑，注意安全。"孙锡南说。

"一般情况下，客车紧急制动，车辆会失去控制，乘客碰伤或撞伤，而这辆大巴没有一名乘客受伤。"去现场处理事故的一位交警说。

"如果他不是意志坚强，根本做不到这些。"据医生介绍，吴斌在这次飞来横祸中，80%的肝脏被击碎，肋骨骨折，肺、肠均严重挫伤。

"最后一刻做了最伟大的事"

在杭州朝晖五区吴斌的家中，一张白得透明的布，将他与亲人分隔在两个世界。

"以后再也没有机会和他一起旅行、看电影了。"妻子汪丽珍守在丈夫身旁，伤心欲绝，嘴里不时念叨着丈夫答应她却来不及兑现的承诺。

在出事前半个小时，吴斌还在休息间隙给妻子打来电话，说今天路上比较顺利，晚上可以赶回来一起看电影，并叮嘱妻子不要忘记把电影票提前放包里。特别是两人聊到5月30日准备去云南旅游时，开心不已。

吴斌16岁的女儿悦悦泣不成声。5月29日早上，父亲像往常一样去上班，出门前还答应她说"会早点回来陪你们"。

吴斌妻子汪丽珍的妹妹汪丽敏说，姐姐结婚18年来，姐夫从未带姐姐去外地玩。每逢节假日，大家有空约他们一起出去旅游时，姐夫总是在加班。他们结婚时，连蜜月都没有，这也成了吴斌心中的愧疚，所以前几个月，好不容易排上假期的他订好旅行社和机票，计划补上迟来的蜜月。谁想到，这次迟到的旅行，还没有开始，就残酷地画上了句号。

"他特别有孝心。"汪丽敏说，吴斌家的房子只有60平方米左右，他考虑到父母身体不好，特地把靠窗的房子让给他们住；另一间卧室则用玻璃门隔开，女儿靠窗睡，夫妻俩挤在仅放得下一张床的地方。

同事王旭明对吴斌强壮的体格印象深刻。他说，吴斌很喜欢健身，车上都带着哑铃，有空的时候就操起来练两把。这次他能在遭受重击后救下一车人，很可能就得益于此。稍微瘦小点的人，肯定当场就不行了。

在工作上，吴斌尽心尽职。杭州长运客运二公司经理孟联建说，吴斌已安全行驶了 100 多万公里，从未发生过交通事故，也从没有过交通违章，更未接到旅客投诉。

"我弟弟这一生都很平凡，在最后一刻却做了最伟大的事。"吴斌的姐姐吴冰心强忍着悲痛说。

向英雄致敬

6 月 2 日上午，吴斌家楼下临时搭建的一个悼念棚内，已摆满上百个花圈，除所在单位、同事和亲朋好友外，还有一些素不相识的市民也前来悼念："英雄司机吴斌，交通行业楷模。""吴斌，一路走好！"……

在网络上，吴斌的事迹和瞬间处置突发事件的视频成为最热的关注。处置此事的一名无锡交警在微博上说："大客车刹车拖印是笔直的，一个肝脏被突然刺破的司机，要用怎样的意志力才能做到这一点啊……我们纪念老吴，纪念他深扎在心底的崇高职业道德……"

还有网友自发发起"点一盏蜡烛"活动，从 2 日 9 时许至 20 时，已有近 20 万名网友"点燃"祝福的"蜡烛"，相关评论 3 万条："您真的是英雄！是我们中国人最值得尊敬的英雄！一路走好！""向英雄致敬！在生命最后一刻，您彰显了一名普通司机的专业水平和职业道德。""您最后一刻的坚持，震撼了所有人的心灵！""普通百姓身上的正直、善良、大爱从没远离，更没丢失，也永不会失去，总能给人们带来欣慰和心灵的震撼。"……

2 日，浙江省委常委、杭州市委书记黄坤明作出批示：吴斌同志在危急时刻用生命履行了职责，为我们树立了坚守岗位、舍己为人的光辉榜样。向"平民英雄"致敬。杭州市决定授予吴斌同志杭州市道德模范（平民英雄）荣誉称号。

浙江省交通运输厅党组书记、厅长郭剑彪 2 日作出批示："平凡岗位，职业行为，交通骄傲，弘扬光大。"浙江省交通运输厅党组副书记、副厅长徐纪平 3 日下午代表省厅看望慰问吴斌家属，并称吴斌为"旅客群众的好司机，交通行业的好职工，司机朋友的好榜样"。

浙江交通运输系统的干部职工纷纷表示，吴斌同志在危急时刻能够勇于担当、坚守岗位、舍己为人，事迹感人。面对突如其来的灾难，他强忍剧痛，换挡刹车将车子停好，并不忘打开双闪灯提醒后方车辆，展现了多年学习工作中养成的职业道德和高尚品格，在关键时刻体现出了强烈的社会责任感。他的壮举和崇高精神将激励大家继续前行。

（来源：《中国交通报》2012年6月4日；第23届中国新闻奖三等奖）

作品二

伍皓同志

邓 飞

早上九点多，伍皓坐到了自助餐厅里。这位身材矮小、脸上刮得干干净净、无框眼镜后透着坚定自信的年轻人，自2008年12月成为云南省宣传部副部长以来，就一直是中国最受关注也是最受争议的宣传部官员。

他的"改行"只是一项临时任务：宣传树立一个新的典型。伍是一个人数高达30余人的采访团总指挥，他和他的团队已在距昆明近600公里的保山待了20天，此刻，与他同坐一桌的是重要的搭档——保山市委宣传部长、《云南日报》负责人。

伍皓的盘子里放着两块红薯、两截玉米，他微笑着细嚼慢咽，同时语速缓慢地与陪同者交流，伍口才并不很好，他讲了一个笑话，一个姓王的人吃了八个鸡蛋，人称王八蛋，于是旁听者笑了起来。其间，他的司机悄无声息地给他端来一碗米粉，还递给他三粒小药丸。

约9点半，伍皓和他的团队从云南省保山市的一个酒店出发，前往四十余公里外的善洲林场，这个林场的名字来自他们要宣传报道的对象：杨善洲。

一

杨是保山市原市委书记，他在任期间就以清廉克己闻名，被称为"草帽书记"，1988年退休后，回到大山里组织造林6万亩。

报道杨的团队成员来自云南省委组织部、宣传部和当地媒体，分为理论组、摄像组等数个小组，计划用30天时间集中采访，最后用新闻报道、历史纪录片、诗歌、电影等多种方式来展现一个最新人物典型，方案自然是伍皓定下的。

在扬名全国之前，伍皓已有极为丰富的宣传树立典型的经验。

这位在西藏待了长达8年之久的前新华社记者，参与了援藏干部孔繁森和扎根西藏的气象工作人员李金水两位全国著名先进人物的宣传报道，尤其是在后者的先进事迹宣传中，伍皓曾写了一篇长达 8000 字的报道，并因此获得西藏自治区首届"十佳新闻工作者"称号。

事实上，伍皓本人就曾是先进典型。

1988 年以四川达县状元身份考入北京大学的伍皓，在 1989 年的政治风波后，与他的不少同学一样，在这个曾为风暴旋涡中心的校园一片沉寂时，陷入了"如何报效祖国"和毕业后"怕得不到合理使用"的迷惘，1990 年 2 月，他参与起草了致时任总书记江泽民的一封信。

3 月 23 日，11 位参与者意外受江泽民之邀做客中南海，座谈原定一个小时，但兴致极浓的江泽民一口气谈了四个小时。

听闻总书记亲口讲述自己的成长经历，令伍皓热血沸腾。不久，他又写了决定他命运的第二封信，收信人是时任西藏自治区党委书记的胡锦涛。立志建设边疆的伍皓很快收到了胡锦涛的亲笔回信，西藏方面很快为他安排了西藏大学的一个任教机会。

接下来，伍皓又写了第三封信，收信人是新华社的领导人郭超人，伍皓向这位老学长表达了更愿意到新华社当记者的愿望。于是，1992 年毕业的伍皓成为新华社驻西藏记者。这是北大 10 年来第一位毕业后直接去西藏的学生。毕业前，伍皓作为学生代表，在怀仁堂再次见到了江泽民。

三封信决定了伍皓的人生轨迹。

伍皓进藏后，其表现无愧于毕业前立下的誓言。当时新华社记者派驻西藏，采取轮换抽调制——一般为期 1 年半左右，长则 3 年左右，而且多为老记者。当时应届毕业生直接去西藏的极为罕见，而伍皓在西藏一待 8 年，则是更罕见的异类。在伍皓这个年龄，它还意味着耽误了恋爱结婚的机会。

伍皓在西藏期间是新华社最勤奋、出稿最多的记者之一，业务表现也颇为出众。西藏 8 年期间，他多次获得新华社内的好稿奖，此奖虽为内部奖项，但新华社总计约有 1500 名记者，每年中英文发稿量高达 400 万条，因此多次获得内部社级奖项殊为不易，大部分记者终其一生也难获此奖项，而伍皓还两次受到新华社社长的通令嘉奖。

在西藏期间，伍皓曾遭车祸，同行者一死一伤，因身材袖珍而被甩出窗外的伍皓，虽一度昏迷不醒，但幸得上苍眷顾，竟成为唯一平安无事的幸运儿。

二

在距林场还有 17 公里的山路上，车窗外每隔几米就可以看到一朵碗口大的白色纸花扎在路边的树干上。随行人员告之，这是附近村民感念杨善洲的自发举动。一路烟不离手的伍皓遂一脸凝重地感叹：周恩来总理去世时，人民群众在十里长安街上挂满白花，一个官员只要真心诚意为老百姓做了事，就会被老百姓记住。

11 点钟，采访团抵达此行的目的地——善洲林场总部。

这个位于山间一小块平地的林场总部小而简陋，当年杨善洲等人充当办公室的平房，现在已辟为纪念馆，墙壁上挂着宣传杨的照片、文字资料。而杨最初搭起的那个窝棚，则是这个展览馆的一部分，窝棚里有一张木头和树枝搭起的床，床上铺垫着龙须草，当年杨曾在这个窝棚里吃住了 7 年。

在随行人员陪同下，伍皓参观了小小的展览馆后，与同行者一起在庭院里看杨生前接受采访的录像。画面中，杨朴素如老农民，他是个典型的旧式传统干部，在谈到其清正简朴努力工作的动力时，杨以一个淳朴农民对世界的理解说："我不想干不好工作，被捉了去坐牢。"听到这句话，伍皓也忍不住和其他人一起哈哈笑了起来。

杨善洲是一个清教徒式的先进典型。当地资料称，杨 1988 年退休后，不肯搬进省城老干部中心接受国家养老。他回到了自己的老家大亮山——那里曾是一片原始森林，后遭 1950 年代大炼钢铁时期毁灭性的砍伐，杨也曾是砍伐者之一。他发誓用余生再造一片森林。

为实现其愿望，杨曾把地委大院里两棵龙柏盆景带回林场移栽，还一度在保山市区、施甸县城水果摊边捡拾果核。施甸县委书记得知后，叫一个副县长去劝阻老人，说县里一定会安排一笔经费来帮助购买树苗。老人拒绝，说县里太困难，能够省一点就是一点。

20 年后，杨亲手栽种的松树在公路两侧已经成林，整齐挺拔，光线漏进林子，纯洁温暖。伍在马路上站定，仰脸深深呼吸了一下，既像自勉又像鼓动属下地感慨道，一个人只要有强大信念，将爆发出怎样的一种力量，将怎样改变世界！

也许只有伍皓才会当众发出这样的感叹。曾与伍皓同学和共事的人均认为，仿佛是为弥补他的身形不足，他生来就有一股令人生畏的强大自信。

今年 40 岁的伍生于四川达县的一个贫困乡村，父亲是乡镇农技站的农技员，母亲是乡村民办教师。高考被北大录取那年，伍被乡亲视为天上文曲星下凡，不日一定将成为大人物，他们愿意凑钱来帮助伍购买到北京的火车票。

但走出北京站后，伍皓才领略到令人头皮发紧的另一个世界——他孤身一人，甚至连问路都不会；更大的打击来自一个个见多识广的生于城市的同学，晚上宿舍讨论，那些不断被谈起的外国名人他闻所未闻，他插不上一句嘴。

但是，在3个月埋头图书馆如饥似渴的苦读后，伍皓不但能参与宿舍里的夜谈会，并成为主讲。接下来，伍成了学校校刊记者团的团长。

多年来，伍皓强烈且不加掩饰的进取之心，往往会在旁人眼里显得不合时宜而鲁莽可笑。曾与伍皓熟识的人说，伍皓最让人感叹的是，他明知自己经常是周围私下议论甚至取笑的对象，依然对自己坚信不疑，从不打算改变自己的行为方式。

伍皓坚信自己是被老天眷顾的人。他承认高中时数学不好，每次只能拿到总分120中的80多分，但高考时数学试题过于简单，他竟然拿到了115分，他这才有机会鲤鱼跳龙门。

但献身西藏后，老天对他的眷顾实在不多。1998年3月，伍皓在付出异于常人的努力后，终于获得西藏自治区党委政策研究室挂职机会。与在内地发展顺畅的同学相比，伍皓不但经济上不富裕，而且仕途上的进展亦只算平平而已。

到了1999年，伍皓在西藏待的时间已达内地援藏干部的8年极限。伍皓此时应有资格调回北京在新华社总社工作，但当年把他当成憨直、忠诚、勤奋、好学的苦孩子而怜惜赏识的老领导，在他的"超长期服役"期间已纷纷退休。

是年10月，伍皓转调入新华社云南分社，任政文采访部主任。

此后，伍皓在新华社云南分社各部门缓慢升迁，历6年之久，才获副总编辑一职（此职位原名采编室主任），行政级别副处。此前，伍还曾于2002年6月主持创办新华社云南分社的《云南内参》，但这份内参刊物后来被批评和地方过于密切，或将损害新华社国家耳目的功能，被统一裁撤。

以伍皓的学历、经历、业绩，实在算不得上天眷顾。曾与他共事的同事分析说，如果无意外，伍皓或许将在50岁上下时，得以资历升迁至云南分社副社长这个级别，以副厅级官员终老，事业上难得有一番作为。

伍皓这次要树立的典型，某种程度上与他有相似之处。伍皓对物质殊少追求，早些年，老同学聚会，在大城市发展的同学衣着光鲜，腰挎大哥大，伍皓则看上去又土又穷，但伍皓丝毫不以为意，他坚信自己的选择，热情不减。

老天不负有心人。2008 年 7 月 19 日中午，伍接到来自云南省政法委书记一个语气紧张的电话，称孟连发生大规模骚乱，省委书记白恩培指令政法委和新华社一起来处理该事件，并称是省委书记点名要伍参与报道。

之前不久，一李姓女子在贵州瓮安县溺亡，警方称是自杀，导致数千人上街，焚烧公安局大楼和其他两栋政府大楼。中央要求各地吸取瓮安事件教训。

伍带着一名记者迅速赶到孟连。在新华社云南分社期间，伍皓曾操持《云南内参》数年，不但擅长报道正面典型，更因熟知官场运作规律，亦长于娴熟采写负面报道。他很快作出结论：孟连事件刚发生时也就是一件小事，但当地党委政府把它定性为"一小撮农村恶势力操纵的事件"，引发了大规模的聚集和对抗。

伍皓建议用一种公开、透明的报道办法写出民众的抱怨，他甚至引用云南省委副书记李纪恒的话来嘲弄一些官员："说话没人听，干事没人跟，群众拿刀砍，干部当到这分上，不如跳河算了！"

伍的报道显然安抚了民众，较快满足了民众诉求，很快平息事端。

后来，伍概括说，一壶已经烧开的水，如果你还捂着盖子，壶底都可能会被烧穿；但如果揭开盖子，可能会烫一点手，水就变成蒸汽消散。

省委书记对平息孟连事件极为满意。3 个月后，伍被调任云南省委宣传部副部长，由一个副处级干部越过正处，直接变成副厅，对 38 岁的伍皓来说，它不仅意味着仕途上的惊人一跃，更是人生翻开了全新的一页。

三

13 时，在当地领导陪同下，伍皓一行到一个农家乐共进午餐，施甸县委书记已经提前在此等候。餐桌上，众人继续谈论杨善洲当年的清廉事迹。坐在县委书记一旁的伍皓很少发言，只是倾听主方谈当地工作，但主方介绍当地一道特色菜，强调它由生肉做成，没吃过的人最好不要吃，免得上吐下泻时，伍皓立即来了好奇心，夹了一筷子仔细品尝。

14 时许，伍带着采访团来到了杨的老家——杨退休后终于攒钱修盖了一栋小楼房。玉米铺满庭院，在冬日暖阳下金黄一片，一条黄狗懒洋洋趴着，杨的妻子和长女一直生活在这里，杨拒绝将她们变成城市居民，他认为这是可耻的以权谋私。

伍皓在众人簇拥下，上前和坐在屋檐下等待的杨妻握手，先嘘寒问暖，然后郑重陈述杨善洲同志先进感人事迹的重要性和积极意义。待随从人员递上礼物后，进入采访议程。

杨的妻子被扶进堂屋，接受采访团的慰问和采访。这个时候，伍皓才忙里偷闲与《凤凰周刊》记者上到二楼狭小堂屋，他低头寻了一把小板凳，讲述他这些年来在昆明的生活。

伍皓谈到了他与杨的对比。因为杨一生都在做无可非议的好事——拒绝以权谋私、一身正气、退休后还帮助民众，他理所当然得到体制的褒奖。但伍认为他不同于杨的是，他在做一些开创性的事情，也是效忠国家，但充斥着风险。他需要保全自己，然后谋求下一步发展。

伍曾在微博里公开他的一条官场法则："第一时间给上司发了短信，报告已回到昆明。"他总结说，要让自己的行踪始终在你上司的视线之内，不要让你的上司觉得你是一只掉线的风筝，不能够时时掌握；由衷钦佩你的上司及身边所有人，从他们的言行中发现对自己的启迪等。

然而，熟悉他的人认为，这恰好是伍皓从来就不太懂得官场法则的证明，一个简单的常识是，一个局级官员居然如此直白公开地讲述不应说出口的官场法则本身就是官场大忌。

一些熟悉伍皓行为方式的人认为，这种对心计从来不加掩饰的拙朴真锐之气，正是伍皓别于常人的特征之一。他的可爱与可恨，皆来于此。

伍皓从他个人很快谈到了他在"躲猫猫"事件中的考验和经验。这桩他就任宣传部副部长才3个月就发生的事件，让他一举成名，而此事操作过程中的破冰意义和技术失当，使伍皓无论在民间还是官场从此成为争议性人物。

2009年2月，云南晋宁县看守所一牢头在惩罚新犯人李某时，致李死亡。但警方竟然称李和人玩"躲猫猫"游戏，撞墙而死，这个离奇的解释引发全国民众的愤怒。

网民不但将昆明改称"昆暗"，甚至有人到昆明试图维权。伍皓和云南省政法委、公安厅负责人沟通后，主动邀请网友成立"躲猫猫真相调查团"，以第三方的形式介入调查。

伍皓当然知道最大的阻力来自哪里，他精心准备了一套官方说辞为自己的行动护法：国家一切权力属于人民，执政党的十七大报告也强调最广泛动员和组织人民依法管理国家事务和社会事务，管理经济和文化事业，要保障人民的知情权、参与权、表达权、监督权。

伍皓此举得罪部门利益在所难免，事后有官员曾在夜宵摊拍桌子大骂伍是一个麻烦精、一个试图扩大宣传部门权力的野心家、一个刚挤进官场就可以对同僚下手捅刀子的阴谋家。

伍皓对此早有预见，民心是他背后的靠山，但他未曾考虑周全的问题是，真相调查团因为成立仓促，法律支持不够，且遭遇基层官员的竭力抵抗。调查团无法进入事发监室，更无法执行原定调查计划。

网友们大失所望，对宣传部门的积怨再度泛起，认为伍皓虽然不像旧式宣传官员一样对舆论使出拖、堵、删等手段，但同样糊弄民众，令民众无法接近和获得真相，也不是好东西。

伍第一次遭遇内外交困，甚至不得不公开自己的网上聊天记录，力证组建网友调查团确是他的偶发奇想，而非阴谋诡计，证明他是一个诚实追求真相的前新闻工作者。但伍的自证清白却又被批评暴露了其他网友，未经他人同意就公开聊天记录，至少是一种失礼。

尽管伍皓第一把火煮成了夹生饭，但"躲猫猫"事件最终还是以公众满意的结局收尾，而素来胆大高调的伍皓多少有所收敛。

两个小时，在伍皓的讲述中悄然流逝。作为带队的最高领导，楼上的伍皓要回到同志们中间去了。在杨家，还有一个最后的仪式需要伍皓来完成。在摄像机面前，他打开一幅表现"向杨善洲学习"的藏头诗书法，让一名男子用当地方言念诵了一遍，然后送给杨妻。

四

告别杨家后，伍皓又和同志们乘车到十余公里外的抚忠祠。这里曾是明朝名将邓子龙当年与缅甸军队作战的指挥所。万历年间，邓活捉了缅军数头大象，交将士分而烹食之。建国后，农民们冲进祠堂，把这里改造成为村学校。杨善洲们曾在此求学。

杨的一部分骨灰葬在祠堂庭院里一棵玉兰树下，杨希望和自己的儿时偶像朝夕相伴。

在祠堂的厢房里，摆放着一名本地籍部级官员的照片和生平介绍，据称是建国以来施甸最大的官员。伍不由得感慨，云南一直未走出大官员，而周边诸省都走出至少是政治局常委的大人物。

作为一个云南省主要的宣传官员，伍皓现在不是当年那个随时虚心请教、一脸诚恳而热切的小朋友。在保山先进事迹采访过程中，他穿一件低调却面料上乘的官员夹克衫，头发一丝不乱，背着双手，在众人的簇拥下缓步前行，他的神情淡定、朝四面微笑，等不同的人伸手过来，他再握。

熬过了一年考察期顺利转正后，雄心勃勃的伍皓再度高调起来。2009 年 10 月，昆明市人大常委会表决通过《昆明市预防职务犯罪工作条例（草案）》；同年，伍皓在全国率先建立网络发言人制度，要求一起新闻事件中的相关单位派出人员在网络上实名、及时、全面地公开信息。

这两仗，伍皓赢得干净漂亮，一下奠定了他良好的口碑。体制外和网上先前质疑他的人，无论依然对他抱有多大的保留态度，但均无法否认，伍皓推动的是历史性的进步。

伍皓对自身宣传部门的反思，始自 2009 年 8 月 26 日云南陆良一煤矿发生的群体性事件。当时村民打伤 7 名民警，砸坏 11 辆警车。有云南媒体报道称"不明真相的群众在一小撮别有用心的农村恶势力煽动下，围攻煤矿施工人员和公安民警"。

长期新闻记者出身的伍皓，对这种腔调极为愤怒。

伍认为宣传部门应从传统职责向新职责转变。他的依据是，2008 年 6 月，胡锦涛总书记在视察《人民日报》时称，新闻宣传工作应宣传党的主张、弘扬社会正气、通达社情民意、引导社会热点、疏导公众情绪、搞好舆论监督。

伍认为现在的新闻宣传仅仅做到了前面两句，对舆论监督则是捂盖子，力求家丑不可外扬。胡的后面四句话则是党中央交给宣传部门在新时期的新职责。

伍皓不止一次强调他的网络发言人绝不等同传说中的"五毛"——他解释说，一些地方无法做到信息公开，只好花钱雇请一些人假冒民众，每发一帖获利五毛钱，他们发帖搅浑水，可以胡说八道来混淆视听，而网络发言人因为要公开实名，说出的话就要经得起检验，要负责任，也就更能保证信息真实。

在各类汇报材料里，伍总是不厌其烦讲述一个道理——无论做了一件多么恶劣的事情，最后只要诚实公开真相，诚实处理，努力满足相关民众的正当诉求，就会平息事端。相反，如果做错事，还试图掩盖真相，推卸责任，视民众如木鸡笨鹅，一定就会出大事。

从孟连事件、小学生卖淫事件、纸币开手铐后用鞋带自缢事件、陆良警民冲突到昆明拆迁户自爆煤气罐，云南丑闻不断，但均未爆发重大群体事件。伍总结称，这正是上述处理措施的功效。最后，他成功说服了高层。

伍现在得到更多权力，除分管新闻之外，又增加了管理网络舆论。

因为推动信息公开和立法保护媒体采访权，伍被视为一名不可多得、富有革新意识的新式宣传官员而获得较多褒奖，媒体更愿意鼓励他喷发更多创意，一举改变传统的宣传系统，为媒体谋取更大权益空间。

在 2009 年各大媒体的年终盘点榜上，伍被《新周刊》评选为"2009 十大猛人"之首，《南风窗》"2009 为了公共利益年度人物榜"，《南方周末》"年度人物候选"，《时尚先生》"新中国 60 周年新锐榜"评选伍皓为"政界新希望"，《都市快报》等媒体也将他列入评选为年度人物候选。

即便抚忠祠再度激起了伍皓内心的不灭雄心，他也不能在此久留——天色已晚，县委书记已在另外一处农家乐备好了丰盛的晚餐。

晚宴备了酒水，伍皓自然是各路地方官员敬酒的焦点，但伍皓不善饮酒，且不长于言辞，他以微笑接受大家的敬意，话不多。

熟悉伍皓的人都认为伍皓交游广阔，但伍皓本质上是一个内向甚至木讷的人，并不长于酒席这种社交场所。在采访团这一天的行程中，伍皓的话都不多。偶尔，他也会拿出手机给旁边人分享收到的新段子，不过，与其说他是个轻松随意的人，不如说他希望自己是这样的一个人。

在餐桌前等上菜的那短短几分钟，伍皓和他的下属们打了一手源自四川的"干瞪眼"，他对此显然要远比酒席更应付自如，出牌冷静而大胆，最后以一张"2"获胜。

五

晚上 7 点，酒宴即结束。平时，伍皓会让大家在晚饭结束稍事休整后，开会认真讨论宣传报道方案的各个细节，因为接受本刊采访，伍皓在大家回到下榻的酒店后，破例没有开会讨论。

通常情形下，伍皓每天晚上会在网上熬到凌晨两三点才睡。也许中共官员中找不到第二个像他这样的资深网虫。与大多数公务员通常喜欢上新华网、人民网不同，伍皓最喜欢上的是凯迪网和天涯，这两个以"右派大本营"著称的网站是窥探真实民情舆论的最佳去向。此外，对一个保有顽固新闻记者习惯的人来说，这里也是各种社会突发事件新闻的最重要集散地。他可以随时知道网民现在在关心什么。

2009 年 11 月，微博兴起，它被视为颠覆传统论坛的新型网络民意平台。以前曾实名上网参与讨论的伍皓，这次又用自己的名字开了一个微博，成为中国首位实名开微博的厅级官员。

伍皓试图将影响力渗入体制外的民间社会，看上去还很成功——他的平民出身、北大教育背景、新华社记者经历、一名高官的随意亲和，都是亮点。他还学习西方政客们秀自己的女儿，自嘲经常被家中悍妻辱骂殴打，很快获得数万粉丝，一呼百应。这种官员身份的网络意见领袖，也许全国找不到第二个。

在一些警惕舆论管制的人看来，伍皓这种行为出格的官员，或许才是具欺骗性的"敌人"："之前，从表面看，他是在迎合民意，但实际上他才是真正在操弄民意的人。"

在推出一系列促进政府信息公开化、透明化的措施后，伍开始表现出"钳制媒体"的一面。

2009年10月，云南省委宣传部征集100名"媒体义务监督员"，称借助社会力量，加大对新闻媒体的监督力度，狠刹有偿新闻、虚假报道、低俗之风、不良广告等四大恶疾——民众监督媒体，确为正当之举，且中国媒体的确有诸多腐败问题，但因这些监督员均由宣传部掌控，伍被指责"借公众之手给媒体戴紧箍咒"。

11月7日，伍推动云南省委宣传部、省新闻工作者协会、省新闻学会发起"让党放心，让人民满意——云南新闻界'做负责任媒体'"承诺宣誓活动。

云南媒体每一个老总都须在会场上表态，最后带着该媒体人员，紧握右拳齐齐宣誓称将摈弃血腥、灰暗和低俗，提供理性、阳光、积极的新闻，传播主流价值观，把握正确的舆论导向。

伍最后陈词称，做负责任的媒体，归根结底是要对党和人民的事业负责。他把党和人民的事业比作枝繁叶茂的大树，而新闻工作者应是树上的啄木鸟，负责把枝干和树叶上的霉斑晾晒出来，清除害虫。

伍特别强调，啄木鸟不是要把这棵参天大树啄得百孔千疮，甚至连根基都动摇。

"媒体啄木鸟论"遭遇互联网网友强烈抨击。在西方媒体理论中，媒体是站在国家之船上的瞭望者，或是天然监督、制约和鞭策政府的第四股势力，为什么中国的媒体只是一只啄木鸟，只能捉虫？

由此，无数人深信伍皓在尝试以新的手法来实现对媒体的精细化控制。伍被骂成"超级五毛"或者"五毛党党魁"。

伍在微博上很快遭遇众多网络意见领袖的质疑。

网络意见领袖王小山是伍的一个网络仇人，两人从未见面，却一度天天公开掐架。伍说他可以容忍质疑，而且要从中学习质疑的精神与思维模式。而吵吵架更多是培养某种网感，锻造一种互联网抗打压的能力。"就像一个不懂水性的人，必须要到河里游，呛几口污水都没关系。"

由此，网友对伍皓多了一个新的惊叹——他在互联网上已经磨砺得皮糙肉厚，不畏惧和反击任何人的攻击、辱骂和嘲弄，"简直刀枪不入，水火不侵"。

2010年4月22日下午，在北京参加厅局级干部培训的伍皓受邀到中国人民大学演讲，主题是政府信息公开和新闻传播。伍皓未曾想到的是，刚端坐台上，还没说完开场白，突有三人上前向他头顶抛撒大把五毛纸币，他们试图通过这一行为艺术来提醒社会注意：伍皓还是一个混淆视听的"五毛"。

最近一次冲突的主角，则是另一个网络意见领袖"五岳散人"，他较早就在微博上放言，见了伍皓，一定操家伙砸他。

11月21日，五岳散人等一干人在昆明一个茶楼聚会，当主办方向伍皓发出邀请后，伍皓由妻子驾车赴约。但落座说完一段开场白后，做东的网友"边民"就宣布，现在轮到伍的仇人五岳散人发言了。五岳散人端起一个杯子，喝光水，向伍皓砸过去。

当然，杯子不会准确击中伍皓。

2010年12月1日晚，仰坐在施甸红星花园大酒店舒适的皮沙发上，伍点着烟，很淡定地说，他进去后纹丝不动，早知道散人要用器物砸他，但他就是稳如泰山。

《凤凰周刊》记者提醒他，现场目击者均作证他当时躲闪了，还很敏捷。伍面有讶色，一口烟闷在嘴里："是吗？是不是真的？喔，那可能是我的本能反应吧。"

最后，他还是吐露他对网友们的一个期许："就算你们不同意我的言论，也不必对我动手动脚吧？何况，大家都是文明人，都在追求民主、宽容和自由。"

或许伍皓料想不到的是，他的两次屈辱遭遇，反倒赢得一些原本反感他的人的同情：无论是向他撒钱还是砸杯子，都是一件绝对安全的英勇行为，因为伍皓没有能力危及他们的安全。

在体制内，"粗暴践踏了官场潜规则"的伍皓，同样是个孤独者，只有少数视他为改革希望的年轻官员才对他心生敬佩，不少人预测，这个不受欢迎的家伙迟早会混不下去。

此前几天，伍皓在微博里宣称将改行当记者，并将在微博消失一段时间，立即引发一阵猜测：看来，这个不按中国官场牌理出牌的家伙终于在这个位置上待不下去了。

不过，看起来伍皓食言了。在保山采访期间，他还是忍不住抽空发了几条微博。伍皓的世界里，或许一半的成就感来自网上，他有大群粉丝，他在网上教人写新闻，甚至教人写诗、写剧本。

沉浸在网络成就感中的伍皓突然被打断，一位干部进来报告说，他们发现杨善洲老人并非完人，相反杨在退休送别会上还承认了自己的几个问题。譬如，杨承认只会种田种粮食，缺乏发展经济的意识，当年他还曾反对建保山机场，称占用了农民太多粮田。这个土改队员出身的书记坚信工农干部忠诚可靠，知识分子不可靠，安排他们到了偏远乡镇。

伍耐心听完汇报后，说要容忍并如实写出杨善洲老人的缺陷，要写一个有血有肉的人，这样才能被民众接受，而不能像多年前，一写典型就写出一尊高大全的神。

伍的见识令该干部心悦诚服，离去。

2010 年 12 月 13 日，全国网络工作现场办公会将在云南举行，它对中国网络舆情将有深远影响。

成功树立过无数先进典型并且将继续塑造无数作品的伍皓，也许一生中最成功最杰出的典型作品，正是一个"非典型"宣传官员：伍皓同志。

（来源：邓飞博客 2011 年 1 月 3 日）

作品三

"6·29"劫机事件乘客讲述反劫机过程
——最早站起来的人居功至伟

虽然距事发已有好几天，但亲历了"6·29"劫机事件的南开大学党委学生工作部干部赵甘仍心有余悸。

6 月 29 日，天津航空公司 GS7554 航班机组执行新疆维吾尔自治区和田到乌鲁木齐飞行任务时，遭遇 6 名歹徒暴力劫机。据事后调查，这是一起以劫机为手段的极其严重的暴力恐怖事件；所幸，机组人员与乘客联手制服了歹徒。

正在新疆出差的赵甘是该航班的乘客之一。他对中国青年报记者回忆，自己坐在第 5 排 A 座，机舱前排左侧临窗的座位。

飞机于 29 日 12 时 25 分自和田机场起飞。在赵甘的记忆中，刚在空中平稳飞行了一会儿，他就听到一声大喝，闻声望去，只见从后排方向冲来 4 个人，喊着自己听不懂的话，直奔驾驶舱方向。他们使用像钢管一样的工具，敲打机舱前排的乘客。有的歹徒冲到了头等舱，距离赵甘最近的一个，在第4排。

中国民航局当日公布的事发时间为12时31分——飞机起飞后的第6分钟。机上共有乘客92人，机组成员9人。

看到这一景象，28岁的赵甘起初有点发懵，脑海里闪过电影里出现过的劫机镜头。他承认自己两腿发抖，转头看看窗外的云，"这真的是在天上啊！"

他想过，这或许只是斗殴，但事态的发展"越来越不对劲"。歹徒们抢着管子又打又刺，急于置人于死地。

事件平息后，赵甘和一些乘客聚在一块分析，歹徒当时的目的可能很简单，就是在最短的时间内先打死几个人，起到杀一儆百的作用。

但在当时，他"脑子一片空白"，傻坐在座位上。他看到大约有4个人站起来赤手空拳与歹徒搏斗。在这些勇士的带动下，旁边的乘客也跃跃欲试。

坐在赵甘前排的两位女士比他反应要快。一位看上去30多岁的女士抢起随身带的背包猛砸歹徒，但被歹徒一把推到了座椅上。

突然，赵甘听到不知道从哪里传来一个男人的声音，大意是鼓励大家反抗："你们是男人吗？都他妈上啊！"

这一嗓子在他听来如雷贯耳，他马上从座位上跳起来，冲到头等舱，加入搏斗。这时，已有十多人陆续加入。空姐也通过舱内广播，号召大家联合反抗。

接下来，他发现歹徒前后左右的人"基本上都起来了"。

赵甘在混战中发现，"战场"不仅在前排，后排位置也有歹徒逞凶。

如今回想起来，他认为，"最早站起来的人太关键了"，"他们的引领作用居功至伟"，幸好他们带了个好头，没被歹徒压制下去。他们也受伤最重，后来住进了医院。

他估计，"战斗"持续了15～20分钟。6个歹徒全被摁在地上，每个歹徒至少被两个人摁住。

乘客们也受伤不轻。机舱内有多处可见血迹。赵甘虽然加入较晚，仍然满手是血。他亲眼见到，两名安全员和几位乘客满头鲜血地顽强搏斗。结束后，有人累得瘫坐在座位上，眼睛周围血肉模糊。

临近尾声时，赵甘才注意到机舱里女人哭泣的声音。

由于歹徒手持利刃，很多乘客被划伤。一名歹徒伪装成残疾人，带了两副拐杖。他们在飞机上拆开拐杖，就成了行凶用的边缘锐利的金属管。

赵甘告诉记者，并非所有歹徒都是高大健壮的，他至少见到有 3 名歹徒是"精瘦"的。被摁倒后，他们仍然手舞脚蹬，试图反抗。起初，人们没有想到控制他们的办法。后来有人提醒说，大家可以解下皮带，捆住他们的手脚，再搜一搜身，以防有爆炸物。

　　这个人，赵甘后来知道是乘飞机出差的警察。

　　飞机安全返回和田机场。下飞机后，所有乘客被逐一检查身份信息。那时，赵甘听人议论，机上有四五位乘客是警察。

　　事实上，在飞机上制服歹徒之后，有一位警察拿出一副手铐，人们手忙脚乱地铐住了一名歹徒。当时，赵甘还感到奇怪，怎么突然来了一副手铐。

　　飞机快要落地的时候，他听到有人说，飞机马上就要降落了，"我们马上就胜利了"，"大家再坚持一会儿"。

　　飞机降落后，6 个歹徒首先被抬了出去。随后，乘客们七手八脚地拿着自己的行李，回到了航站楼。

　　这时的机场，已有不少警车和警察。

　　在警察的引导下，机组人员和乘客回到了候机室。医务人员为他们检查和处理伤口，警察负责核对身份信息，警犬则围着行李嗅来嗅去。

　　赵甘注意到，身旁一位男乘客的胳膊缝了 5 针。而他自己的颈部受伤位置被喷了药，裹上了纱布。糟糕的是，他的近视眼镜丢了——在混乱中被歹徒用管子敲掉了，"我也没时间去捡"。

　　有多位乘客下了飞机后互相问："看到我眼镜了吗？"

　　劫后余生的人们还谈起了发生在美国的"9·11"恐怖袭击事件。

　　聊天时，赵甘听到有人说，冲在最前面的歹徒一开始点燃了一个东西，已经冒烟了，但是被踢掉了，没有爆炸。

　　"战斗"结束时，他站在机舱里，在别的乘客手中见到了一个爆炸物。那是从歹徒手里夺来的。他记不清这个家伙是什么颜色，只记得它大小就像一个大号的墨水瓶。他没敢过去看，"生怕它随时爆炸"。

　　当天晚上，他听警方介绍，关于自制的爆炸物是如何通过安检，原因还在进一步调查中。

　　6 月 29 日当晚，中国民航局通令嘉奖"6·29"反劫机机组和乘客，认为在事件处置过程中，机组临危不惧、果断处置，两名安全员、两名乘务员光荣负伤；飞行人员沉着冷静、妥善应对，驾驶飞机安全返航。多名旅客见义勇为，挺身而出，体现了公民的正义感和责任感。

7月2日，中共新疆维吾尔自治区党委、人民政府决定，授予挺身而出的10人"'6·29'反劫机勇士"称号，记个人一等功，每人奖励10万元；授予天津航空GS7554航班机组"处置'6·29'劫机暴恐事件英雄机组"称号，奖励50万元。

今天，天津航空公司向中国青年报记者表示，航班机组成员目前仍在新疆，尚未返回天津。他们反劫机的事迹传开后，有上百家媒体提出了采访要求。

对于这次遭遇，赵甘当天就感慨："遇到这种事情，大家迅速联合起来共同搏斗，才能保住生命。"

赵甘不是最早站起来的乘客，也不是最英勇的，但他庆幸自己选择了站起来。

29日晚，当地朋友问遭遇了空中惊魂的赵甘还敢不敢到新疆来。他毫不犹豫地说："一定还要来，有机会还要到这里工作！"他说，如果因为这件事而产生畏惧，那就"对不起自己的性别"。

（来源：《中国青年报》2012年7月4日；第23届中国新闻奖三等奖）

作品四

哈斯格日乐图的6座房子见证草原60年变迁

乌吉斯古楞　格根图娅

2009年9月5日，鄂尔多斯市乌审旗乌审镇白音陶勒盖嘎查，牧民哈斯格日乐图经营的家庭旅游点传出悠扬的马头琴声，伴随而来的是客人们的欢声笑语。在草原深处寂静的夜幕之下，这个草原上普通的牧户家庭洋溢着浓浓暖意。兴致高昂的游客们品着草原美食，参观哈斯格日乐图的6座房子，夸这家文化户、旅游点的老板有头脑。

来给客人敬酒的老板哈斯格日乐图则笑着说："其实是无心插柳柳成荫，舍不得拆的几间破房子成了旗里的文化保护遗产，可能是因为我家居住条件的变化是草原人民60年生活变迁的一个典型缩影吧。"

6平方米的茅草屋

哈斯格日乐图家的第一个房子建于20世纪50年代，是一座6平方米的茅草屋，仿着蒙古包的模样，用柳条编制框架后用牛粪糊墙，盖了些芦苇茅草置顶而成。如今这个看上去很有历史感的茅草屋，就静静趴在院落中的西北角，用于风干牛肉。

走进狭小的茅草屋，觉得像进了一个笼子，因为没有窗户，两三个人站在地下就觉得胸闷得慌。而当初，哈斯格日乐图还未出生，他的爷爷奶奶父母及3个哥哥祖孙3代共7人在这间小屋里共同生活了10年。

哈斯格日乐图说："那时我的家人用牛粪糊墙，家里连毡子都没有，家人们冬天盖羊皮御寒，雨天铺上羊粪防潮。现在，我每年用泥巴翻修外墙，要保护好家庭的记忆啊！"

15 平方米的土坯房

哈斯格日乐图家的第二座房子是一间土坯房，紧靠着茅草屋而建。这座15平方米的土坯房建于1960年。1964年，哈斯格日乐图即出生于此屋。如今，这座历尽风雨后的土坯房已经有些歪斜。

哈斯格日乐图一副经历风雨见彩虹的表情，指着土坯房为客人们介绍家庭历史："这房子虽然跟现在的大房子没法比，但比起原来的茅草屋舒适多了。但这房子也有缺点，就是一旦下雨，屋里屋外泥泞不堪，夜里也不能安心睡觉。"目前，这所已经经过维修的房子是家庭旅游点的奶制品"加工厂"。

40 平方米的套间土房

哈斯格日乐图家的第三座房子是40平方米的套间土房，位于茅草屋前方。这座土房建于20世纪70年代。房子建起来后，哈斯格日乐图的父母带着孩子们住外间，爷爷奶奶住里间。

"我父亲听说动物油和泥和在一起盖房子非常结实，就照葫芦画瓢用此方法盖了这座房子。现在这房子屋顶虽然有些腐烂，掉渣土，但房子整体还是挺结实的！"哈斯格日乐图为客人们"导游"。

50 平方米的"一面青"

哈斯格日乐图家的第四座房子位于套间土房的前面，建于20世纪80年代，是50平方米的"一面青"，也就是正面砌了青砖的土房。

那时盖个"一面青"是件了不起的事，乡里乡亲都非常羡慕哈斯格日乐图家。1988年，哈斯格日乐图在这间房子里迎娶了他的新娘琪琪格。结婚时，因头脑灵活牛羊比其他人分外养得好、家庭收入分外高的哈斯格日乐图家，备齐了立柜、皮箱、自行车、摩托车、收录机、电子琴等物件，羡煞了同龄人。他们两个可爱的孩子也降生于此屋。

135 平方米的砖瓦房

哈斯格日乐图家的第五座房子建于 1990 年，位于"一面青"的东边。从外面看，这座房子花纹别致的墙砖庄重大方。进入宽敞明亮的屋内，客厅、卧室、厨房、排列得当，家电应有尽有。目前，哈斯格日乐图家的两个孩子都在外地读书，只有他们夫妇俩住在这栋房子里。

哈斯格日乐图对自己住所的变化感慨万千："在执行承包责任制以前，个人谈不上有什么收入，说实在的，就是改革开放改变了牧民们的生活。到 20 世纪 80 年代末，我们家每年纯收入就达到了几千元，90 年代超万元，现在年收入 20 多万元了，变化简直是翻天覆地！"

哈斯格日乐图家现有 200 多只羊，20 多头牛，1000 多亩柳树，这些生财的资产每年创造收入 10 余万元。此外，他家经营的草原特色旅游点每年收入也在 10 万元以上。

96 平方米的迎宾房

物质生活的变化也带来了文化生活需求的变化。2007 年，在 135 平方米砖瓦房的南侧，哈斯格日乐图花费 8 万元盖起了自己的第六座房子，96 平方米砖瓦结构的迎宾房。

迎宾房专门隔出 30 平方米的地方筹建了图书室，剩下的 60 多平方米装修成了客厅，专门用来接待游客。平时哈斯格日乐图夫妇经营草原特色旅游，开放图书室，日子过得红火又充实。

2007 年，在乌审旗开展的"文化独贵龙活动"中，哈斯格日乐图家的 6 座房子被列为旗里的文化保护遗产。同时，哈斯格日乐图家也被评为文化户，哈斯格日乐图本人成了当地牧民文化活动的领头人。现在，不仅是哈斯格日乐图的家庭旅游点远近闻名，附近牧民的家庭旅游点也沾了光，日渐形成文化小气候的白音陶勒盖嘎查，慕名前来参观的游人日益增多，哈斯格日乐图家和嘎查里很多牧民家的收入都是节节攀升，一年一个变化。

闲暇时，哈斯格日乐图很喜欢站在自家院子里打量这几座房子，回想自己一步步走来的日子。

这一排排见证历史的房子，静静地躺在草原的怀抱，讲述着一位普通牧民家 60 年变迁的动人故事。仿佛一首悠扬的长调，以抒情的方式在 960 万平方公里土地上的一个小小角落吟唱着新中国 60 年的变迁。

（来源：《内蒙古日报》2009 年 9 月 5 日；第 20 届中国新闻奖二等奖）

作品五

国内建筑为何如此短命

丛玉华

"我们有5000年的历史，却少有50年的建筑"

76岁的沈阳市民赵永明，几年来，四处追着看建筑爆破现场，他想把"老沈阳的背影留在脑海里"。

4月28日，他站在一排刚吐着绿芽的人行道树前，目睹了18层的辽宁省科技馆背负着126公斤炸药、被整体爆破的情景。从底部开始，这座高楼先是一层层坍塌，塌到第6层时，剩下的12层直挺挺地向后倒下。只用了6秒钟，年仅23岁的科技馆就与人世"永别"了。

白发人送"黑发人"，这不是老人的第一次了。

2007年2月，赵永明目睹了投资2.5亿元兴建的沈阳五里河体育场"夭折"在18岁。2008年，他赶着告别23层的天涯宾馆。2009年2月，他又眼睁睁地看着，亚洲跨度最大的拱形建筑、只有15岁的沈阳夏宫2秒钟内变成一堆废墟。

事实上，老人很清楚，"辽宁科技馆之死"只是近年来，全国"短命建筑死亡名单"里墨迹未干的最新一行。

2006年10月，"坚固得像碉堡一样"的山东青岛市著名地标建筑青岛大酒店被整体爆破，建成仅20年。

2007年1月，浙江杭州西湖边的最高楼——浙江大学湖滨校区3号楼被整体爆破，建成仅13年，爆破当天，众多师生蜂拥而至，有的放声大哭。

2010年2月，江西南昌著名地标五湖大酒店被整体爆破，建成仅13年；3月，落成不满10年、耗资3000多万元的海南海口"千年塔"沦为了"短命塔"；7月，位于北京建国门黄金地段、建成刚20年的凯莱大酒店停业拆除，而一年多前，该酒店还投资了上千万元进行重新装饰和布置。

更令人痛心的是，有的建筑"出生即死亡"。安徽合肥维也纳花园小区1号楼，在正常建设了16层而尚未完工时被整体爆破。按市政府的说法，该小区影响了合肥城市景观中轴线的山景。这个16层的庞然大物"死亡"时，不足一岁，还是"婴儿"。

国家住房和城乡建设部副部长仇保兴曾表示，我国是世界上每年新建建筑量最大的国家，每年新建面积达 20 亿平方米，使用了世界上 40% 的水泥、钢筋，建筑的平均寿命却只能维持 25～30 年。而根据我国《民用建筑设计通则》，重要建筑和高层建筑主体结构的耐久年限为 100 年，一般性建筑为 50～100 年。

同时，另一组数据显示，英国、法国、美国的建筑统计平均使用寿命分别为 132 年、85 年和 80 年。

浙江大学公共管理学院教授、博士生导师范柏乃感慨："我们有 5000 年的历史，却少有 50 年的建筑。"

别了，"楼坚强"

在从事爆破工作、戴着安全帽的毕国成眼里，相比于那些"楼脆脆""楼歪歪"，1982 年开工、1988 年建成、拿过鲁班奖的辽宁科技馆，实在是个"楼坚强"。它的钢筋含量是普通建筑的 150%，剪力墙和钢筋密度之高远远超出预料。因此，原定的 1200 余个炸药孔被迫扩充到了 1889 个。

这样的"钢铁战士"死在自己手上，连毕国成都很心疼。

可在范柏乃看来，很多建筑不是倒在爆破工手上，而是倒在对政绩工程和 GDP 盲目追求的某些人手上。

学者通常把国内建筑短命现象的原因，归纳为"四说"："质量说""规划说""政绩说""暴利说"。范柏乃认为"政绩说"更值得关注。

课堂上，每次讲到新近"死亡"的"短命建筑"时，范柏乃说自己从农村学生眼睛里，看到了很复杂的东西。农村大学生问他，为什么一个农民建一座房子要用掉二三十年的心血，而政府对一个造价几亿元的楼说拆就拆？

"这严重损害政府在公众心目中的形象。"他说。

北京大学城市与环境学院博导董黎明承认，有时候，我们的规划本身患了"近视"，缺乏远见，但说到底，更大的问题出在"政府想法太多上"。

一届政府一个想法，规划改来改去。所以有人称："规划规划，纸上画画，墙上挂挂，橡皮擦擦，最后全靠领导一句话。"人们把"规划跟着领导变"形容为"三拍"：一拍脑袋，就这么定；二拍胸脯，我负责；三拍大腿，又交学费了。

"美国，换个总统，还是美国，我们的城市，换个领导，就要变个样。"范柏乃说。

在他看来，为了给大拆大建找"好听、动人"的理由，政府越来越学会了包装，造概念，什么"标志城"、"月光城"、CBD、CLD，反正，"拆一次创造了 GDP，再盖一次又创造了 GDP"。这正如经济学家凯恩斯著名的"挖坑理论"，当国家经济萧条时，雇两百人挖坑，再雇两百人把坑填上，一挖一填间创造了就业机会，带动相关产业发展，可社会财富并没增加。

在这些政绩工程里，一些建筑不得不"被死亡"。比如武汉首义体育培训中心综合训练馆，投入使用仅仅10年，便被拆除，理由是该馆位于即将动工的辛亥革命博物馆和纪念碑之间，不得不为武汉耗资200亿元打造的"辛亥革命百年纪念计划"而"献身"。

范柏乃表示，其实，这些建筑就算已过时、建筑功能发生改变，本也可以做到"二度开花"，比如上海的新天地、北京的798。

一些建筑完全可以"不死"，比如，原来的大学搬走后，可协商转让给中小学使用；有些空置的办公楼可改为商务楼或廉租房。"可政府就是不干这些'傻事'，而是炸楼把地卖给开发商"。

很多时候，一个个画着圆圈打着叉的"拆"字背后，还隐着另一个字：利。多数"短命建筑"的背后，都有房地产开发的身影。五里河体育场拆除后，以16亿元的价格进行地块拍卖，投资19亿元新建一座奥林匹克中心。13岁的浙大湖滨校区3号楼被拆后，其置换出的土地以24.6亿元的天价整体出让用于商业开发。

不难猜到，一些"短命建筑"身上有腐败基因。比如，著名的"楼脆脆"事件中有"官员股东"，而且检察机关发现房企的董事长侵吞4000多万元国资。再如，某市的"世纪巨蛋"因结构性重大安全隐患被拆除，人们叫它"腐败巨蛋"。

专家感慨，现在城市大拆大建，政府只算经济账，不算文化账、历史账、人情账。而且经济账也算的是个人的"小账"、区域的"小账"，就没算全国的"大账"。如果全国能提高建筑40%的使用年限，以2006年全国房屋竣工面积为例，每年可为国家节约资金约234.14亿元，使用年限增长20年共节约资金约4682.86亿元。

范柏乃说，"短命建筑"是老话题了，这几年两会年年提，批评声一片，可地方政府还是"比谁拆得快"，刹不住车！

"人民的参与是最好的保障"

6秒钟让辽宁科技馆消失得足够彻底，它留在查号台的3部电话号码，当天再拨打时已不复存在了。

一些市民以自己的方式向这个"老朋友"告别。有些人早上5点就来看它最后一眼。一位 68 岁的老人以为爆破在 6 点钟进行，当他 5 点 50 分赶到时，看到那栋熟悉的大楼已经不见，懊悔万分，嘴里不住念叨："太遗憾了，太遗憾了……"

告别也在网络上进行。有的网友把这个冰冷的钢凝混合物拟人化："1988 年出生，小"80 后"，年仅 23 岁，正值青壮年……"有的网友感慨："才 23 岁的楼龄啊，啥罪没有，说判刑就判刑，而且是死刑，立即执行，没有二审。"有的网友很气愤："这炸的不是楼，是钱！"还有的网友热衷讲道理："市规划建设，是摆积木吗？一个受尊重的国家，不是建筑多高多新，而是有令人尊重的价值观！"

走遍了大半个地球的中国城市经济学会秘书长刘维新说，他从没看到世界上任何一个国家像中国现在这样大运动式地"拆了建、建了拆"。建筑是用石头写成的史书，中国"建筑短命"现象严重违背城市建筑发展的规律，没有文化积淀的城市不是城市。

有网友评论说：我们活活把中国建筑这部"古代史"写成了"现代史"。

在巴黎，拆一幢房屋比建一幢要难得多。初到巴黎的中国人常常惊叹：古老的建筑躯壳里，竟有着如此现代化的生活设施，卫生间安装了防漏电的人感应开关，厨房现代化厨具一应俱全。

英国同样如此，连电线杆都受保护。有的案例让人动容不已：英格兰东北部的纽卡斯尔有一座现代艺术博物馆，它是由面粉厂改建而成的。仅仅为了保留面粉厂的墙体和上面硕大的"波罗的面粉厂"字样，英国人竟花费了 7500 万英镑，而推倒重建只需 3500 万英镑。

刘维新说，他很羡慕一些国家的老建筑，这些城市"老人"，受到严格的法律保护。

英国 1967 年颁发《城市文明法》，其名称直译是"有关市民舒适、愉悦的法律"，即把保护历史街区当成使市民精神愉悦、心情舒适的必要条件。日本从1919 年制定《城市规划法》起，陆续制定了许多有关法令，至 1979 年，已有关于城市规划和建设的法规 400 多种。日本在 20 世纪 80 年代就提出了"百年住宅"的建设构想，建设房屋时使用的都是标号 40 以上的混凝土。在布达佩斯市，政府明文规定所有门面建筑超过 50 年的一律不准拆迁；法国政府对有 20 年历史的或在国内外有过影响的场所，都立了标记予以保护，"每一个老建筑都有一个特殊的身份证"。

颇值一提的是，很多国家把公众如何参与城市规划写进法律里。英国 1969

年出台了著名的斯凯夫顿报告，它被认为是公众参与城市规划发展的里程碑。美国学者提出"市民参与阶梯"理论。日本规定城市规划方案要先通过"意见听取会"、"说明会"和公开展览内容等方式征求居民意见，然后经"都市计划中央审议会"或"都市计划地方审议会"审议。

董黎明、范柏乃都很感慨，我们的建筑规划中缺乏透明度，缺乏民意。"拆与不拆，不能光听领导人和开发商的，还得听听老百姓的。"他们相信，"人民的参与是最好的保障！"

足足需要半个月，沈阳科技馆的建筑垃圾才能被清理完。这只是每年4亿吨建筑垃圾这个大分母之上的一个小小的分子。

科技馆不是"猝死"，而是"有步骤有计划的"死亡。不久前，沈阳北方图书城也被拆除。下一步，拆除搬迁的是沈阳市室内环境监测中心；再下一步，是沈阳市住房公积金管理中心。

这些建筑如期"死亡"，换来的将是全国首家体验式文化广场的"新生"。按一个城建局局长的说法，这个广场可不是简单的露天广场，市民在这里可体验到3D电影、多媒体读书平台等，"进入其中，犹如接触到全新动感世界，让虚幻和现实合一，体味更多文化传承"。

也许，不用多久，赵永明老人又会出现在下一个爆破点。他唯一能做的，就是颤巍巍地端起相机，按下快门，听着微弱的"咔嚓"声，淹没在爆破的滔天巨响里。

（来源：《中国青年报》2011年5月11日）

【思考讨论】

1. 阅读上述通讯作品，分析各类通讯的内容特点。
2. 阅读上述通讯作品，分析通讯的叙事特点。
3. 阅读上述通讯作品，分析通讯的结构特点。
4. 分析所选各篇通讯的写作特点。

【训练任务】

任务一

搜索新闻，寻找各类通讯的范例，分析其特点，分小组交流讨论。

任务二

采访现实材料，写一篇事件通讯，分小组交流作品，总结得失。

任务三

采访现实材料，写一篇人物通讯，分小组交流作品，总结得失。

任务四

采访现实材料，写一篇风貌通讯，分小组交流作品，总结得失。

任务五

采访现实材料，写一篇社会观察通讯，分小组交流作品，总结得失。

新闻专访实训

本单元的学习和训练目标：

练习写作专访，掌握对专访对象和对言论的选择标准与要领。

【基本理论概述】

一、专访的含义及其文体特征

（一）专访的含义

专访，是对特定的采访对象进行专题访问的纪实性报道，是一种记言的报道体裁。

（二）专访的文体特征

1. 采访对象的显著性和权威性。专访所选择的采访对象一般包括：重要新闻事件中的新闻人物，非新闻人物但具有新闻因素的知情人，与某个社会话题有关的专家、学者、领导等权威人士。

2. 采访话题的专一性和深入性。专访话题不要求广，但要求有深度。谈人，要谈出人物内心的真实想法；论事，要触及事件背后的深层次原因、背景、意义等；谈问题也要求有独到的见解。

3. 谈话内容的纪实性。专访的内容主要是记载人物谈话并且通常采取实录的方式。专访是一次访问的纪实。一次专访有三个密切相关的因素需要在新闻文本中体现出来，即谈话内容、谈话情境和谈话背景。其中，谈话内容作为核心在专访文体中得到突出。现场、背景是辅助成分、衬托成分，但也不可少，因为特定的谈话是在特定的背景和现场进行的。

注重谈话纪实是专访在形式上的重要特征，但具体到每一篇专访，表现形式则是灵活多样的。有的专访，既有谈话内容，又有谈话的情景及背景，生动可感；有的专访，把记者的提问和人物的回答都直录于报道；有的专访则对人物谈话进行综合归纳，由记者转述出来。但不管什么形式，人物言谈是报道的中心，这一点是不变的。

二、专访的类型

专访依据内容的侧重点不同来划分，大致可以分为以下三种类型：

（一）人物专访

通过某一专题的谈话，介绍某个新闻人物的经历、爱好、感受、见解等。可以是新闻人物介绍自己，也可以是熟悉新闻人物的人谈新闻人物。人物专访注重对新闻人物最具新闻性的特定方面进行专门访谈，并试图挖掘人物内心。

（二）事件专访

通过专题谈话，介绍某一新闻事件或历史事件。事件专访的表述重心在于事件本身。相对于对事件的重现，事件专访更注重对事件的内幕、原因、意义、影响等的挖掘。

（三）专题专访

这类专访重在阐明受众关注的某一"热点""焦点"问题，有人称之为"探讨性专访"或"探索性专访"。专访的对象必须是对问题熟悉并有独到见解的权威人士，专访的目的是帮助受众排疑解难和开阔思路。

三、专访的写作要求

专访的写作要注意以下四点：

（一）精心选择好"新闻由头"

一篇专访的出现，总要有它的必然性和逻辑性。为什么记者要就某个问题去采访某个人，和当前的人、事、问题有什么联系，都是有它的新闻根据的。在写专访的时候，一定要写出这种新闻根据，也就是新闻由头。可以以读者关注的新闻事件或社会热点、难点问题作为由头，以特殊的新闻要素如纪念日等作为由头，还可以用媒体的专栏或新闻策划作为由头。

（二）提问精当、突出采访对象的精彩话语和真知灼见

专访在内容和形式上有一个重要特征，就是注重谈话纪实。主要是采访对象的谈话实录。在报道专访对象言谈时，要点就是要突出访主的真知灼见。所谓真知灼见，就是访主新鲜的、独到的、有思想深度的见解。

要做到这一点，有两个方面要注意：一是采访时，要设法通过提问获取访主内心真实的特别是与众不同的想法；二是写作时，必须进行精心选择，凸现访主关于人物事件问题的有价值的看法。

（三）适当再现现场情景

在专访写作中不仅注重对话（核心内容），也要适当添加对于人物外貌、神情、举止、富有个性的谈吐，以及访谈环境等的描写，增强文章的生动性。

（四）用背景材料丰富专访内容

有些专访需要对涉及的人物、事件、问题做全面的介绍，而访谈内容受话题

限制不能涉及背景，这时可以在文章中直接交代背景，从而使专访内容得以补偿和丰富。

四、专访对于记者的能力要求

专访要求记者具备较好的交谈、倾听与观察能力。

（一）交谈和提问

记者在面对面进行专访的时候，要注意交谈和提问的原则：

1. 一律平等的原则，记者要以不卑不亢的态度对待采访对象。

2. 因人而异、因地而异的原则，记者要研究应对不同人物的访谈方式，同时注意选择合适的地点，营造舒适的氛围进行访谈。

3. 掌握主动权的原则，记者必须是访谈话题的主导者，避免采访对象在交谈中信马由缰地偏离主题。

记者提问的类型有以下两种：

1. 开放式提问：提出概括、抽象、范围限制不严格的问题。

2. 闭合式提问：所提出的问题具体、单纯，范围限制严格，通常要求对方做出直接、具体的回答。

开放式提问一般适合做引导性提问。其作用包括：引入话题、缓和气氛；探知情况，在谈话中发现问题、搜索遗漏；缓和记者的压力。闭合式提问战斗力强，更尖锐。其作用主要有：突破、深入、追问、证实。因此开放式提问和闭合式提问要有效结合起来运用，会取得更好的访谈效果。

记者提问的注意事项如下：

1. 宜简洁。学会把问题和问题所涉及的背景材料分开处理。

2. 宜具体。学会"化整为零"，不提大而无当的问题。

3. 要问一些要害的、关键性的问题。

4. 要问一些内涵丰富、概括力强的问题。

5. 要问一些有情感点的问题。能够拨动采访对象的心弦，使其吐露真情实感，这样的问题有利于专访主题的深入。但要注意所提问题不应显得冷血和不近人情，或刻意揭人隐私或煽情，以免引起采访对象的不快。

（二）倾听和交谈

在专访中，记者还要注意倾听和观察：

1. 倾听：记者要主动倾听对方谈话，准确把握谈话的要点，并适时运用一些语言或非语言动作回应采访对象，表示出对谈话内容的兴趣。注意不要让一些先入为主的印象或其他因素干扰记者和采访对象的情绪和良好的谈话氛围。

2. 观察：在访谈过程中，记者还要注意观察被采访对象的外貌、衣着、发型、表情等细节和变化，结合人物谈话，力图把握人物内心。记者还要注意谈话周边的环境和具有特殊意义的事物，透过观察把握有意义的细节，为专访提供更多的写作素材和思考角度。

专访目前在纸质媒体、广播、电视、网络上的广泛应用值得我们关注和研究。

【作品阅读】

作品一

《冰点故事》[①]：用新闻影响今天

本报记者　石　岩

"上世纪五六十年代，中国干部阶层享有的所谓'特权'，主要是信息特权。"李大同说，"那时高级干部的阅读物，是对社会屏蔽的。"

他就生长在这样一个家庭里。而如今，他以打破信息屏蔽为职业。

李大同，中国青年报《冰点》周刊的掌门人、报社的侃爷和大编（辑）、曾经的"黑帮"子弟和"北京盲流"，在内蒙古草原上待了11年，没有上过大学。他于1979年进入中国青年报社，10年间，从驻地方记者到编辑、部门主任，经历了一张报纸新闻生产的所有流程。1995年创办《冰点》特稿版。

在最近出版的《冰点故事》里，李大同回顾了《冰点》创办10年来的历程：最初，它以讲平民故事见长。北京城最后几个背粪桶的工人；湖南十万大山里含辛茹苦供养孩子上学的五叔五婶；生活在中国社会底层的美军飞虎队烈士遗孤……这些普通人在时代变迁中的曲折命运，为甫一诞生的栏目凝聚了来自社会各阶层的人气。但平民故事并不是《冰点》的全部。大专辩论赛的是与非；语文教育的困惑；电影《拯救大兵瑞恩》引发的道德拷问——创立之初只有四五名成员的新闻"小作坊"直面当时社会上的热点问题。2000年前后，《冰点》对

---

①《冰点故事》，李大同著，广西师范大学出版社2005年版。

时代的反映更具指向性：从反思"普遍问题"过渡到直击新闻事件，《冰点》完成了"由软到硬"的转型。

尽管从诞生的第一年起，《冰点》就有把报道结集出版的传统，但《冰点故事》的面世，依然引起了相当的关注和争议。

有人称赞这本书"基本用报纸语言写成，文字流畅、口语化、富有节奏，长文短文，都有一些前后的埋伏，目光扫过真是前后无阻"。有人称赞这本书所总结的新闻观点是精粹到骨头渣里的真知灼见。但也有人批评作者自恋自大，新闻观点已落后于时代。

带着这些问题，记者日前采访了李大同。

解密《冰点》的运作

记者：你经常引用一句话"新闻只有一天的生命力"，但《冰点》的文章又不断结集出版。

李大同：因为《冰点》不是经典意义上的新闻版。《冰点》都是非新闻性特稿。如果我是新闻版主编就不会这样做了，我就会去关注发生性事件。《冰点》从来没有报道过发生性事件。"北京最后的粪桶"发生了什么？"五叔五婶"发生了什么？没有！《冰点》所有的特稿都不是新闻。

记者：那它是什么呢？

李大同：讲个小故事吧。我们有一个部门主任去开孩子的家长会。老师强调加强孩子的思想政治教育，要读这个，要读那个……突然有个学生家长站起来问老师，你有没有让学生读《冰点》？那比任何思想教育教材都好，我每期都让孩子读——这位家长就不认为《冰点》是新闻。确实，我们的定位是时效要求不强的"有价值的信息"，这些信息因人们关注而具有新闻性，但并非是发生性新闻事件。

新闻特稿与一般的发生性新闻有很大区别，获普立策特稿奖的报道有几篇是发生性新闻？特稿当然也有告知的功能，但它的主要追求却不简单是告知。我们选择的人物或事件，通常集中反映了当前社会的矛盾、困惑、痛苦和缺项，是一个当代中国的社会实景。特稿还有一种一般新闻不具备的刻画、表现功能，你看一条新闻会哭吗？已有不少读者说看《冰点故事》时哭得"稀里哗啦"，还有忍俊不禁笑起来的。要知道我在书里，只是非常概略地回顾我们曾经报道过的故事。特稿一定要具有打动人心的力量。

现在有一些评论，以为《冰点故事》反映的就是我的新闻观，其实，在这本书里，我用故事来传达的是我的特稿理念；而故事之外的文章才是我的新闻理念。可惜在这本书里，我无法用故事来解说我的新闻理念。

记者：可是，现在即便不是特稿的新闻，也不会满足于只记录而不做分析了。

李大同：特稿的主要特征并不是分析，而是生动、传神的表现。《冰点》全是长达 8000 字以上的特稿，8000 字的特稿和 4000 字的特稿就有区别了，和 1000 字的区别就更大了，因为它要有足够丰富的细节和故事。这就超出一般新闻的意义了。一般新闻的目的是什么？告知！但是《冰点》没有任何值得告知的。北京有几个背着粪桶的人，我需要告知你吗？十万大山里有两个上不起学的孩子，我需要告知你吗？不需要。为什么大家还要看，因为你展示了一种命运、一种情怀，一种大家可以共同感动、共鸣的东西。

最近我们刊发的《从小康跌入赤贫》，就是写一家人怎么看病，那个家庭本来是内蒙古一个县城里的小康家庭，想买私家轿车的。妻子生病之后，支付不起昂贵的医药费，丈夫每天跪在北京街头乞讨，直至死去，人的最后一点尊严都给抹掉了。王小波说过，这个社会上沉默的是大多数，没人听他们说话，他们也说不了话。有一个细节：采访对象走了多少家媒体想请人听他家的故事，没人理他，最后我们决定采访他，他给记者一个短信就发了 60 多个"谢"字过来。你想想这是什么心情。这篇报道，当天 Sohu 网上的跟帖有 3700 多条，列为榜首。大家都想知道这样的故事？不是！而是大家从中知道了自己面前是一个什么样的陷阱：万一我要得了这个病又没有医疗保障……这样下去，太危险了，得不起病啊。

记者：也就是说，你写这本书的时候，是专门针对特稿这种文体的？

李大同：我这本书，主要是提供一种生活方式的记录，即一个新闻工作者、一个报纸的编辑，他可以怎样生活，而实际在怎样生活。我希望这本书像小说一样好看，有各种各样的人物和故事出现，有冲突和命运的跌宕。我想在这本书里呈现出一个报纸编辑和当代中国之间的互动过程。你每天都在受到各种不同的信息的刺激，作为一家有影响的大报的编辑，你对这些刺激如何做出反应，你根据什么选择来向社会发布信息，这些很少有人记录。我相信公众应该了解这个行业的运作，因为这个行业与他们的生活息息相关。

这本书不是一个特别深思熟虑的结果，就是跟着感觉走。我一度在哪些人是这本书的目标读者问题上感到踌躇，最感兴趣的可能是业内人士，而我确实想让行业外的人也有兴趣读。打开那些发黄的剪报本，过去的故事一幕一幕出来。我知道有一部分内容是讲给学新闻的人看的，需要讲解的时候我就讲解一下。对《冰点》感兴趣的一般读者，从了解一种行当的角度，这本书应该也是有吸引力的。

是记录历史，还是要影响今天？

记者：你在书里说的一句话，我当时读到的时候，脑子里就打了个问号，你说新闻绝不是记录历史，而是要影响今天。

李大同：这是一个常识，还需要讨论吗？

记者：你觉得新闻在多大程度上能够影响现实？经常听到一些同行抱怨：我可以一件件揭露个别事件，但是我扳不倒背后的逻辑。

李大同：那是另外一个问题。为什么我们新闻工作者经常会觉得沮丧呢？因为其他社会系统配套不够。在任何一个健全的社会系统里，舆论监督是整个社会监督的子部分，这个子部分起到的作用是先行者，先告知社会有某件事情发生，如果这件事不正常，有可能违法、违规，然后社会其他监察系统就会蜂拥而上，这是健全社会的特征。比如说水门事件，如果光有新闻界的报道，有个屁用？要等其他社会系统出来，国会出来了，司法部出来了，正式调查开始了，总统下台了。我报你一个梁锦松事件，我说你买了一部什么车，买了以后就涨了几万港币，为什么？廉政公署立刻就上来了，你这车怎么买的？梁也只有辞职一条路。新闻就是为了让社会其他监督系统启动。比如说这次某某医院收取病人 500 万，马上中央调查组就下去了。

不能有时候没用，甚至很多时候没用，我们就什么也不干了，我们要完成职业规定我们必须完成的工作。不必考虑社会其他系统是否会联动，当我们面对后人的时候，我们可以说干了该干的工作。

记者：当你这么说的时候，你觉不觉得有些像西西弗斯？

李大同：不。社会就是这样前进的。总得有一部分人坚持住。我不管它有没有用，我的职业使命是要告知，如果我没有做到告知，就是失职。况且其他社会系统也不是百分之百都不动啊。孙志刚事件你报道它为什么？想留给历史吗？它动了没有？它动了。它废除了恶法。这不是在影响今天吗？

只有想影响今天的记者才是好记者，一时影响不了没有关系，如果能坚持记录，他仍然是好记者。相反，真正可怕的是犬儒主义、玩世不恭。我报了也没用，我报它干吗？有危险、做无用功，我就不报了。这才是对这个职业真正的危害。中国社会是在前进中的社会，它不是一个完美无缺的社会。在任何其他社会里，新闻界也都只有一个权利：告知社会发生了什么。

另外，不能对影响今天做过分功利的理解，以为我一报，那个问题就迎刃而解。负责任的、公众关注的信息，有一种潜移默化、匡正人心的作用，有教育作用，有引发深刻思考的作用，有增强公民意识的作用，等等。这些都是在影响今天。

记录是中国新闻界退而求其次的追求，这个追求并不错，它坚持了职业底线。我们有很多报道也是这样。SARS，人已经死了，但是有多少人知道他们是怎么死的，他为什么这么死掉，没人知道。这种信息，就需要记录下来供后人检索。

软新闻是怎么硬起来的

记者：你对《冰点》十年的描述是"从软到硬"，这是你个人的新闻价值观发生了变化，还是你所面对的社会发生了变化？

李大同：是公众对《冰点》的期望导致发生了这样的变化。一开始我们就是报一些故事，大家觉得好看、感动——基本就是在这样一条轨道上走。但是，我们也不能全是这个，我们要发挥一点舆论监督的作用，不多，因为舆论监督费的力气太大，还通常引发诉讼，我们就那么两三个记者，耗不起。但是，你搞一篇出来就不得了，人们纷纷找上门来。

"硬"报道就是新闻性报道。它完全是新闻事件的调查和展示，而且也有一些成功地改变了现实。

现在，我们也是有分工的，我们的观察版要更加动态一点，特稿这部分我们还是要长期坚持思想上、文化上的"输氧"，作为公民社会养成的组成部分。包括我们现在系列发表的龙应台的文章，都是在做公民意识的培养。

记者：你对"硬"的概括，一个是时效性强，一个是从温情脉脉的东西变成揭黑报道，这就是你的"硬"的指标？

李大同：所谓"硬"，是指直接干预社会现实的报道。我报道它的目的就是改变现实。比如我们的《控告查无实据》，第三天公安部的暗访员就进到我们报道的这个家庭里面，最后，乱抓人罚款的派出所被整个解散，所有从老百姓那里搜刮来的几十万钱财如数归还。但是，也有一些让人无奈的，比如《被反复驳回的死刑判决》，我们最后的努力就是救了被告一条命，但是仍然判无期。他们有充分的证据无罪。

软报道的特征是表现，把一个事件表现得玲珑剔透，有深度，有社会现实的很强的针对性，大家爱看。但是硬报道就是干干脆脆的新闻调查，没有任何渲染，更没有一些人批评的夹叙夹议。纯正的调查性报道是不允许议的，甚至刑侦术语都是原装的，因为这就是事实。

"艺术人生"

记者：问一个很"艺术人生"的问题，按理说你们1950年代这一代人，很多东西都被固化了，你长年坚持的底气是什么？

李大同：不能把一代人的特征概念化，人与人之间的差别是很大的。在任何时代，因阶层、教育、经历、职业的不同，一代人之间的差别大了，在越来越多元化的社会就更是如此。

我们这代人，总的来说是1950年代那种理想主义和英雄主义锻造的。这种锻造有虚妄的色彩，但一定会留下痕迹，譬如我们就很少感到恐惧，这大概是受《红岩》的影响。（笑）

记者：这特别有意思，你从一个信息特权的享用者变成了向别人传播信息的人。这可能也证明了信息本身的力量。

李大同：是，是。我们下乡的时候，没有中断学习，这非常重要。我们在草原游牧的时候，搬家要装两大牛车的书，都是古今中外的名著。

记者："我们"是谁？

李大同：我们是一伙子"黑帮"子弟，有10个人。当时作为北京盲流到草原上。

记者：你们连插队的资格都没有？

李大同：没有。自己拿着户口走。一待就是10年，没有上过大学。但是也有好处，没受教条的锻造。1980年代翻译过来的新闻的理论和作品，全部研究过，没有一本遗漏。我们的脑子里，装的是新闻共同体几百年来发展成熟的价值理念。有人说这些理念过时了，其实这些人都太年轻了。

新闻的价值理念是不会很快过时的，它已经是非常成熟的一套价值系统。我们现在是往这个价值系统靠近。它会很快变化吗？10年就发生变化？不会的。我们之所以跟世界上的同行有共同语言，依据的是我们的新闻共同体已经成熟的价值观念。

（来源：中国青年报2005年12月16日）

作品二

澎湃专访"最有情怀辞职信"女老师：已在路上，不接受赞助

澎湃新闻见习记者　周婷婷　记者　段彦超

"世界那么大，我想去看看。"写出被网友封为"史上最有情怀辞职信"的河南省实验中学心理学课程老师顾少强，已经辞职一周。

据河南省实验中学网站介绍，2004年，顾少强从河南师范大学教育系心理学专业毕业，进入河南省实验中学，并成为学校的骨干教师。这则简介还提及，顾少强从2006年到2012年的获奖经历，以及她的人生格言：唯有将工作变成事业，才能发自内心去热爱。

在"火了"的这段时间里，她几乎拒绝了所有媒体的采访，偶尔打通电话，也是寥寥几句。4月20日，顾少强接受了澎湃新闻（www.thepaper.cn）的专访，称已经离开郑州，行走在路上。

顾少强表示，辞职只是想体验一下另一种生活方式，而行走是全家的梦想。这一路上，她会边旅行边挣钱，不会接受任何赞助。

关于辞职："并非因为讨厌体制，很爱自己的职业"

澎湃新闻：这几天还在郑州吗？

顾少强：其实早就离开郑州了。不过，那条说我"没离开郑州"的新闻很好，这一路上也就没遇到什么困扰。当时记者问我要去哪儿，我还没走，但新闻出来的时候，我已经在路上了。4月16日走的，现在在哪里、会去哪里，就不方便透露了。

澎湃新闻：辞职的原因是什么？

顾少强：并不是因为讨厌这个职业、讨厌单位的体制辞职的。我很爱我的职业，很爱我的学生，尤其是我的心理学专业，能用我所学带给身边人一些好的东西。选择离开，是因为想要体验一下另一种生活，也许哪天体验够了，我还是会回去的。

澎湃新闻：辞职时领导什么反应？

顾少强：当时，领导看了看，并没有说辞职信应该遵循什么格式，只是问我想好了吗，我说想好了，他就说如果遇到困难，可以随时回来。当时我特别感动，相处了这么多年，我的领导、同事都很了解我的性格。直到现在，他们也没有用另类的眼光看我。

澎湃新闻：在朋友眼里，你是什么样的人？

顾少强：平常我是很文艺、很侠气的那种。我喜欢越剧，有一个特别简单的梦想，是去浙江小百花越剧团工作，哪怕当一个普通的保洁人员，每天都能听到他们排练。我虽然在河南长大，但祖籍是江苏的，听越剧是我们全家的爱好，我四五岁时就能唱一大段越剧，这个爱好延续至今。前段时间国家大剧院演越剧《红楼梦》，我们全家周末坐飞机过去看。像我，也许平时不舍得花钱买一件商场里的衣服，但觉得把钱花在这个方面特别好。辞职后，原本一开始想直接去杭州过过瘾，在西湖边听听越剧的。

澎湃新闻：最后一节课是什么样？

顾少强：我教初一，最后一节课，我让学生们给两年后的自己写一封信。两年后，我会做类似"慢递"这样一个工作，我希望带他们做一次跨越时空的对话……等我喊"下课"那一刹，我已经要哽咽了，因为这可能是我人生中最后一次喊"下课"，学生们全体起立给我鼓掌。

澎湃新闻：这次辞职旅行有计划吗？

顾少强：没有什么计划，现在就是时间特别多，随心走吧，我不希望自己的旅行有翔实的计划。

关于"火了"："如果知道这么火，当时一定坐下来深呼吸，好好写"

澎湃新闻：你觉得辞职信为什么会火？

顾少强：因为专业的原因，很多人希望我从心理学角度解读一下现代人生活之类。我现在只对自己负责，其他人怎么想真的和我没有太大关系，希望他们能安心工作，能够找到自己。至于他们怎样去处理问题，那是他们自己的事情，我真的负不起这个责任，我能把自己照顾好就不错了。

澎湃新闻：你的字写得很好看，文本也很诗意。

顾少强：我很感谢我妈让我从小练字，后来读大学，因为是师范专业，钢笔字、毛笔字都在练。不过辞职信是随意写的，如果知道这么火，我当时一定坐下来深呼吸，好好写，哈哈哈。朋友都说我不是这个朝代的人，我最喜欢看的电视节目就是考古、旅行节目。

澎湃新闻：家人知道你"火了"吗？

顾少强：我父母对这件事始料未及，觉得怎么网络这么快，能把一件事炒这么大。我的家人都有一个行走的梦想，所以很支持我。我能去实现这个梦想，他们也觉得很棒。

澎湃新闻："火了"后，有以前不联系的朋友找你吗？

顾少强：还真有。我很开心的一点，是大家没有因为认识我沾沾自喜，反而会关切我，保护我。朋友们都在圈子给大家说，不要再传这件事情。

澎湃新闻：这几天还有很多媒体要采访你吧？

顾少强：还有。比之前要少一些，我一般都不接的。我一直挺抱歉，因为我从来没有这样没礼貌过。一些特别有诚意的记者，每天坚持不懈发短信。我真的觉得，你们是没有恶的，我现在就有选择地接一些电话，但出镜的话，我还没有考虑好。希望大家好好去写，不要往我的生活中去挖，只就这件事谈一谈，我不希望影响到我的家人。

关于旅行："旅行能够自食其力，不需要赞助"

澎湃新闻：现在出门有压力吗？会被认出来吗？

顾少强：还好，网上挂出来的照片都不是我近期的，没有人认出我。昨天下午还和朋友晒着太阳喝下午茶，那一刻，真的很美好。

澎湃新闻：现在有景区找你代言，还有赞助你旅游的，有考虑吗？

顾少强：全部拒绝了。现在我就像一个平凡的灰姑娘，拥有了一盏阿拉丁神灯，好像我轻易擦一擦，就能实现很多愿望，可是我知道我是谁，我就是一个很平凡的人，这件事情任何人都可以做。那么多的好事我接不住，其中有很多有诚意、有诱惑力的东西，我都没有要……

澎湃新闻：都有什么事？

顾少强：有很喜欢的旅行节目找到我，希望我出镜，以前我还给这个节目投过简历，希望当旅行体验师，没有成功。现在虽然有机会了，但我希望自己能沉淀下来，不能盲目，也许过一段时间我就像很多昙花一现的红人一样，没有人再来关注我，我做好了这种准备，要有平常心。我能做到，自食其力地往前走。

澎湃新闻：能具体谈一下吗？

顾少强：我有很多次独自行走的经历，在路上穷到没有钱的时候，我也能够养活自己，买个馒头的钱，我总是能挣到的，所以我不需要资助，我很感谢关注我的人。希望自己一直记住一句话，不因走得太远而忘了为何出发，不忘初心，方得始终。

澎湃新闻：嗯。

顾少强：我来这个地方，一个朋友的朋友跟了我一天。我说，我还是不要被你们当作旅游形象大使这样去做。我说第一，我不愿意收你们的钱，我不需要，我靠我自己也能养活自己。第二，你们即使不给，别人也会认为我收钱了，这是很不好的一件事情。

关于生活："循规蹈矩、安稳的生活，对很多人是很好的"

澎湃新闻：平时除行走、旅游外，还有什么爱好？

顾少强：我会的挺多，兴趣特别广泛，男孩爱玩的我也爱玩，像女孩喜欢的我也特别会。我喜欢音乐，会唱歌，这一个月都是在感冒、咳嗽，我想我好了，按照当初的想法，我可能唱着就走了。我唱歌还蛮好，在学校里面还得过奖。我还会做很多手工艺品。六一的时候，我就穿着买的小丑服，用魔术气球，给老师的孩子折小狗什么的。曾经旅游的时候，我就靠这个赚钱养活自己。而且，我能吃苦，今年过年的时候，我就是在云南度过的，我在一个客栈当义工，然后管吃管住，洗碗刷盘子端菜点菜，我挺能吃苦的。反正养活我自己是绝对没问题的。而且我对物质没有要求，我也没有想要买房，也没有想买好车，就是，要的不多，所以没有压力。

澎湃新闻：这次旅行中还会做一些兼职吗？

顾少强：本来是这样想的，但近期太热的话我是不敢，我怕到哪被发现的话，就成为某个我打工的地方的一个宣传。近期我的这点盘缠还够我往前走，所以先等风头过去，我会到一个地方，像当地人那样生活，而不是走马观花地去看景区，我觉得体验生活方式、生活态度才是最主要的。

澎湃新闻：你比较喜欢哪一类地方？

顾少强：我不太喜欢繁华的地方，我喜欢的地方，比较闭塞，甚至我希望我生活的地方，没有电，没有网络、甚至连信号都没有，就是日出而作，日落而息。我没有这样做过，我朋友说可能你会崩溃，我说那我就享受一段，等崩溃了再继续往前走。我并没有说在哪个地方一定要到老，也许哪一天我心情变了，就会去另一个地方，换一个职业，去干循规蹈矩的事。一辈子就走下去，我没有这样想。

澎湃新闻：这一次具体多长时间有没有定？

顾少强：没有定，也没有定一定要去哪，要走多远。只是昨天下午去一个地方喝了个茶，我挺喜欢现在待的地方，接下来背着包，会去一个没有人认识我的地方。

澎湃新闻：许多网友对辞职信评价很高，你怎么看？

顾少强：其实，各人有各人的生活态度，还有现实的一些东西，没必要效仿我。每个人都有自己的选择，不出去也挺好的。只是我选择了这种方式，就像吃东西，不是每个东西你都会觉得很好吃，只是我目前的状态很合适，可能我以后也不合适，反正就是做你自己。循规蹈矩、安稳的生活，对很多人是很好的。

（来源：澎湃新闻 2015 年 4 月 20 日）

作品三

<h1 style="text-align:center">张高平叔侄接受央视采访
冤案十年：迟到的正义</h1>

核心提示：3 月 26 日，浙江省高院依法对张辉、张高平强奸再审案公开宣判，撤销原审判决，宣告因强奸罪入狱近 10 年的张辉、张高平无罪。

日前，央视《面对面》栏目请来张高平叔侄，就公众关心的问题进行了采访。本报特将访谈文字实录如下（略有删减）。

<h3 style="text-align:center">"能活着回来确实不容易"</h3>

记者：为了争取自己的自由，他们坚持了整整 10 年，他们是一起冤案的当事人，就是照片上身着囚服的叔侄两人，叔叔叫张高平，侄子叫张辉，安徽歙县人。10 年前，在强奸杀人的罪名之下，两个人银铛入狱。10 年之后，法院宣判他们无罪，在无罪判决书上签字之后，两个人的脸上露出了久违的笑容。

张辉：我拿着判决书时，确实心里高兴。

张高平：兴奋，高兴，真的高兴。

解说：叔侄两人在接受我们采访的时候，依然没有从重获自由的兴奋当中走出来。然而在久违的笑容背后，我们更多感受到的却是他们背负 10 年冤屈的伤痛。

张高平：真的，我能活着回来确实不容易。

张辉：可以说那个时候是家破人亡了。

解说：10 年前，张高平叔侄两人做运输生意。2003 年 5 月 18 日晚上，他们驾驶一辆货车从歙县出发去上海送货。经过他人的介绍，同县的一名 17 岁小姑娘王某搭乘他们的车去杭州。然而王某却在次日被人杀害，她的尸体在杭州市西湖区的一个水沟里被人发现，全身赤裸。之后，张高平叔侄两人被认定为强奸王某的犯罪嫌疑人。5 月 23 日，他们被杭州警方刑事拘留。

张辉：后来就是在那里被提审了几天几夜嘛，不让吃不让睡，又饿又困，简直是跟死了差不多了。

记者：他们问你最多的是什么问题？

张辉：最多的问题就是，他说你怎么把这个女的给杀的（了）。

记者：你怎么回答？

张辉：我说我不知道，但是搞了几次后，我受不了了。他硬要我承认，我说把这个女的拉下车，我用石头把她砸死了。他说不是这样子的，他说你是把这个女的强奸了，然后把她掐死了，用手掐死了。

解说：按照张高平叔侄两人的说法，王某在杭州市区下车之后，他们就继续开车前往上海了，王某的死和他们没有任何关系。然而在公安机关的突击刑讯当中，他们发现自己开始一步又一步地深陷进这起刑事案之中，而无法脱身。叔侄两人声称，他们遭到了刑讯逼供，不得不承认了所谓的罪行。

记者：但你承认自己犯罪了，那有可能也会面对死亡啊。

张高平：但是（那）7天7夜还不是像我坐在这里跟你谈。我要在这里站7天7夜，也不给我吃，（只）吃了有半盒盒饭吧大概。那7天7夜，不是像这样光站在那里，他还要搞你啊，他还折磨你啊。不是说光不给你睡觉，他还要叫你蹲马步啊，手像这样子，背后铐起来，我实在受不了了嘛，我就说我杀人了嘛。他就问我，你怎么样把她搞死的，我就乱说嘛，我说用榔头、用扳手把她砸死的。他问我尸体运到哪里去了，我给搞糊涂了。

"不想认罪，但没办法"

解说：2004年2月23日，浙江省杭州市人民检察院指控张高平叔侄两人犯强奸罪，向杭州市中级人民法院提起公诉。在案件一审过程当中，法院所采纳的证据显示，张高平叔侄两人在公安侦查阶段、检察机关批捕阶段多次供述了强奸王某致死，并抛尸的罪行。张高平叔侄两人的口供究竟是不是遭到刑讯逼供所致？今年3月26日，浙江省高级人民法院再审对此作出了这样的认定，不能排除公安机关存在以非法方法收集证据的情形。

张高平：我没犯罪嘛，态度不好嘛，那一天把我带（出）去，他（们）说，你每次态度不好，"6·26"快到了，过几天把你拉出去枪毙了。我说，我都没开庭，你怎么给我拉出去枪毙？我就问他们，他（们）说我是公安厅督办的案子，如果我态度好一点，可以给我开庭的。就是这样子嘛，我也不懂得法律。我回来的时候，号房里的人看见我脸色有点不大对劲，就问我咋回事儿嘛。我就跟他说了，他说这个只要你态度好一点，他们就不从严从重从快了，那你就写个态度好一点的，认个错嘛。他说："要么我帮你写一份，你自己看看，你愿意抄就抄，你不愿意抄就不抄嘛。"还搞包烟给我，我也不敢不要，我不要他们要打我的，我就拿下了。接下来，他就写了嘛。

记者：他写的（是）什么？

张高平：就是我（和）侄子强奸，你说是不是神话故事啊。我说，不说。他说，我刚才不是说了吗，就打我了嘛，烟给骗去了。

记者：你仅仅害怕挨打，就写了这个承认自己杀过人的自首书吗？

张高平：我被打得受不了了，我被他打得没办法。

解说：张高平讲，也就是在这样的胁迫之下，他写下了一份认罪书。而张辉回忆说，一名关押在同一间室，叫袁连芳的犯人同样胁迫他写下了认罪书。

张辉：当时我关在袁连芳的那个号里，我去的时候里面有 3 个人，我是第 4 个，我一进去就跟袁连芳说，这个案子我没有做。然后他就跟我说，"这个事情你不用跟我说，从头到尾我都知道你是怎么个作案的过程"，抛尸抛在哪里他都知道，从头到尾给我讲了。讲过以后嘛，他说"到时候，我帮你写一份（认罪书），你抄一下"，叫我抄，我不抄他就要打我，蹲到厕所里去，蹲马步，打我。

记者：为什么你不寻求帮助。

张辉：没人帮助我啊，那时候，跟看守所民警反映过，他们都不理我，没人帮我。因为我关在一个笼子里，包括他们在内就 4 个人，（我）一直被他们打着，喊都没人知道。

记者：那时候你有可能不去写这个认罪书吗？

张辉：我也想过不写啊，但那种情况下，我没办法。

记者：怎么就没办法。

张辉：因为他们这种人根本就是不讲道理啊。

"我没有绝望，我生气"

解说：2004 年 4 月 21 日，浙江省杭州市中级人民法院作出了一审判决，分别以强奸罪判处张辉死刑、张高平无期徒刑。而叔侄两人承认罪行的口供，以及认罪书，包括那个犯人袁连芳的证词都成了这次判决的重要依据。

记者：当你拿到一审判决书的时候，你绝望了吗？

张高平：我没有绝望，我不是跟你说我生气（吗）？

记者：你气什么？

张辉：我气这个判决不公正嘛，这么简单的案子，还这样子判我们。

记者：但是当你看到一审判决书，你是死刑的时候，你是什么感觉？

张辉：那时候我脑子里一片空白啊，我想他们都没有什么证据，就判我死刑。我想这就是口供，人家逼我的，刑讯逼供的。我在庭上喊冤枉嘛，哭着喊冤嘛，但是他们没有理我。

记者：那时候你心里在想什么？

张辉：我那时候心里在想，法律这么不公正，最起码要有直接的证据嘛，（才）能定我们罪嘛。

解说：然而，案件当中的直接证据并没有像张高平叔侄两人期望的那样，帮他们洗清罪名，特别是警方所提取的被害人王某的指甲末端鉴定出了一名男性的DNA。通过检验，这份DNA与张高平叔侄两人无关。也就是说，强奸王某致死的可能还有第3个犯罪嫌疑人。

记者：根据媒体的报道，当年杭州警方的侦查人员曾经3次去过安徽，试图查找出第3个犯罪嫌疑人，但是都没有结果。最后，在直接证据确实存在很多疑点的情况之下，把案子结了。

解说：2004年10月19日，浙江省高级人民法院对于张高平叔侄两人的案件进行了二审宣判，以强奸罪判处张高平有期徒刑15年，判处张辉死刑，缓期两年执行。

记者：当二审你看到，你的这个刑期改成死缓的时候，你怎么想？

张辉：最起码我保了一条命，我还有机会去申诉。如果真的把我打掉了，把我枪毙了，可能我这一辈子也就是冤死了。

张高平：人家死刑改为死缓，无期改为15年，高兴都来不及了，我哭得爬不起来了。隔壁号房的人说，这个人恐怕真的是冤枉的，哭得这么伤心。

记者：那时候你心里在想什么？

张高平：我就知道我要坐牢了，没这么简单了。

"申诉书，写了一麻袋"

解说：二审判决之后，张高平叔侄两人进入了浙江省的监狱服刑。2005年，张高平从浙江调到新疆石河子的监狱服刑。3年后，张辉从浙江调到新疆库尔勒监狱服刑。在狱中，两人始终没有放弃对案件的申诉。

记者：那个时候你觉得上诉会成功吗？

张辉：我也不知道，反正我一回到笼子里，我就开始写申诉状嘛。

记者：你写了多少份申诉书，你自己有印象吗？

张高平：反正我邮票是买得最多的，家里我哥哥一次寄邮票都寄七八十张给我。我怕信丢掉，每一次我都贴5张邮票。我估计那也数不清了，那天我说我寄了一麻袋都有。

记者：当信寄出去的时候，你内心有希望吗？

张高平：石沉大海，又石沉大海啊，都是石沉大海。

记者：所有的信都石沉大海，为什么你还要继续寄？

张高平：我始终坚信法律是严肃公正的，你现在不答复，最终会有结果的，我知道的。

记者：那个时候你没有想过，也许一切都没有办法改变了吗？

张辉：我自己坚信，因为我这个案子，我是清白的。我一定要申诉，我不能半途而废，我就是哪怕是申诉到刑满释放，我出来也还是要申诉。因为我那样子，如果我不去申诉，那人家就更认定你是个强奸犯了。

记者：你害怕这个罪名背一辈子？

张辉：我怕，因为这个罪名与其他的罪名不一样。强奸的罪名背了，一个家，上上下下几十号人，都是一个侮辱啊。

解说：入狱之后，张高平的妻子和他离了婚，打掉了已经怀孕的孩子。张辉已经订婚的女朋友和他分了手。强奸杀人的罪名就像乌云一样笼罩着两个家庭。

记者：一开始你都拒绝跟家里人联系。

张高平：对。

记者：你心里不想她吗？为什么不说。

张高平：想啊，我怎么对她说？

记者：告诉她你是冤枉的啊。

张高平：这个她们是相信的。但（有）我女儿啊，又没把她抚养成人，还让她背个强奸杀人罪名的父亲，上学啊什么，家里都被人歧视。你说我怎么去跟她们说啊。小学生吵架的时候就说她，她父亲是个强奸杀人犯，你说心里（多难受）。我女儿，也有点懂事了，她去打工，跟她一起干活的人，背后都议论，给她听到了，她躲到被窝里哭。

"我没犯罪，咋减刑"

解说：在狱中，张高平不停地写申诉信，不停地向监狱民警诉说冤屈。另外，为了证明自己的清白，张高平偏执地坚持服刑，但不认罪，拒不减刑。

记者：我们知道你在监狱里面拒绝减刑，为什么啊？

张高平：我没犯罪，我咋减刑，不是说减刑就减了，还要叫你写犯罪事实，认罪悔过书，时不时地叫你写，发个东西要你写出作案目的、作案动机、时间地点，那些东西你咋写？

记者：可是相比于坐牢的那种痛苦，能够减点刑早点出来，难道不是更好的事吗？

张高平：我晚上写那些东西，你硬要叫我写，我天天睡觉都心绞痛，你们感受不到的，你没被冤枉，你感受不到的。

记者：那是一种什么感觉？

张高平：心绞痛啊，就是跟一个石头一样的，往下沉一样的。痛啊，那个滋味，我宁可待在监狱。

记者：而在减刑这个问题上，侄子张辉有着不同的看法。他说，他要做两手准备，一方面要争取减刑，另一方面要继续申诉。因为在监狱当中表现良好，他先后从死刑减为无期徒刑，从无期徒刑减成有期徒刑。他们坚信法律的严肃和公正，也坚信他们的案子一定能够得到平反。也就是这种信念的支持之下，命运在等待之中悄然发生着改变。

"我坚信，法律是公正的"

解说：他叫张飚，62岁，是新疆石河子市人民检察院一名退休检察官。2007年的夏天，作为检察系统负责石河子监狱的驻监检察官，他第一次见到了正在服刑当中的张高平。

记者：您见到他的时候觉得他跟其他犯人哪儿不一样？

张飚：就是一个不认罪服法的感觉。

记者：用什么方式表现？

张飚：不按这个流程报告，如果是报告（要）说，报告，检察官，我叫什么名字，我是什么监狱，什么罪犯，判什么罪，多少年，现在多少年，还有余刑多少年。他要把这一系列报告出来，就认可自己是罪犯了。

记者：那您当时怎么对待他的？

张飚：没报告就不报告吧，我叫他坐下说话，他们犯人按道理是（要）蹲下说话（的）。

记者：他是什么样的状态？

张飚：他哭得非常伤心，说着说着眼泪就止不住地往下流。

解说：张高平的哭诉一开始并没有引起张飚的格外重视。直到2008年，《民主与法制》杂志的一篇报道引起了张彪的关注，因为报道当中提到了一个作伪证的犯人袁连芳，而张高平叔侄的案件当中也出现了这个人的名字。

张彪：就是河南发生一起命案，这个被告人被无罪释放了，这个文章中提到一个（作）伪证的人叫袁连芳，我说怎么河南有一个袁连芳，浙江也有一个袁连芳，同名同姓一个字不差，都是作证的人，我就觉得奇了怪了。

解说：之后的时间里，张彪又多次找到张高平，深入了解他的案情，对于案件当中存在的诸多疑点，张彪和张高平进行了一次详谈。

记者：这次和之前的谈话有什么不同？

张彪：以前谈话是不做笔录的，（这次）就是做笔录的时候仔细地，很长时间地谈，从上午谈到下午，几个小时谈话，不间断地谈。

解说：后来，在河南那起案件当中作伪证的袁连芳被确认与张高平叔侄案件的袁连芳同为一人。2009年，张彪将张高平的申诉材料重新整理，连同谈话笔录寄给了浙江的相关部门。

记者：但是没有回应？

张彪：没有回应。

记者：这样反反复复寄了多少次？

张彪：有五六次吧。

"那一天终于到来了"

解说：2010年，在退休前夕，就张高平叔侄两人案件当中的申诉情况，张彪给浙江省人民检察院的负责人写了一封长信。

记者：您怎么写的？

张彪：我说我马上退休了，在我的工作中遇到了一个案件，服刑人员的一个情况，这个情况比较特殊，我们发现了一些问题，请你们引起重视。

记者：有回应吗？

张彪：他们打来电话说，你们寄来的材料收到，我们正在着手处理，向有关部门（反映）。

记者：纯粹地从流程上看，您已经完成了您的本分了，把问题发现了、转交了、申报了，您的工作已经结束了。

张彪：我们的工作没有结果啊。

解说：2011年，张彪从驻监检察官的位置上退休了。令他感到欣慰的是，浙江省人民检察院在收到张高平叔侄两人的申诉材料之后，对案件开展了审查。

2013 年 3 月，经过不公开开庭审理，法院作出了张高平叔侄两人无罪的判决。

记者：他现在已经无罪释放了，回到安徽老家了，跟您联系了吗？

张彪：联系了一次。

记者：（他）说什么？

张彪：（他）说，张检察官，我被无罪释放了。（我说），哦，太好了，我为你高兴。

记者：您现在再说起来的时候，眼睛里还有泪。

张彪：就是盼到那一天了，那一天终于到来了。

记者：我们必须要付出 10 年的等待吗？

张彪：但是它来了，不过就是迟了。

"这阵风平静了，我还是我"

解说：出狱之后，容貌已改的张高平和侄子张辉回到了自己的家乡，亲戚邻居热情地欢迎他们。阔别 10 年，村里别的人家都盖起高楼，过上富裕生活。可是自家的老宅子已经破落不堪。

记者：你说 10 年你最大的改变，你原来特别爱说话，现在不爱说话，就只有这些吗？

张辉：也不止这些，失去了我的青春，失去了我的自由，包括我父母亲，我整个家族，失去了很多。

记者：这些都能重新找回来吗？

张辉：找不回来了，时光过去了还能找回来吗？

记者：那你想过你以后的路要怎么走吗？

张高平：病看一下，再适应一下，现在出来了，路都不会走，系个皮带都不会系。

记者：当你连皮带都系不上的时候，你心里是什么感觉？

张高平：我说连个皮带都不会系，以后生活咋过。我现在想的是这样子的，我只会开车嘛，等我恢复过来了，如果能让我搞个中巴车开开就行。

记者：你还是想去工作是吗？

张高平：那我不工作干嘛，这个事情，这阵风平静了，我还是我了。

记者：法制的本意往大了说，是维护公平和正义；往小里说，是保护咱们老百姓的生活。因为一旦出了错，他会毁掉一个人的一生，毁掉一个家庭的幸福。我印象特别深刻的是张高平在法庭上说的那段话。他说，今天你们是法官和检察官，但是你们的子孙不一定是检察官和法官，如果没有法律和制度的保障，你们的子孙也可能会被冤枉，也可能会徘徊在死刑的边缘。我想这句朴实的话，会令我们每一个人起敬和深思。

（来源：浙江在线新闻网站 2013 年 4 月 11 日，文内标题为编者所加）

作品四

科幻作家刘慈欣：科幻不应把科学技术妖魔化

刘慈欣是当代中国最红的科幻作家，也是以写"硬科幻"著称的作家，在他看来，科幻最本质、最核心的东西就是与科学技术有关的创意。

令他担忧的是，现在的科幻写作与他所认为的科幻精神——天真的思维方式、大无畏的童心、开拓进取的精神、对科学的积极态度渐行渐远，而是在向把科学技术妖魔化、把未来黑暗化的方向发展。

科幻的骨子里是天真

记者（以下简称记）：今年 7 月，你的作品《三体》获得第九届全国优秀儿童文学奖，因为科幻文学在很长一段时间内都被归为儿童文学门类，承担着引发孩子科学兴趣的责任。对科幻的这种功能你怎么看？

刘慈欣（以下简称刘）：以前的科幻作品确实能够产生这种效果，能够激发孩子对科学的兴趣、好奇心，开阔视野，包括凡尔纳，还有"科幻三巨头"海因莱因、阿西莫夫、克拉克的一些作品都有很明显的少儿文学倾向。

明末清初，中国科幻一诞生就承担着使命。后来，不管是梁启超的《新中国未来记》，还是鲁迅先生翻译的凡尔纳小说，都是为了传播科学，开启民智，有着很明确的使命感。到了上世纪 50 年代，受苏联的影响，科幻发展到了极致，就是为了普及科学。这导致那时的科幻小说在文学上很简单，里面的人物塑造、文学手段，都被当成普及科学的工具。那时的科幻是百分之百的儿童文学，里面常有一个白胡子的科学家为大家解答问题。许多中国人心中的科学家形象就是在那个时候形成的。当然也有例外，比如郑文光的有些作品。

记：科幻文学似乎总是更受充满好奇心的年轻人欢迎。这是为什么？

刘：这是很自然的现象。科幻文学，至少是我写的这些，骨子里就有很天真的东西，这和孩子的思维方式有相通之处。如果一个人完全没有了童心，那科幻文学对他也就没有吸引力了。

我受克拉克的影响很深。他的墓碑上有他的一句话："我从来没有长大过，但是从来没有停止成长。"这是科幻文学的一个很本质的东西，科幻文学从来没有长大过，但也没有停止成长，它总有一个天真的核心在里面。黄金时代"三巨头"的作品，特别是克拉克的，都有很天真的东西。既然我们在幻想未来，那就证明我们身上还有没有老去的东西。

记：你所说的这种天真的内涵是什么，对孩子能有什么样的影响？

刘：天真不等于浅薄和幼稚，这里的天真是一种信念、一种思维方式：坚信人类可以了解宇宙，通过科学可以创造出种种奇迹，开拓美好的未来；坚信人在宇宙中可以生存下去，可以看到宇宙中最精彩的奥秘，能航行到宇宙的边界。

你说这个东西天真不天真？现在的科学技术能为我们揭示的人所能达到的能力，是远远低于科幻小说中所描写的能力的。你要是没有大无畏的童心，肯定不会往这方面想。

所以在本质上，科幻文学和儿童文学的思维方式有相通之处，科幻的这种天真，也能够吸引孩子对科学的兴趣，对探索宇宙奥秘的兴趣。

当然，这是科幻文学中的一类，像反乌托邦文学《1984》天真吗？肯定不天真。但我所喜欢的科幻文学是天真的。

我不赞同现在的科幻把科学技术妖魔化

记：现在像上世纪80年代以及以前那样的科普型科幻似乎已经销声匿迹了。而相对于描写未来科学带来的奇迹，很多科幻作品似乎更致力于描述科学技术带来的负面效应，展现出黑暗的人类、地球和宇宙的未来。你对科学的态度是什么样的？

刘：现在的科幻已经很复杂了，开始面向成人了。整体的科幻发展趋势都是在把科学和技术妖魔化，它们描写的未来很黑暗，认为这个黑暗是由科学导致的。

我是一个对科学持正面评价的人。科幻一方面可以展示科学的神奇；另一方面还可以把不同的未来世界摆在我们面前，使我们的思维更开阔，哪怕是黑暗的，也至少给你一种可能性。

科学技术本身没有好坏，关键看我们怎么应用。但是不发展技术的危险更大，人类一个星期之内就会崩溃。举个例子，粮食不能吃太多，吃太多会"三高"，但这不能影响我们对粮食的尊重，没有粮食，我们活不下去。科学和粮食的地位是一样的，尽管有各种负面作用，但没有它不行。要尊重它，不能把它妖魔化、黑暗化。

所以我是不赞同现在科幻小说的趋势的。

记：上世纪70年代末、80年代初是科幻作为一种儿童文学形式达到巅峰的时代，为什么科幻会一下子由儿童文学变成"黑暗文学"？

刘：上世纪80年代后，科幻作家就有一些反动的趋势，像是要摆脱儿童文学这个名声的枷锁，以至于科幻界产生了"儿童文学恐惧症"，生怕和儿童文学沾边。科幻界也开始挣脱科普的镣铐，结果到现在走向了另一个极端，科普型的科幻完全看不到了。

（来源：《中国青年报》2013年9月16日）

作品五

雾霾治理：学别人的经验走自己的路
——专访伦敦大学学院副校长郭正晓
刘晓莹

前去采访伦敦大学学院（University College London，UCL）副校长、材料化学教授郭正晓的路上，正值北京遭遇雾霾天气。搭载记者的出租车司机不免发起"牢骚"："夏季就没有雾霾了吗？广播里都说了，夏天光化学反应还强呢，产生的二次粒子更多，再加上北京夏季湿度大、风速小，也容易造成雾霾天气。"尽管如此，这位的哥对北京的空气质量仍然是有信心的："我拉过一位英国乘客，他说他们那里以前比中国的雾霾还要严重，现在不也治理好了，所以我相信我们的空气将来一定会治理好的。"

听闻记者来时的见闻，郭正晓打开了话匣子。"这个暑期来北京参加城市科学节，我在一次互动中向一些大人和孩子展示了一款涂上了一层纳米材料的海绵，这块海绵可以吸附空气中的颗粒物脏东西，一些人就问我能不能吸收PM2.5，看来大家对这个问题是十分关心的。"

他告诉科技日报记者，近年来中国部分城市雾霾比较严重，老百姓都很关注空气质量问题，他们的团队一直致力于将纳米材料及技术应用于清洁能源，对雾霾问题也持续关注。"事实上，雾霾的历史并不是只有近几年这么短，而且很多发达国家也曾遭遇空气污染的尴尬。"郭正晓说。

据相关资料记载，1952年12月5日至8日，伦敦空气寂静无风，又恰逢冬季采暖期间，当时的伦敦多使用燃煤供暖，由于逆温层的作用，煤炭燃烧产生的二氧化碳、一氧化碳、二氧化硫、粉尘等气体与污染物在城市上空蓄积，引发了连续数日的大雾天气。这场灾难造成伦敦市 4000 余人死亡。尽管 12 月 9 日之后，由于天气变化，毒雾逐渐消散，但在此之后两个月内，有近 8000 人因为烟雾事件而死于呼吸系统疾病。

郭正晓表示，震惊世界的"伦敦烟雾事件"让"雾都"之名举世皆知。而如今伦敦已经基本抛掉了"雾都"的帽子，"其中有许多经验值得我们借鉴学习"。比如自那以后，英国政府开始反思空气污染造成的苦果，并催生了世界上第一部空气污染防治法案——《清洁空气法》的出台；后来还做出一系列改善空气质量的举措，逐步改善了烟尘和颗粒物的状况。

"很多经验与教训都值得我们借鉴和反思，伴随着英国空气质量的改善，英国的能源结构也发生了巨大的变化。而我国也有很多自身发展的特色与需求，这就需要我们在借鉴国外经验的同时从自身情况出发。"郭正晓说。

"比如，从污染源的角度，我们一直在寻找更为清洁的能源，同时提高能源的利用率，减少对能源的浪费。"郭正晓说，"现在很大部分都是使用的化石能源发电，在中国我们使用的是煤，发电的过程中有许多排放，包括有机物的污染物，特别是气和油的不充分燃烧都会产生有机污染物，这些都会加剧雾霾的产生。"

近年来，郭正晓和他的团队也在研究如何降低雾霾对人类的影响。"思考如何治理污染源的同时，人们还在寻找降低雾霾对人体伤害的更有效的途径，哪怕是暂时性的方法。"他说，"比如在户外戴口罩，或者在室内安装空气净化器。事实上这两种方式都存在一定的问题。"

口罩的问题此前已有一些媒体披露过，廉价的口罩对防止 PM2.5 用处不大，有效果的口罩往往又因价格昂贵人们不免会反复使用，造成卫生隐患。尤其是在口罩内潮湿的情况下更会滋生大量细菌。郭正晓表示，利用一些新材料，可以有效解决这一问题，"比如纳米材料就可以帮助我们解决这个问题，它可以通过过滤层将有机成分无机化，而无机化的成分容易剥落、清洗方便。"

在郭正晓看来，空气净化器并不是一个很好的选择。"我们最常用的空气净化器是利用过滤技术将空气中的杂质、灰尘、病毒、细菌过滤杀灭，然后将过滤干净的空气吹入室内，如此循环几次达到将室内的空气彻底净化的目标。"

"首先，效果好的空气净化器造价非常高，反之便宜的可能还没什么效果。

但无论效果如何，空气净化器对于切实改善我们的空气质量而言有可能是一个'恶性循环'。"他向记者解释说，使用空气净化器也许可以达到室内空气得到改善的效果，但是与此同时，使用的电有可能在消耗一些不清洁的能源，比如在中国绝大多数还是火力发电，用电是要烧煤的，这就可能造成对环境的更多的排放，反而会使空气质量恶化，形成城市空气质量的"热岛效应"。

"近年来，我们正在研究一款纳米材料的窗户，通过特殊的纳米材料过滤层，让它能够有效抵御室外的空气污染物，将有机物进行分解，转化成对人无害的无机物，使进入到室内的空气达到净化的效果。"郭正晓说，"这样，在净化空气的同时也不会消耗更多的能源，带来新的排放和污染。如果未来这项研究可以成功并逐渐推广，有可能成为一个非常适合我国的防霾又减霾的方法。"

"每个国家、甚至每个地区都有自身的特殊性，只有寻找到适合自己的方法才能切实有效地改善雾霾。"郭正晓认为，雾霾治理不仅要因地制宜，还要因时制宜。比如上世纪80年代后，交通污染取代工业污染成为伦敦空气质量的首要威胁。为此，政府出台了一系列措施，来抑制交通污染。包括优先发展公共交通网络、抑制私车发展，以及减少汽车尾气排放、整治交通拥堵等等。

"但是值得高兴的是，在中国很多公民已经意识到这个问题的重要性了。我想只要我们每个人都愿意为空气质量尽己所能，比方说减少一点污染源，哪怕是很小的事情，十几亿人加起来，也将是很大的力量。"郭正晓说，"我和那位'的哥'一样，对我们的空气质量还是充满信心的。"

（来源：《科技日报》2014年8月14日）

【思考讨论】

1. 怎样理解专访的"专"？

2. 结合以上给出的专访稿件，请思考：专访采写成功最基本的条件是什么？

3. 请分析作品一的写作特点。

4. 与作品一相比，作品二有什么突出特点？请自己搜集作品一与作品二的写作背景（教师可适当讲解），分析两篇作品中记者的提问有哪些值得我们学习的地方？又有哪些不足？

5. 作品三《张高平叔侄接受央视采访 冤案十年：迟到的正义》为报纸摘编央视《面对面》专访的作品，同样题材的还有安徽广播电台的广播专访《张高平的十年》（第二十四届中国新闻奖一等奖 http：//news. xinhuanet. com/zgjx/ 2014-06/09/c_ 126595388. htm）。请利用网络观看和收听相关音像资料，并对比纸质媒体、广播媒体、电视媒体的专访类报道各自具备什么突出特点？有哪些传播优势与劣势？

6. 作品四《科幻作家刘慈欣：科幻不应把科学技术妖魔化》是一则问题性专访。阅读并思考：被采访对象的真知灼见是如何被突出的？

7. 作为科学专访，作品五《雾霾治理：学别人的经验走自己的路》是如何寻找新闻由头和组织背景材料的？

【训练任务】

任务一

请同学们阅听近日的报纸、杂志、广播、电视及网络媒体，寻找三篇新闻专访，具体分析其写作与传播的优劣。

任务二

由教师邀请新闻业界人士或近期新闻人物到课堂上举行讲座并进行交流。请同学组织采访小组，每组同学针对不同人物或同一个人物采写一篇专访。之后进行课堂互评和采写总结。

任务三

请同学组织学生采访团，在校园内外展开新闻线索搜集，并进行至少一次专访及制作出新闻成品（可以是文字，也可以是音像或其他网络呈现方式等）。

新闻特写实训

本单元的学习和训练目标：

练习写作新闻特写，了解新闻特写（特稿）概念的产生及演化，掌

握故事化的新闻写作方式。

【基本理论概述】

一、新闻特写的概念、特点、类型

（一）新闻特写的概念

传统意义上的新闻特写，指的是主要运用描写手段对于新闻事实的精彩片断进行集中突出的描绘从而再现新闻事件某种有意义情景的新闻报道体裁。

在我国，新闻特写这种新闻体裁首先是从通讯中分化而来的，曾有记者冠之以"文艺通讯"。在新闻文体的发展过程中，经过对于"特写"概念的规范，"新闻特写"与"文艺特写"最终得以区分而各自发展。"新闻特写"在强调细致描绘和形象化的同时，特别强调的是必须坚持新闻真实性原则，即便是在细节上也要以"求真"为标准。

（二）新闻特写的特点

新闻特写的特点主要有以下五个方面：

1. 新闻性：新闻特写必须提供具有较大新闻价值的事实片断。

2. 聚焦性：新闻特写所写内容往往聚焦于新闻事实最典型而精彩的部分。

3. 透视性：新闻特写所选取的新闻事实片断必须具备透视全局性或本质性内容的功能，必须凝聚新闻事实精髓。

4. 形象性：通过描写的基本手段，新闻特写要形象地再现新闻现场，给人以画面感。

5. 现场性：新闻特写是一种现场报道，记者需要成为现场目击者。

（三）新闻特写的类型

新闻特写基本上可以分为两种类型：

1. 人物特写：截取新闻人物活动的一个片断、一个侧面加以描绘，从而体现新闻人物的特点和个性。

2. 场景特写：截取新闻事件的关键性场景加以描写，并能够反映出新闻事件的本质。

二、新闻特写的写作要求

（一）选出重大题材中富有特征性和透视力的片断作为新闻特写的写作素材。

（二）对精彩片断进行形象描绘。

（三）力求情景交融，增强作品的感染力。

与一般消息与通讯相比，新闻特写最值得我们关注的是形象化和故事化。新闻特写对于写作者的写作能力要求较高。

三、特稿概述

中国的新闻特写，与西方新闻写作中的"特写"（特稿），在含义上是有一定区别的。

西方新闻写作中的"特写"（特稿）含义比较宽泛，主要是指与"硬新闻"相对应的、在内容上偏于软性、侧重于以讲故事的方式来提供新闻信息的新闻类别，它一般篇幅较长，表现手法多样，是能够自由抒发情感与见解的多种报道形式。西方有学者①指出，特稿的写作原则与一般新闻报道写作原则是一致的，比如导语要体现新闻精华和事实特色，必须讲述一个引起人兴趣、惹人关注的主题，同时，特稿必须有一个有意义的结尾部分。但是，相比于一般新闻报道，特稿在写作方面更加灵活，能够显现出写作者的更多个性特征，并且侧重于讲述新闻事件背后的故事。

从写作角度，就一篇高质量的新闻特稿而言，它至少应该具备下列条件：简洁易懂，通顺流畅，结构复杂多样，写作方法灵活创新，个性化表达。

西方所谓"特稿"所包含的类型主要有：

1. 新闻背景介绍；

2. 着眼于事件背后的情况和故事的特色报道；

3. 新闻事件的后续报道；

4. 社论版相关文章；

5. 名人专访或非名人专访；

6. 健康、教育、旅游、科学、环境等特定主题的专业特稿；

7. 以第一人称"思考"或反映的其他个人专栏稿件。

近年来，西方意义上的"特稿"在我国新闻媒体中得到较为广泛的应用，有些优秀写作者和专栏等受到社会广泛的关注，比如原《南方周末》记者南香红的系列特稿及书籍，《中国青年报》的《冰点》周刊相关特稿等。中国正在迎来特稿的热潮，而与之相呼应的，则是社会上掀起的"非虚构写作"的热潮，

---

① 参见［英］苏珊·佩普、休·费瑟斯通著《特稿写作：从入门到精通》。

这一现象值得我们关注和研究。

【作品阅读】

作品一

《滇西1944》首播式上，一边是92岁中国远征军老战士蹒跚步出会场的孤独背影，另一边是媒体追着王学兵、孙宁夫妇抖落私生活

八卦话题"打败"抗日老兵

赵文侠　白　鸥

没有人走过去搀扶一把专程赶到现场的92岁中国远征军老战士鲍直才，老人缓缓从座位上站起身，戴上红围巾，穿上外衣，蹒跚地向场外走去。

十多米开外的地方，扮演中国远征军的演员王学兵和他妻子孙宁却被拿着摄像机、照相机的记者们团团围住。因为手中拿了太多的话筒，以至于孙宁情不自禁说了声"太密了"。随后的提问，没人聚焦"中国远征军"这一神圣的话题，全部是两个人的私生活。

这一幕发生在前天举行的36集电视连续剧《滇西1944》首播式上的媒体自由采访环节。

将于今晚央视8套播出的《滇西1944》是一部以世界反法西斯战争中的中国战场为大背景，讲述在广大滇西民众和中国共产党领导的抗日游击队的支持下，中国远征军驱逐日寇于国门之外的故事。但，首播式上"中国远征军"被八卦话题打败的场景，让人不免有些尴尬。

当天，在主持人主持环节，中国远征军老战士鲍直才被请到台上。讲起当年远征军的故事，老人的脸因激动变得通红。也许是口音太重，老人台上讲，娱记们却在台下聊闲天。

与此形成鲜明对照的是，主持人设置的王学兵、孙宁夫妇互送礼物的环节却得到了热捧。主持人一个劲儿地说："抱着妻子送的小老虎，怎么也得表示一下感情吧！"鼓动王学兵做出亲密的动作。见到王学兵依然木然呆在台上，于是主持人更加不遗余力地忽悠，"瞧，台下的媒体都等着呢，怎么也得表示一下呀"，无奈中的王学兵硬着头皮当众把妻子孙宁抱得老高，此时闪光灯闪成一片。

不娱乐，似乎就缺少了关注度，《滇西1944》这样一部题材凝重的电视剧也

难逃这一定式。

媒体自由采访环节，这种所谓的娱乐化更被推到了极致。在被冷落的远征军老兵留下孤独背影的同时，王学兵、孙宁则被八卦彻底包围。

"当时拍戏的时候，剧组知道你们的关系吗？""这是你们以什么关系拍的一部戏？""夫妻俩拍感情戏什么感觉？"……王学兵、孙宁只言片语地应付着这些问题。

"虎年到了，有没有打算生个虎宝宝？"王学兵简而言之："一切顺其自然吧。"娱记们不解渴，"听说孙宁因为家里是姐妹，所以想要男孩，那你呢？"王学兵敷衍着："我无所谓，男孩女孩都可以。"娱记们继续穷追猛打，"究竟打算什么时候要个宝宝啊？"王学兵眉头紧皱，不耐烦了："都说了，一切顺其自然。"孙宁的回答更是带着不满，"你们总不能让我们说'我们要什么什么时候生这种话吧。'要是没生，你们又该说我们骗人了。"八卦话题持续了近20分钟。

眼看着娱记们将探求明星私生活作为"己任"乐此不疲，而民族历史中真正有价值的片段却只能从背影里看到，这是何等悲哀。

（来源：《北京日报》2010年1月28日；第21届中国新闻奖二等奖）

作品二

神雕之死

傅剑锋

它被秘密运到盗猎者的标本制作中心时，左腿几乎被诱捕它的铁夹夹断了。

但断爪仍像锐利的铁钩，关节有成人的拇指粗细。它因疼痛而展开的翅膀，超过两米。那灰色的喙如同弯刀一角，磨损很少，昭示着它的年轻与力量。最奇特的是脖子上一圈金色的毛，在栗色的羽翅衬托中，尽显王者风范。

它就是日渐罕见的金雕——当阳光照在其羽毛上时，会泛起金色光芒。它能以300公里的时速凌空直击猎物，使鼠、兔、狐瞬间毙命。它还有"杀破狼"的绝招——一爪扭住狼颈，另一爪直插狼眼，曾有金雕让14匹狼毙命。它是藏民眼中的神灵，是国家一级保护动物，是墨西哥的国鸟，也曾是古罗马的权力象征。7500万年以来，它就是以这种姿态君临万物、俯瞰一切。由于日渐稀少，它已被列入世界濒危物种红皮书。

但现在，它的双腿被铁丝捆住了，身体被一块大木板挤到墙上。它只能艰难地把头仰起来喘息，惊疑地看着这个人类的世界。它的眼珠很黑很亮，褐红色的瞳仁里没有一点杂质——它是被藏人认为唯一敢直视太阳的神鸟。

它原本会像许多同类一样，悄无声息地死在盗猎者手中。但一个于心不忍的目击者，冒着生命的危险，向《南方周末》记者讲述了青海盗猎者对这只金雕的屠杀过程。记者在调查中发现，暴利诱惑了盗猎者，一只收购价五六百元的金雕，偷运到广州的酒楼，售价上万元；如果做成了标本，卖到青海本地，至少需五六千元，转运到北京、广州等地，甚至达到了 25 万元！青海省森林公安称：一些非法买家认为，买下这种有着神性和王者之气的大鸟标本，可以给自己带来"好运"。

盗猎者张恩科就是一个制作金雕标本的高手。他因涉嫌贩卖金雕标本等野生动物制品，将于 2007 年 5 月中旬被青海省西宁法院审理。他和陕西的亲兄弟张维科等人，组成了一个贯通全国的猎杀、销售野生动物制品的黑网络。

青海省森林公安局介绍：在他们的调查中，不但有像张恩科案这样的松散犯罪团伙，一些涉黑、涉枪、涉毒的犯罪团伙也受暴利的诱惑开始涉足野生动物贩卖。这也正是向本报反映情况的目击者不敢举报、不敢暴露身份的原因。

为了求证目击者所言的可信性，记者通过暗访，使那个屠杀金雕的盗猎者承认了贩卖和制作金雕标本的事实。他自称是青海地区最专业、能提供最好标本的人。本报还发现他有张恩科式的地下网络，已干了 10 年。

10 年了，已有无数神鸟死在他们手里。而现在，屠杀又开始了——

那个盗猎者拿出一枚两寸长的钢针，慢慢向金雕走近。"那时，他的脸上竟然还挂着像平常一样的笑。"目击者回忆说。

这个凶手对金雕下手前，已用一只老胡兀鹫"热了身"。胡兀鹫是藏人在天葬时的神鸟。就在老胡兀鹫张嘴喘息的瞬间，盗猎者把几颗毒药塞进了它嘴里。胡兀鹫扑腾几下就不动了，嘴边淌出鲜血。它的最终命运是一个标本。在青海省森林局，本报记者看到了在其他案件中被查获的胡兀鹫标本，展开的翅膀比金雕还要大，售价数万元。使用毒药也不是这个盗猎者的发明——张恩科案中，森林公安搜出了数百斤被罪犯用来诱杀野生动物的毒药。

但对付这只金雕，盗猎者认为用钢针可让它速死。在目击人的惊愕中，盗猎者抓住了金雕的头，拿起一个榔头，"哐哐哐"几下，将钢针从头顶打了进去……

几秒后，他拔出了钢针。针上的血也被擦净了。"不可思议的是，那时他脸上还挂着笑。"目击者回忆。

尽管疼入脑髓，金雕没有一丝悲鸣。盗猎者认为它死了，把它扔到了地上。

但这只神鸟又站了起来，只是全身发抖。"我看到了它瞟过来的目光，那是红宝石一样的光芒。我读懂了它眼睛里的质疑：我怎么了？我为什么站不稳了？你们为什么这样对我!?"目击者回忆。

金雕就这样定定地看了3秒钟，然后扑倒在地。

已有数不清的同类，在经历与它相似的命运。《人民日报》报道：太行山一带的盗猎者，喜欢冬天出手，此时金雕的羽毛最丰满。但由于臃肥，不适合做标本，他们就给金雕断水断食，直到耗尽鸟身体里的养分。为了防止金雕反抗损坏羽毛，他们还用针把它的眼睛扎瞎。

神鸟还牺牲在饕餮之徒的口腹中。2002年11月4日，20只将要被运到广州餐馆的金雕，在该市火车站被警方截获；2003年3月，6只将要运入餐馆的金雕，在广西209国道被警方截获；而在2004年11月，从甘肃运往广州的2只金雕在河南被截获……

天已经黑了，它们的命运也是黑的。这只被钉了钢针的金雕，被盗猎者扔在储藏间。

它毕竟是神鸟，生命仍未消失。偷偷进入储物间的目击者看到：金雕好像被泼过冰水，每根羽毛都在颤抖，它的身体也是凉的。它发出嘶哑又雄浑的哀号。目击者描述着这只雕的最后时光："它的声音能让人心都碎掉，它的生命就要消亡了，我想它在呼唤它的亲人，它在绝望地呼唤它的爱人……"

或许只有永恒的爱情，可以温暖它的最后一刻。在全世界的动物园里，没有人工繁殖过一只金雕，因为这种鸟最向往自由与爱情，它们不屑于人工凑合，甚至在动物园里以撞笼而死相抗。

或许只有不变的亲情，可以温暖它的最后一刻。一位瑞典女动物学家，曾记录过这种猛禽极其温柔的一面——一对金雕把巢筑在山崖绝壁的裂缝里，里面还有一对毛茸茸的小雕。只要动物学家略微靠近它们的领地，金雕夫妇就会向她发起凶猛进攻。动物学家在望远镜里发现：大雕每天从外面觅食回来，就会把肉撕成一条一条，异常温柔地喂给"叽叽"乱叫的小雏。

或许，只有曾经的速度、力量、一击必杀的王者之风，能温暖它的最后一刻；或许只有长空中的无限自由，才能温暖它的最后一刻……

但现在，没有人可以探究到它的思想。目击者只能绝望地抚摸着它渐渐变凉的身体。

黑夜终于消退，阳光射进了储藏室的窗户，金雕的身体却黯淡无光了。酣睡了一夜的盗猎者对目击者说，金雕一定死了。他准备扒下它的皮，做成标本。

盗猎者走近了金雕。这只已经被他认定死亡的神鸟，忽然以不可思议的生命意志站了起来。"我又看到了金雕的眼睛，它的瞳仁反射着像宝石一样的光，眼神纯净得像婴儿。"目击者回忆，"它在流着泪看我，它只企求我能救它，它已经不是草原上的王者，而像一个受伤的少年……"

也在这个瞬间，金雕仰起了头，张开翅膀，准备重新飞回蓝天。窗口射进来的阳光，又把它的双翅染成了金色，就像帝王的袍子罩在身上……但只有两秒钟，它又倒在地上。

盗猎者也被震撼了。在他10年的杀戮中，可能很少碰到过这样的情况。但很快，他回过神，用铁夹撬开金雕的嘴，像对待那只老胡兀鹫那样塞进了一把毒药。半小时后，金雕的嘴边流出了鲜血。

然后，盗猎者割开了金雕的喉管，把手伸到它的体内掏出了胃。本报记者从森林警察处得知：在黑市，金雕的胃被炒到几千元至上万元1个——买家确信：雕胃是治胃病的奇药。

血一直在往外冒，这年轻的鹰好像有流不完的血和愤怒。盗猎者用了好几块抹布擦血，才剥下它的皮。

血终于尽了，金雕的灵魂也消散了。只有这血糊糊的尸体，像一个无辜的婴儿，被扔在地上。

但在藏民的传说里，神鸟金雕从不会在人间留下尸体。当它知道将死时，会竭力飞向高空，直到被闪电劈碎；或者飞向太阳，直到被热浪融化……

（成希、李丹婷对本文有贡献；线索来源于作家老村的博客，特此致谢！）

（来源：《南方周末》2007年5月10日）

作品三

"老郭不平凡，嫂子不简单"
——"雷锋传人"郭明义的妻子孙秀英素描

记者 宋 歆 刘建伟 特约记者 石斌欣 通讯员 黄 刚

"我觉得咱家老郭很平凡，很简单，他只是做了他该做的事儿；作为妻子，我支持他，也就是这么简单的事儿。"

突然这么多的媒体采访，让郭明义的妻子孙秀英猝不及防；以往，上班、下班，单位、家里，两点一线的简单生活被打破，也令她有些不适应。

长裤，短袖花衫，束发，不施粉黛，没戴任何首饰，站在记者面前的她，和她不多的话语一样，简简单单。

其实，追求"简单"，是一个很艰难的过程，对金钱的追求，对物质的索取，对生活的攀比，让很多人都体会不到简单生活的快乐，可孙秀英做到了。

使用面积28平方米，水泥地、白灰墙、木制门窗，她和老郭带着女儿，自1989年以来，就生活在这样的陋室里。

老郭先后有3次机会可以分到更大的福利房，他却一次都没申请。第一次分房，老郭回家跟孙秀英商量："很多同事还没房住呢，把机会让给他们吧。"她点点头："咱住得挺好，离你上班的地方还近。"后来两次，老郭干脆连问都不问了。

女儿郭瑞雪，今年22岁了，还住在不到4平方米的门厅，平日里都不好意思领同学来家里。孙秀英说，她也想过买房，却怎么也攒不够首付。两个人的工资合起来四五千元，抚育女儿，赡养老人，居家过日子，每月下来剩不了几个钱。况且从1994年起，老郭先后为身边工友、特困学生和灾区群众捐款12万元，是他这16年工资总额的一半。

"有时想想，觉得挺委屈女儿的，可她从来没提过。要说买房子，咱买不起。再说，房子再大，也就是个吃饭睡觉的地方。咱现在挤小房子，一家人很幸福，也很满足。"

这些年，老郭先后资助了180多名特困生，孩子们经常给老郭写信，老郭常把信带回家给孙秀英看。"我这个人心软，看到孩子们连学都上不起，就忍不住淌眼泪。"老郭工作忙，她就干脆把给孩子们寄钱的事儿揽了过来。

"老郭这个人心眼儿好，看别人有困难，就想伸手帮一把。家里的钱归我管，他的工资一分不落交给我。每次他要资助别人，都会想方设法讨好我。哪天回家他只要乱献殷勤，比如说老伴，你歇着，啥也不用做，让我来。我就知道，他要从我这里拿钱了。"说到这，孙秀英笑了。

"要说捐钱不心疼，那是假的。"孙秀英说，"但是我一想，他去帮助别人，觉得很快乐。他快乐了，我不就快乐了吗？"

有一次，老郭回到家唉声叹气的，孙秀英一问才知道，有人嘲笑他是"郭傻子"。她安慰说："咱走咱自己的路。他们爱说，让他们说去呗。总有一天，他们不仅会理解你，还会支持你。"老郭一听，精神头又上来了："还是老伴好!"

就像孙秀英说的那样，当初那些认为老郭"傻"的人，如今许多都成了郭明义爱心联队的骨干。而孙秀英自己，也多次参加无偿献血，还加入了捐献造血干细胞爱心联队。

生容易，活容易，生活不容易。女儿出生后，老郭工作忙，根本没时间管女儿。孙秀英每天清早抱着女儿挤公交车，把女儿送到托儿所后再到单位上班，下班后再接女儿回家。

女儿3岁那年，有一天大雪纷飞，公交车上人挤人，闷得透不过气来，女儿又哭又闹，她只好抱着女儿中途下车。大片的雪花没遮没拦地迎面扑来，她委屈得不行，抱着女儿一起哭。可晚上回到家里，她像没事人似的。

"老郭一天到晚不着家，早上又提前两个小时去上班，有时候女儿管不过来，就只能把她放在洗衣机里。"说到这儿，孙秀英的眼圈一下就红了。

结婚23年，孙秀英始终保持这样的习惯：早上4点，她就早早起床，给老郭做早餐，一年四季，从来没间断；晚上做好饭，无论多晚都要等老郭回来一起吃。"老郭工作一天本来就很累，如果回到家，连口热饭都没有，那该多闹心。

都说女人天生爱美，可孙秀英48岁了，却从没戴过一件金银首饰，也从来不化妆，甚至没穿过一件超过300元钱的衣服，但她却拥有一枚"钻戒"。

去年，老郭去井冈山参加单位组织的学习活动，临行前，孙秀英塞给老郭1000元钱。几天后回来，老郭满面春风："老伴，给你买了一枚钻戒。"

钻戒? 孙秀英满腹狐疑：才带了1000块钱，能买上钻戒? 但她没吱声，只是小心翼翼地把它收好。

前不久，记者在采访中问老郭，结婚这么些年，到底有没有给妻子买过礼物。他想了想说，买过一枚戒指，花了28元钱。

当记者告诉孙秀英，那枚戒指只值28元钱时，她并没有什么意外，只是淡淡地说："我早就知道那是假的了，老郭肯定又把钱给贫困生交学费了。不过，既然他不是把钱拿去抽了、喝了、赌了，我又有什么好抱怨的呢。"

"老郭不平凡，嫂子不简单。"听过他们故事的人都这样说。老郭的老部队、沈阳军区某团政治处主任李三喜对记者说："请一定帮助我们邀请嫂子到部队作一场报告，这位嫂子太不简单、太不容易了!"

（来源：《解放军报》2010年9月24日）

作品四

回 家

林天宏

一

在前往地震重灾区映秀镇的山路上，我第一次遇见了程林祥。

那是 5 月 15 日下午大约 2 点钟的时候，距离"5·12"汶川特大地震发生已近 3 天。大范围的山体滑坡和泥石流，摧毁了通往映秀镇的公路和通讯，没有人知道镇子里的情况究竟怎么样。我们只能跟随着救援人员，沿山路徒步往里走。

那已经不能称之为"路"了。连日的大雨，把山路变成了沼泽地，每踩一步，大半只脚都会陷进泥浆里。无数从山上滚落的磨盘大的石头，在人们面前堆成一座座小山。

救援者几乎每人都背着 30 斤重的救援物品，在烂泥浆和乱石堆中穿行。他们一边要躲避山上不时滚下的足球大小的碎石，一边要防止一脚踏空。在脚边十余米深的地方，就是湍急的岷江。那是雪山融化后流下的雪水，当地人说，即便是大夏天，一个人掉下去，"五分钟就冻得没救了"。

沿途，到处是成群结队从映秀镇逃出来的灾民。他们行色匆匆，脸上多半带着惶恐和悲伤的神情。这时，我看见一个背着人的中年男子，朝我们走来。

这是一个身材瘦小、略有些卷发的男子，面部表情看上去还算平静。背上的人，身材明显要比背他的男子高大，两条腿不时拖在地面上。他头上裹一块薄毯，看不清脸，身上穿着一套干净的白色校服。

同行的一个医生想上去帮忙，但这个男子停住，朝他微微摆了摆手。"不用了。"他说，"他是我儿子，死了。"

在简短的对话中，这个男子告诉我们，他叫程林祥，家在离映秀镇大约 25 公里的水磨镇上。他背上的人，是他的大儿子程磊，在映秀镇漩口中学读高一。地震后，程林祥赶到学校，扒开废墟，找到了程磊的尸体。于是，他决定把儿子背回去，让他在家里最后过一夜。

紧跟程林祥的，是他的妻子刘志珍。她不知从什么地方捡来两根树干，用力地拿石头砸掉树干上的枝杈，然后往上缠布条，制造出一个简陋的担架。在整个过程中，她始终一言不发，只是有时候略显暴躁地呵斥自己的丈夫："说什么说！快过来帮忙！"

担架整理好后，夫妻俩把程磊的遗体放了上去。可担架太沉，他们抬不上肩膀，我们赶紧上去帮忙。

"谢谢你。"她看了看我，轻声说道。原本生硬的眼神，突然间闪现出一丝柔软。

在那一刻，我的心像被什么东西狠狠揪了一下。

因为急着往映秀镇赶，我不能和他们过多交流。望着夫妻二人抬着担架，深一脚浅一脚离去的背影，想到这一带危机四伏的山路，我决定，从映秀镇回来后，就去找他们。

二

5月16日，我从映秀镇回到成都。从那天开始，一直到21日，每隔几小时，我就会拨一次程林祥给我留下的手机号码，但话筒那边传来的，始终是关机的信号。

5月21日上午10时，在结束了其他采访后，我和摄影记者贺延光商定，开车前往水磨镇，去找寻这对夫妻。

从都江堰前往水磨镇的那段山路，已经被救援部队清理过，勉强能够通车。但这几天，余震始终没有停止，路上又增加了几处新的塌方点，很多路段仅能容下一车通过的宽度，路旁不时可以看到被巨石砸毁的面目全非的各种车辆。去过老山前线的贺延光说，这些车就好像"被炮弹击中了一样"。

路上，我们还经过了两处很长的隧道。地震给隧道造成了严重的破坏，在车灯隐约的照射下，能看到山洞顶部四处塌落，裸露在外的巨石和钢筋张牙舞爪。隧道内还有一些正在施工的大型车辆，回声隆隆，震得人耳膜发胀。

黑暗中，我突然间意识到，数天前，程林祥夫妻走的就是这条山路，抬着儿子的尸体回家。在四周一片黑暗的笼罩下，他们会是怎样一种悲伤与绝望的心情？甚至，他们俩能够安全到家吗？

到水磨镇后，我才终于松了一口气。

镇上的许多居民说，数天前，他们都看到过一对夫妻，抬着儿子的尸体经过这里，往山上去了。但他们不认识这对夫妻，也不知道他们住在哪里。

水磨镇派出所的一位警察说，本来，他们可以通过全国联网的户籍档案，查到程林祥的住址。但现在，镇上没有电，网络也不通，没有办法帮助我们。

程林祥没有给我们留下详细地址，但在之前简短的对话中，他曾告诉我们，他的二儿子程勇，在水磨中学上初中。

果然，水磨中学的很多老师都认识程磊和程勇。他们告诉我们，程林祥的家，就在小镇外山上几里地的连山坡村。

和映秀镇比，地震给这个小镇带来的破坏不算太严重，两旁还有不少比较完整的房屋。前方的路已经不能通车，我和贺延光小心翼翼地穿过满是砖块和瓦砾的街道，沿途打听前往连山坡村的道路。

三

下午3时许，在山下的一个救灾帐篷前，我们终于找到了程磊的母亲刘志珍。

刘志珍已经不太认得我们了。但当我们告诉她，那天在映秀镇的山路上，是我们帮她把担架抬上肩膀时，她原本陌生的眼神，一下子变得热切起来。

"对不起，对不起。"她开始不住地向我们道歉。因为她觉得，那天在山路上，她对我们很冷漠，"有些不够礼貌。"

这天下午，有部队把救灾的粮食运到镇上，她和程林祥下山去背米。老程已经先回山了，她听村子里的邻居们说，都江堰有很多孤儿，便聚在这个帐篷前，商量起收养孤儿的事情。

"这几天，我心里空荡荡的。"在带我们回家的山路上，这个刚失去爱子的母亲边走边说，"有人劝我再生一个，可我觉得，这也是浪费国家的资源。不如领养一个孤儿，然后像对程磊一样，好好对待他。"

我们都沉默了，实在不知道该说什么好，只能跟着她，沿着泥泞的山路往上走。

程林祥的家，在连山坡村的半山腰上，一座贴着白瓷砖简陋的三层小楼。这本是一个四世同堂的大家庭，程磊96岁的曾祖母还健在，爷爷奶奶还能下地干农活。这对只有初中文化的夫妇，原本在镇上的一个建筑公司打工，他们每个月收入的一半，都要用来供养两个孩子上学。

程林祥还认得我们。"我们家盖房子，没和别人借一分钱。"他颇有点骄傲地说。而更让他骄傲的是，两个儿子都很懂事，在学校的成绩也都不错，前一阵时间，他还在和妻子商量着外出打工，为兄弟俩筹措上大学的学费。

但现在，一场大地震之后，原本洋溢在这个家庭里的圆满的快乐，永远地消失了。

四

地震发生的时候，程林祥夫妇都在镇上的工地里干活。一阵地动山摇之后，镇上的一些房子开始垮塌，夫妻俩冒着不断的余震，往家里跑。

家里的房子还算无恙，老人们也没受伤，没多久，在水磨中学上课的二儿子程勇也赶到家里。他告诉父母，教学楼只是晃了几下，碎了几块玻璃，同学们都没事。

夫妻俩松了一口气，他们并不清楚刚刚的地震意味着什么。程林祥甚至觉得，远在映秀读书的程磊"最多就是被砖头砸了一下，能有什么大事呢"。

但从外面回来的邻居们，陆续带回了并不乐观的消息。镇上的房屋垮了一大半，通往外界的公路被山上滚下的巨石堵住了。村子活了七八十岁的老人都说，他们一辈子都没见过"这么大的动静"。

在持续不断的余震中，夫妻俩忐忑不安地过了一夜，13 日早上 7 时，他们冒着大雨，前往映秀镇的漩口中学，寻找在那里读高一的大儿子程磊。

通往映秀镇的道路，已经被连夜的山体滑坡摧毁，许多救援部队正在徒步赶往这个和外界失去联系的小镇，夫妻俩跟着部队一路小跑，上午 11 点钟，他们赶到了映秀镇。

可呈现在这对满怀希望的夫妻面前的，却是一幅末日景象。

程磊就读的漩口中学，位于镇子的路口。此时，这座原本 6 层的教学楼，已经坍塌了一大半，程磊所处 4 层教室的那个位置，早已不存在了。

整个镇子变成一片瓦砾场。幸存下来的人们，满脸惊恐的表情，四处奔走呼喊，救人的声音此起彼伏。连夜徒步几十里山路，刚刚赶到的搜救部队，都来不及喝一口水，就投入了救援中。

夫妻俩穿过人群，来到了漩口中学前。逃出来的孩子们，在老师的帮助下搭建了一些简陋的窝棚。他们找遍了窝棚，只遇到程磊班上的十几个同学，他们都没有看见程磊。其中一个同学告诉程林祥，地震前，他还看见程磊在教室里看书。那一瞬间，夫妻俩觉得好像"天塌了"。

他们发疯一样地冲上了废墟，翻捡起砖块和碎水泥板，用双手挖着废墟上的土，十指鲜血淋漓，残存的楼体上坠落下的砖块，不时砸落在身边，他们却毫无感觉。

五

夜幕降临，映秀镇依旧下着大雨，什么都看不见了。

夫妻俩无法继续搜寻，和程磊班上的孩子们挤在一个窝棚里。懂事的同学们都上来安慰他们，说程磊不会有事的，他可能藏在某个地方。还有同学宽慰说，如果程磊真的不在了，"我们都是你的孩子"。

但夫妻俩什么话都听不进去，一整天，他们粒米未进，一口水也没喝，只是望着棚外大雨中那片废墟发呆。

夜里的气温越来越低，程林祥只穿了一件短袖衫，刘志珍穿了一件外套。她犹豫了一下，还是把外套递给了学生们。那天晚上，这件外套传遍了窝棚里的每一个孩子。

14日早上，天刚刚亮，彻夜未眠的夫妻俩突然升起一个希望的念头：程磊有可能已经回家，他们只是在路上彼此错过去了。想到此，夫妻俩一刻也待不下去了，急匆匆步行4个多小时，回到了水磨镇的家中。

可儿子并没有回来。

这天晚上，刘志珍仍是难以入眠。凌晨三四点钟，以前从不沾酒的她，灌下一大口白酒，昏昏睡去。

天快亮的时候，昏睡中的刘志珍突然间听到一个隐约的女人声音："你的儿子还在里面，明天去找，能找到的。"她一下子从梦中惊醒。

这一夜，程林祥也做了一个梦，他模模糊糊地看到，儿子正一个人坐在教室的角落里看着书，还抬头冲他笑了一下。

于是，天刚刚亮，夫妻俩又抱着一线希望，再往映秀镇。他们随身带了一套干净的校服，和一条布绳，想着要是儿子受伤了，就把他背回来。

但残酷的现实，瞬间打碎了夫妻俩的幻想。

六

发现程磊的时候，他的尸体，被压在一块巨大的水泥板的缝隙里。

那是15日上午10点钟左右，程林祥夫妻又站在漩口中学的废墟前。"像是冥冥之中有人在召唤"，程林祥绕到了废墟的背面，走到了一块水泥板前，他把身子探进那条20厘米左右的缝隙，便看到了儿子和另外两个同学的尸体。

夫妻俩顾不得哭，他们想把程磊的遗体从缝隙中拉出来，可是缝隙太小了。

夫妻俩跑下废墟，向跑来跑去的救援部队求援，刘志珍一次又一次地给经过的人们下跪，把膝盖跪得青紫，可并没有人理会他们。只有一个士兵过来看了看，无奈地说："现在我们要先救活人，实在顾不上，抱歉。"

程林祥不知从什么地方捡来了一把铁镐，用力地砸着那块巨大的水泥板。半个小时后，水泥板逐渐被敲成了碎块，他俯下身去，把找寻了两天的儿子，从废墟中拉了出来。

从程磊倒下的姿势，可以推测地震发生时的情形：他和两个同学从教室跑出，但楼体瞬间塌陷，顶上落下的水泥走廊，把他们压在下面。

程磊的身上没有血迹，他的致命伤在头部和胸口。后脑上有一个拳头大的伤口，数吨重的水泥板，把他的胸骨全部压断。

母亲想给他换上带来的新衣服，但程磊的全身已经僵硬。夫妻俩跪在他的尸体前，抚摸着他的手脚，一遍遍地呼唤他的名字。

几分钟后，程磊的四肢竟慢慢地变软，母亲把他身上的脏衣服扯下，为他套上了干净的校服，然后在头上裹上了带来的薄毯。

程林祥把儿子背到了背上，他停住身，掂了掂儿子身体的重量，走上了回家的路。

七

在采访中，我问了程林祥一个很无力的问题："你想过吗？回去的路上会有多危险？"

"我要带儿子回家，不能把他丢在废墟里。"这个原本貌不惊人的男子身上，突然间散发出一种平静的力量，"我只想，我每走一步，他就离家近一步。"

可那时走过映秀镇山路的人都知道，沿途的山上，会不时滚下碎石，余震不断，路滑，脚边就是湍急的江水，正常人走路都很艰难，而程林祥的背上，还背着近一百斤的儿子。

正在长身体的程磊，身高1.65米，已经比父亲高出了2厘米。趴在父亲的背上，他的双脚不时摩擦着地面，每走几步，程林祥就要停下来，把儿子往上掂一掂。刘志珍在丈夫身后，托着儿子的身体，帮助他分担一些重量。

程林祥把儿子的双手绕过脖子，轻放在自己的身前。一边走，程林祥一边和儿子说话："幺儿，爸爸带你回家了。你趴稳了，莫动弹啊。"

儿子的身体在背上起伏着，带出的一丝丝风响，像是一声声呼吸，掠在程林祥的脖颈上。有那么一瞬间，他甚至觉得儿子还活着，还像小时候那样，骑在爸爸的身上，搂着爸爸的脖子。

程林祥的力气原本不大，在工地上，别人一次能背二十块砖头，可他只能背十多块。可此时，他似乎觉得"身上有使不完的力气"，背着儿子一步步地往前走。

在路上，有好几次，他都险些被山上滚下的石头砸中。但那些石头只是擦身而过，落进下面的江水里，发出沉闷的声响。

"我知道，幺儿一定会在天上保佑着我，让我们安全到家。"程林祥心中默默想着。

那天早上，在遇见我们后，刘志珍制造了一副简陋的担架。在比较平缓的路段，她就和丈夫一起抬着儿子走，当担架无法通过时，程林祥依旧把儿子背在背上，一步步爬过那些巨大的石块。

一路上，程林祥常常滑倒，程磊的遗体摔到了地上。他一边和儿子道歉，一边把他重新背起。

许多迎面而来的救援者，在遇见这对带儿子回家的夫妻后，都向他们伸出了援手。有几个士兵帮助他们，把担架抬过了最危险的一个路段，还有人给了他们一瓶水，但程林祥并没有收下，他瘦弱的身躯，再也无法承受多一斤的重量。

此时，通往映秀镇的水路已经打通，人们可以坐着冲锋舟，在都江堰的紫坪铺水库和映秀镇外五公里的汶川铝厂码头来往。渡口上有很多等船的灾民，但当知道程林祥背上背的是死去的儿子时，人们默默地为他们让出了一条路。

冲锋舟溅起的水花，不断打在程磊的身上，细心的母亲连忙为他擦去水渍，船上的人们也默默地看着他们。

晚上8点，程林祥夫妻带着儿子，终于回到了水磨镇。闻讯赶来的邻居们从他们肩上接过了担架，那一刻，夫妻俩突然间觉得身上的力气消失得干干净净，他们一下瘫软在地上。

他们的肩膀，已经被树干上未除干净的分杈扎出了一个个血洞，但那时，他们察觉不出一丝的疼痛，一路上，也自始至终没有掉过一滴眼泪。

八

在采访中，程林祥和刘志珍都拉开衣襟，给我看了他们的肩膀，上面划着一道道深紫色的还未愈合的伤口。

但我能察觉到，更深的伤口，其实刻在这个家庭每个成员的心里。

程磊的奶奶这些天一直在后悔，程磊离开家的那天，去摘家里樱桃树上的樱桃，她怕树滑摔着，狠狠骂了程磊几句。

"我的好孙子啊，"这个老人仰天痛哭道，"你回来吧，奶奶让你摘个够啊！"

程林祥的爷爷，要把自己已经预备好的棺材让给程磊用，但程林祥阻止了他。他知道，如果用了老人的棺材，程磊走得会不安心的。

但程林祥也满心遗憾。因为突如其来的死亡，来不及向棺材铺的木匠定做，他只能买到一口顶上有一处烧焦痕迹的棺材。"不知道儿子会不会怪我。"他内疚地说。

15日那一整夜，程家所有人都静静地坐在家后面的小山坡上，十几位邻居也陪着他们，没有人说话。中间的担架上，躺着程磊穿着干净校服的遗体。那天晚上，月亮很圆很亮，程林祥可以很清楚地看到，在月光的抚摸下，儿子脸上的表情，如熟睡般平静。

16日早上，天色慢慢放亮，程林祥放了一挂鞭炮，然后和二儿子程勇一起，把程磊的尸体轻轻放进了那口有烧焦痕迹的棺材里。

程勇和哥哥的感情很好，兄弟俩从小到大都住在一个房间里，即便在盖了三层的小楼后，还是不愿意分开。

这时，程勇发现，哥哥本是伸直的手指，突然间握成了一个拳头。他呼唤着哥哥的名字，把他的手指一根根拉直。然后，他亲了亲哥哥的脸，把一个手电和两本书放在哥哥的头边，慢慢合上了棺盖。

在回忆这些事时，刘志珍一直抱着一个土黄色的镜框，里面镶有许多儿子年幼时的照片。偶然间有泪水滴在上面，她赶紧用袖子擦去。

可长大后的程磊不爱照相。最新的一张照片，还是他一年前参加中考时的报名照。这些天，她一直把它放在口袋里，不时地拿出来看一看。

九

在亲人们断断续续的回忆中，我逐渐拼凑出程磊完整的样子。

这是一个很清秀的大男孩，小时候，常有人笑话他长得像"女娃"。他的脸上有两个小小的酒窝，笑起来总是很羞涩，很内向，不大爱和陌生人说话。

程磊的成绩一直不算太好，但初三那年，他突然和父亲说，自己要好好读书，以后准备考大学。初三下学期，他的成绩开始突飞猛进。去年7月，他考上了当地最好的高中，上学期，他的成绩是班上第一名。

因为父亲总在镇上打工，程磊和母亲待的时间更长，性格受母亲的影响也更多一些。他常帮母亲打扫房间、洗衣服，没事的时候，爱和母亲坐在堂屋的饭桌前，细声细气地说话。母亲一直喊他"幺儿"（注：小儿子），即便有了二儿子程勇后，也没改口。

程磊的理想曾让母亲感到吃惊。今年春节前的一个晚上，他突然告诉刘志珍，自己以后要当一个山村教师，"去帮助那些山里的穷孩子们"。

"当山村老师很苦的。"母亲说。

"苦也苦得值得，我不怕。"程磊回答。

他脾气很好，和班上的同学们一直处得很融洽，从来不像同龄的一些男孩一样喜欢打架。他体育不好，开家长会时，老师还劝过刘志珍："程磊老是一个人在教室看书，你要劝他出去活动活动啊。"

程磊的手很巧。在他的书架上，还摆着几件他自己制作的手工作品。他很爱护书本，从来不在书上打折或者乱写字。那些纸制的台灯、笔筒，都是他从废挂历上裁下的纸张做的。

春节时，母亲给他买了一件红黑相间的羽绒服，衣服大了，程磊有些不高兴，母亲还安慰他："你一直在长身体，明年这个时候，衣服就能穿了。"

这几天，家里人收拾出程磊生前穿过的衣服，满满当当地放在他的床上。父亲和二弟程勇怕刘志珍睹物思人，想把这些衣服丢掉，可刘志珍坚决不同意，说是要留个念想儿。

刘志珍已经好几夜睡不着了。她只是躺在儿子的床上，摸着他的衣物，喝些白酒，才能隐约入睡。她总是希望自己能做梦，在梦里儿子能够出现。可每天早晨醒来，等待她的，都是失望。

"幺儿，"她轻拍着程磊的坟头，小声说道，"妈妈现在只有一个念想儿，妈妈晚上做梦的时候，你来陪妈妈说说话，好不好？"

她说这些话的时候，父亲程林祥一直在边上垂着头，用手拭去不断涌出的眼泪。

本来，在整个采访过程中，我一直抑制着不断涌上的悲伤。因为我知道，自己只不过是一个记者，一个旁观者，也许我永远也不可能真正理解这个家庭，这个母亲失去至亲、爱子后的悲恸和痛苦。

但就在这一刻，我突然想起千里之外的父母，在知道我来震区采访后，他们那彻夜难眠的焦虑的脸庞，再也控制不住夺眶而出的泪水。

十

程磊的坟，就在家后面几十米的山坡上。

这是一块几十平方米比较平缓的空地，一面朝着山下，边上有条小河，风景很好。坟边的树林里，有鸟儿在枝间跳动，发出清脆的鸣叫。

程家在这里有几亩田地，离家的前一天，程磊还在这里帮着奶奶收割油菜。小时候，他很喜欢和小伙伴在这儿玩耍，吹吹风，钓钓鱼，偶尔抓住一只小鸟，他会把鸟儿喂饱，然后放走。

但现在，这里只有一座用石头垒起的小小的新坟。坟前没有墓碑，只插着几束已经熄灭的香。地震后，家中找不到完整的容器，父亲找到一个缺了大半个角的白瓷盘，上面放着两块杧果味的威化饼干，当作祭品。

程磊并不爱吃这些零食，但地震后，路断了，食品供应上不来，找不到他生前最爱吃的苹果和橘子。这让家人们觉得心里很不安。

"会慢慢给他补上的。"刘志珍说，"以后，我们一边种田，一边陪着他。一家人还是在一起。"

离坟不远，就是程家住的救灾帐篷。通讯中断后，他们只能通过一台小收音机，来了解外面的信息。5 月 19 日的全国哀悼日，一家人觉得也应该做点什么。

村子里找不到旗杆，也没有国旗，他们便在帐篷边竖起一根竹竿，在竹竿的中部捆上一块红布，就算是下半旗了。每天下午的 2 时 28 分，这户农民就在旗杆下站上一会儿，用自己的方式，来表达对死难者的哀悼。

偶尔有微风吹来，这块微微抖动的红布，和天蓝色的帐篷布，构成了山坡上的一缕亮色。

这天傍晚 6 时半，在这根竹子制成的旗杆下，摄影记者贺延光为这个大家庭，拍下了灾后的第一张全家合影。除了被亲戚接去外地避难的二儿子程勇外，这个家庭的成员——曾祖母、祖父、祖母和程林祥夫妇，全部在场。

程磊也没有缺席，母亲一直捧着那个土黄色的镜框。在母亲的怀里，他面对着镜头，依旧露出羞涩的微笑。

5 月 11 日的那个上午，这个懂事的大男孩洗掉了家里所有的脏衣服。吃过午饭后，他从父亲那儿接过 100 元钱生活费，叮嘱正在院子里学骑摩托车的弟弟注意安全，然后挥手微笑着和母亲作别，跳上了前往学校的汽车。

一天后，突如其来的大地震，把他湮没在倒塌的教学楼里。

（来源：《中国青年报》2008 年 5 月 28 日）

作品五

永不抵达的列车

本报记者　赵涵漠

7 月 23 日 7 时 50 分

在北京这个晴朗的早晨，梳着马尾辫的朱平和成千上万名旅客一样，前往北京南站。如果一切顺利的话，这个中国传媒大学动画学院的大一女生，将在当天19时42分回到她的故乡温州。

对于在离家将近2000公里外上学的朱平来说，"回家"也许就是她7月份的关键词。不久前，父亲因骨折住院，所以这次朱平特意买了动车车票，以前她是坐28个小时的普快回家的。

12个小时后，她就该到家了。在新浪微博上，她曾经羡慕过早就放假回家的中学同学，而她自己"还有两周啊"，写到这儿，她干脆一口气用了5个感叹号。

"你就在温州好好吃好好睡好好玩吹空调等我吧。"她对同学这样说。

就在出发前一天，这个"超级爱睡觉电话绝对叫不醒"的姑娘生怕自己误了火车。在调好闹钟后，她还特意拜托一个朋友"明早6点打电话叫醒我"。

23日一早，20岁的朱平穿上浅色的T恤，背上红色书包，兴冲冲地踏上了回家的路。临行前，这个在同学看来"风格有点小清新"的女孩更新了自己在人人网上的状态："近乡情更怯是否只是不知即将所见之景是否还是记忆中的模样。"

就在同一个清晨，中国传媒大学信息工程学院的2009级学生陆海天也向着同样的目的地出发了。在这个大二的暑假里，他并不打算回安徽老家，而是要去温州电视台实习。在他的朋友们看来，这个决定并不奇怪，他喜欢"剪片子"，梦想着成为一名优秀的电视记者，并为此修读了"广播电视编导"双学位，"天天忙得不行"。

据朋友们回忆，实际上陆海天并不知道自己将去温州电视台实习哪些工作，但他还是热切地企盼着这次机会。开始他只是买了一张普快的卧铺票，并且心满意足地表示，"订到票了，社会进步就是好"。可为了更快开始实习，他在出发的前几天又将这张普快票换成了一张动车的二等座票。

23日6时12分，陆海天与同学在北京地铁八通线的传媒大学站挥手告别。

7时50分，由北京南站开往福州、途经温州南站的D301次列车启动。朱平和陆海天开始了他们的旅程。

后来，人们知道陆海天坐在D301次的3号车厢。可有关朱平确切的座位信息，却始终没有人知道。有人说她在5号车厢，有人并不同意，这一点至今也没人能说得清。

几乎就在开车后的1分钟，那个调皮的大男孩拿起手机，在人人网上更新了自己的最新信息："这二等座还是拿卧铺改的，好玩儿。"朱平也给室友发了条"炫耀"短信：马上就要"飞驰"回家了，在动车上，就连笔记本电脑的速度也变快了，这次开机仅仅用了38秒。

D301上，陆海天和朱平的人生轨迹靠近了。在学校里，尽管他们都曾参加过青年志愿者协会，但彼此并不认识。

朱平真正的人生几乎才刚刚开始。大一上学期，她经历了第一次恋爱，第一次分手，然后"抛开了少女情怀，寄情于工作"，加入了校学生会的技术部。在这个负责转播各个校级晚会、比赛的部门里，剪片是她的主要任务。

室友们还记得，她常常为此熬夜，有时24个小时里也只能睡上两个钟头。一个师兄也回忆起，这个小小的女孩出现在校园里的时候，不是肩上扛着一个大摄像机在工作，就是捧着一台笔记本电脑做视频剪辑。

就像那些刚刚进入大学的新生们一样，这个长着"苹果脸"的女孩子活跃在各种各样的课外活动上，她甚至参加了象棋比赛，并让对手"输得很惨"。

有时，这个"90后"女孩也会向朋友抱怨，自己怎么就这样"丧失了少女情怀"。随后，她去商场里买了一双楔形跟的彩带凉鞋，又配上了一条素色的褶皱连衣裙。

黄一宁是朱平的同乡，也是大学校友，直到今天，他眼前似乎总蹦出朱平第一次穿上高跟鞋的瞬间。"那就是我觉得她最漂亮的样子。"一边回忆着，这个男孩笑了出来。

可更多时候，朱平穿的总是在街边"淘来的，很便宜的衣服"。当毕业的时节来临，朱平又冲到毕业生经营的二手货摊上买了一堆"好东西"，"那几天，她都开心极了"。

她平日花钱一贯节俭，甚至每个月的饭钱不到200元。这或许与她的家庭有关，邻居们知道，朱平的父亲已经80多岁，母亲60多岁，这个乖巧的女儿总是不希望多花掉家里一元钱。

就连这趟归心似箭的回家旅程，她也没舍得买飞机票，而是登上了D301次列车。

"车上特别无聊，座位也不舒服，也睡不痛快，我都看了3部电影了。"朱平在发给黄一宁的短信里这样抱怨，"我都头晕死了。"

在这个漫长而烦闷的旅途里，陆海天也用手机上网打发着时间。中午时分，朋友在网上给他留言，"一切安好？"

他十分简短地回答了一句，"好，谢。"

在陆海天生活的校园里，能找到很多他的朋友。这个身高1.7米的男孩是个篮球迷，最崇拜的球星是被评为"NBA历史十大控球后卫"之一的贾森·基德，因为基德在38岁的高龄还能帮助球队夺取总冠军。

师兄谢锐想起，去年的工科生篮球赛上，陆海天的任务就是防守自己。那时，谢锐还不认识这个"像基德一样有韧性"的男孩，被他追得满场跑，"我当时心里想，这师弟是傻么，不会打球就知道到处追人。"

其实，在篮球场上，这个身穿24号球衣的男孩远不如基德那样重要，甚至"没有过什么固定的位置"。可在赛场内外，他都是不知疲倦的男生。他曾担任过中国网球公开赛的志愿者，"对讲机里总是传出呼叫陆海天的声音"。志愿者们在高近10米的报告厅里举办论坛时，也是这个男孩主动架起梯子，爬上顶棚去挂条幅。

学姐吴雪妮翻出了一年前陆海天报考青年志愿者协会时的面试记录。在这个男孩的备注里，吴雪妮写着："善良，任务一定能够完成。"

甚至就在离开学校的前一个晚上，他还在饭桌上和同学聊了一会儿人生规划。据他的朋友说，"陆海天最讨厌愤青，平时从来不骂政府"。如果不出意外，他可能会成为一个记者，冲到新闻现场的最前线。而第二天到达温州，本应该是这份规划中事业的起点。

在这辆高速行驶的列车上，有关陆海天和朱平的信息并没有留存太多。人们只能依靠想象和猜测，去试图弄清他们究竟如何度过了整个白天。"希望"也许是7月23日的主题，毕竟，在钢轨的那一端，等待着这两个年轻人的，是事业，是家庭。

7月23日20时01分

人们平静地坐在时速约为200公里的D301次列车里。夜晚已经来临，有人买了一份包括油焖大虾和番茄炒蛋的盒饭，有人正在用iPad玩"斗地主"，还有人喝下了一罐冰镇的喜力啤酒。

据乘客事后回忆，当时广播已经通知过，这辆列车进入了温州境内。没有人知道陆海天当时的状况，但黄一宁在20时01分收到了来自朱平的短信："你在哪，我在车上看到闪电了。"

当时还没有人意识到，朱平看到的闪电，可能预示着一场巨大的灾难。

根据新华社的报道，D301前方的另一辆动车D3115，遭雷击后失去动力。

一位 D3115 上的乘客还记得，20 时 05 分，动车没有开。20 时 15 分，女列车长通过列车广播发布消息："各位乘客，由于天气原因，前面雷电很大，动车不能正常运行，我们正在接受上级的调度，希望大家谅解。"

有人抱怨着还要去温州乘飞机，这下恐怕要晚点了。但一分钟后，D3115 再次开动。有乘客纳闷，"狂风暴雨后的动车这是怎么了？爬得比蜗牛还慢"。将要在温州下车的旅客，开始起身收拾行李，毕竟，这里离家只有 20 分钟了。

20 时 24 分，朱平又给黄一宁发来了一条短信，除了发愁自己满脸长痘外，她也责怪自己"今年的成绩，真是无颜见爹娘"。可黄一宁知道，朱平学习很用功，成绩也不错，"但她对自己要求太严了，每门考试都打算冲刺奖学金"。

已经抵达温州境内的朱平同时也给室友发了一条短信："我终于到家了！好开心！"

这或许是她年轻生命中的最后一条短信。

10 分钟后，就在温州方向双屿路段下岙路的一座高架桥上，随着一声巨响，朱平和陆海天所乘坐的、载有 558 名乘客的 D301，撞向了载有 1072 名乘客的 D3115。

两辆洁白的"和谐号"就像是被发脾气的孩子拧坏的玩具：D301 次列车的第 1 到 4 节车厢脱线，第 1、2 节车厢从高架上坠落后叠在一起，第 4 节车厢直直插入地面，列车表面的铁皮像是被撕烂的纸片。

雷电和大雨仍在继续，黑暗死死地扼住了整个车厢。一个母亲怀里的女儿被甩到了对面座位底下；一个中年人紧紧地抓住了扶手，可是很快就被重物撞击，失去意识……

附近赶来救援的人们用石头砸碎双层玻璃，幸存者从破裂的地方一个接一个地爬出来，人们用广告牌当作担架。救护车还没来，但为了运送伤员，路上所有的汽车都已经自发停下。摩托车不能载人，就打开车灯，帮忙照明。

车厢已经被挤压变形，乘客被座位和行李紧紧压住，只能发出微弱的呼救声。消防员用斧头砸碎了车窗。现场的记者看到，23 时 15 分，救援人员抬出一名短发女子，但看不清生死；23 时 25 分，一名身穿黑白条纹衫的男子被抬出，身上满是血迹；然后，更多伤者被抬出列车。

有关这场灾难的信息在网络上迅速地传播，人们惊恐地发现，"悲剧没有旁观者，在高速飞奔的中国列车上，我们每一位都是乘客"。

同时，这个世界失去了朱平和陆海天的消息。

在中国传媒大学温州籍学生的 QQ 群里，人们焦急地寻找着可能搭乘这辆列车回家的同学。大二年级的小陈，乘坐当晚的飞机，于凌晨到达温州。在不断更新着最新讯息的电脑前，小陈想起了今早出发的朱平。他反复拨打朱平的手机，可始终无人接听。

黄一宁也再没有收到朱平的短信回复。当他从网上得知 D301 发生事故后，用毫不客气的口吻给朱平发出了一条短信：“看到短信立即回复汇报情况！”

仍旧没有回复。

因为担心朱平的手机会没电，黄一宁只敢每隔 5 分钟拨打一次。大部分时候无人接听，有时，也会有“正在通话中”的声音传出。“每次听到正在通话，我心就会怦怦跳，心想可能是朱平正在往外打电话呢。”

可事实上，那只是因为还有其他人也在焦急地拨打着这个号码。

同学罗亚则在寻找陆海天。这个学期将近结束，分配专业时，陆海天和罗亚一起，凭着拔尖的成绩进入了整个学院最好的广播电视工程系。这是陆海天最喜欢的专业，可他们只开过一次班会，甚至连专业课也还没开始。

朋友们想起，在学期的最后一天，这个“很文艺的青年”代表小组进行实验答辩，结束时，他冒出了一句：“好的，over！”

“本来，他不是应该说‘thank you’吗？”

陆海天的电话最终也没能接通，先是“暂时无法接通”，不久后变为“已关机”。也就在那天夜里 10 时多，朱平的手机也关机了。

在这个雨夜，在温州，黄一宁和小陈像疯了一样寻找着失去消息的朱平。

约 200 名伤者被送往这座城市的各个医院，安置点则更多，就连小陈曾经就读的高中也成了安置点之一。

寻找陆海天的微博被几千次地转发，照片里，他穿着蓝色球衣，吹着一个金属哨子，冲着镜头微笑。但在那个夜晚，没有人见到这个“1.7 米左右，戴眼镜，脸上有一些青春痘”的男孩。

那时，陆海天就在 D301 上的消息已经被传开。朋友们自我安慰：陆海天在 D301，这是追尾车，状况应该稍好于 D3115。另悉，同乘 D301 的王安曼同学已到家。

人们同时也在寻找朱平，“女，1.6 米左右，中等身材，着浅色短袖，长裤，红色书包，乘坐 D301 次车”。

人们还在寻找 30 岁、怀孕 7 个月的陈碧，有点微胖、背黑色包包的周爱芳，短发、大门牙的小姑娘黄雨淳，以及至少 70 名在这场灾难中与亲友失去联系的乘客。

一个被行李砸晕的 8 岁小男孩，醒来后扒开了身上的行李和铁片，在黑暗中爬了十几分钟后，找到了车门。周围没有受伤的乘客都跑来救援，但他只想要找到自己的妈妈。后来在救护车上，他看到了妈妈，"我拼命摇妈妈，可妈妈就是醒不来。"

追尾事故发生后，朱平的高中和大学同学小潘也听说了朱平失踪的消息。她翻出高中的校友录，在信息栏里找到朱家的电话。24 日 0 时 33 分，她告诉 QQ 群里的同学，她已经拨通了这部电话，可是"只有她妈妈在家，朱平没有回去过"。

这位年过六旬的母亲并不知道女儿搭乘的列车刚刚驶入了一场震惊整个国家的灾难。"她妈妈根本不知道这个消息。"小潘回忆通话时的情景。朱妈妈认为，女儿还没到家可能只是由于常见的列车晚点，她已经准备好了一桌饭菜，继续等待女儿的归来。

凌晨 3 时许，黄一宁和小陈分头去医院寻找已经失踪了 7 个小时的朱平。他们先是在急诊部翻名单，接着又去住院部的各个楼层询问值班护士。

广播仍然在继续，夜班主持人告诉焦急的人们，只有极个别重伤者才会被送往温州医学院附属第三医院和附属第一医院。而在那时，黄一宁根本不相信朱平就是这"极个别人中的一个"。在医院里，死亡时刻都在发生。

当黄一宁看到，一位老医师拿着身份证对家属说，这个人已经死了，他的心里紧了一下。有的死者已经无法从容貌上被辨识，一个丈夫最终认出了妻子，是凭借她手指上的一枚卡地亚戒指。

可朱平却像是从这个世界上消失了，谁也不知道她的下落。

当小陈最终找进附一院时，他向护士比画着一个"20 多岁，1.6 米高的女孩"时，护士的表情十分震惊："你是她的家属吗?"

那时，小陈突然意识到，自己之前抱有的一丝希望也已经成为泡沫。他从护士那里看到了一张抢救时的照片，又随管理太平间的师傅去认遗体。女孩的脸上只有一些轻微的刷蹭，头发还是散开的，"表情并不痛苦，就好像睡觉睡到了一半，连嘴也是微微嘟着的"。

他不敢相信这就是自己的"包子妹妹"。但是，没错。他随后打电话给另外几名同学："找到朱平了，在附一院。"

黄一宁冲进医院大门时看见了小陈："朱平在哪里?"

小陈没说话，搂着黄一宁的肩膀，过了好一会才说："朱平去世了。"

两个男孩坐在花坛边上，眼泪不停地往下掉。小陈又说："可能是我王八蛋看错了，所以让你们来看一下。"

黄一宁终于在冰柜里看到了那个女孩，她的脸上长了几颗青春痘，脖子上的项链坠子是一个黄铜的小相机，那正是他陪着朱平在北京南锣鼓巷的小店里买的，被朱平当成了宝贝。

那一天，他们一起看了这条巷子里的"神兽大白"，"就是一只叫得很难听的鹅"。那一天，朱平炫耀了自己手机里用3元钱下载的"摇签"软件，还为自己摇了一个"上签"。

"你知道吗？我们俩都计划好了回温州要一块玩，一起去吃海鲜。可是看着她就躺在太平间里，我接受不了。"回忆到这里，黄一宁已经不能再说出一句话，大哭起来。

7 月 23 日 22 时

朱平是在23日22时44分被送到医院的，23时左右经抢救无效后身亡。

21时50分，被从坠落的车厢里挖出的陆海天，被送到了温州市鹿城区人民医院。据主治医生回忆，那时，他已经因受强烈撞击，颅脑损伤，骨盆骨折，腹腔出血，几分钟后，心跳停止，瞳孔放大；在持续了整整一个小时的心肺复苏后，仍然没有恢复生命的迹象，宣告死亡。

在D301次列车发生的惨烈碰撞中，两个年轻人的人生轨迹终于相逢，并齐齐折断。这辆列车在将他们带向目的地之前，把一切都撞毁了。

天亮了，新闻里已经确认了陆海天遇难的消息，但没人相信。有人在微博上写道："我不敢相信也不愿相信！希望有更确切的消息！"

陆海天才刚刚离开学校，他的照片还留在这个世界上。这个总是穿着运动装的男孩有时对着镜头耍帅，有时拿起手机对着镜子自拍，也有时被偷拍到拿着麦克风深情款款。

直到24日中午，仍有人焦急地发问："你在哪？打你电话打不通。"也有人在网络日志里向他大喊："陆海天你在哪里？你能应一句吗！！！"那个曾与他在地铁站挥手道别的朋友，如今只能对他说一句："晚安，兄弟。"

朱平失踪的微博也仍在被转发，寻人时留下的号码收到了"无数的电话和短信"，一些甚至远自云南、贵州而来，他们说，只是"想给朱平加油"。

可那时，朱平的哥哥已经在医院确认了妹妹的身份。他恳求朱平的同学，自己父母年岁已高，为了不让老人受刺激，晚点再发布朱平的死讯。那几个已经知道朱平死讯的年轻人，不得不将真相憋在心里，然后不停地告诉焦急的人们，"还在找，不要听信传言"。

这个圆脸女孩的死讯，直到 24 日中午通知她父母后才被公开。悲伤的母亲再也说不出什么话来，整日只是哭着念叨："我的小朱平会回来的，会回来的"。

黄一宁也总觉得朱平还活着。就在学期结束前，她买了一枚"便宜又好用"的镜头，并且洋洋得意地告诉朋友们，"回家要给爸妈多拍几张好照片"。

黄一宁还记得，朱平说过要回来和他一起吃"泡泡"（温州小吃），说要借给他新买的镜头，答应他来新家画墙壁画。"朱平，我很想你……可是，希望我的思念没有让你停下脚步，请你大步向前。"黄一宁在 26 日凌晨的日志里写道。

他也曾想过，如果这趟列车能够抵达，"会不会哪一天我突然爱上了你"。

阳光下花草、树木的倒影还留在这个姑娘的相机里；草稿本里还满是这个姑娘随手涂画的大眼睛女孩；她最喜欢的日剧《龙樱》仍在上演；这个夏天的重要任务还没完成，她在微博上调侃自己"没减肥徒伤悲"……

但朱平已经走了。

新华社发布的消息称，截至 25 日 23 时许，这起动车追尾事故已经造成 39 人死亡。死者包括 D301 次列车的司机潘一恒。在事故发生时，这位安全行驶已达 18 年的司机采取了紧急制动措施，在严重变形的司机室里，他的胸口被闸把穿透。死者还包括，刚刚 20 岁的朱平和陆海天。

23 日晚上，22 时左右，朱平家的电话铃声曾经响起。朱妈妈连忙从厨房跑去接电话，来电显示是朱平的手机。"你到了？"母亲兴奋地问。

电话里没有听到女儿的回答，听筒里只传来一点极其轻微的声响。这个以为马上就能见到女儿的母亲认为，那只是手机信号出了问题。

似乎不会再有别的可能了——那是在那辆永不能抵达的列车上，重伤的朱平用尽力气留给等待她的母亲的最后一点讯息。

（来源：《中国青年报》2011 年 7 月 27 日）

【思考讨论】

1. 请结合本章给出的新闻特写作品（作品一至作品三），思考：新闻特写与一般通讯的区别主要体现在哪些方面？

2. 本章给出的三篇新闻特写都是哪些类型？请阅读并讨论之。从写作角度看，这些新闻特写在对精彩片段、新闻细节的选择和处理上各有什么特色？试总结之。

3. 目前，电视或网络中新闻特写类节目经常出现，请收看和搜集相关视频（多媒体）作品，对比纯文字稿件与这些视频作品（或多媒体作品）的异同，并把握其不同的传播效果。

4. 外国记者曾总结：在新闻记者扮演"气喘吁吁的讯息传递者"角色时，特稿作者却能够成为"闲聊的人、敏锐的分析者、行为古怪的专家、富于同情心的顾问、专横的独家新闻发布者、鼓舞人心的领路人"等角色。请结合本章中给出的作品四与作品五（及其成文背景与获得荣誉），理解特稿作者的角色定位。并思考：一篇好的特稿，应具备哪些要素？写作一篇好的特稿，记者需要做什么？

5. 请结合本章给出的两篇特稿（作品四、五），以及在课下阅读的一定量新闻特稿，思考：中国纸媒体为什么会呈现出"特稿热"现象？媒介融合大背景下，特稿在新媒体上有没有新的突破性的表现形式？并思考其发展趋势。

【训练任务】

任务一

请同学们阅听近日的报纸、杂志、广播、电视及网络媒体，寻找至少5篇新闻特写和3篇特稿，具体分析其写作与传播的优劣。课堂上请同学们就所寻找到的作品及其刊载（刊播）媒体进行发言、交流和点评。

任务二

组织学生采访团，进行一次或几次校园内外的主题活动及采访（比如采访社团活动，与当地报纸联手进行社区新闻采访活动，以及固定时间内采访本省各个县市相关人物或事件、风貌等等），请学生以小组形式采写和提交一定数量的新闻特写及其他新闻作品。教师给予点评，优秀作品予以展示、推荐和经验交流。

任务三

邀请有经验的优秀特稿记者到班级中举行讲座，并就特稿写作技巧、特稿写作成篇的过程及经验等具体情况与同学交流。请同学据此写作交流感想与总结。

任务四

鼓励部分同学利用业余时间进行特稿创作。

新闻调查实训

本单元的学习和训练目标:

了解新闻调查概念的产生及演化，掌握对新闻内幕进行调查的若

干方法和途径,试练习写作调查性报道。

【基本理论概述】

一、调查性报道概述

调查性报道于 20 世纪末期的几十年内在美国得以迅速发展，并产生了巨大的社会影响力。

我国近十几年来的新闻实践也使得"新闻调查"深入人心。电视领域的《东方时空》《焦点访谈》《新闻调查》等栏目的开播和产生的巨大社会效应，平面媒体领域的《财经》杂志、《南方周末》特稿、《南方都市报》的报道和评论，网络媒体领域的"财新网"等，都见证了调查性报道在中国的发展和壮大。调查性记者如王克勤、邓飞、简光洲、李海鹏等以及他们的著名的新闻作品，也进一步诠释了中国新闻调查的内涵。

关于"调查性报道"的特点和内涵，目前比较有共识的认识是：

1. 它是记者独立调查、深入挖掘、思考的产物，是记者原创性的作品；

2. 它以披露那些"试图被掩盖的真相"为己任；

3. 它捍卫公共利益，于公众具有重要意义，也往往容易出现在媒体的显要位置和时段上。

由此出发，我们认为调查性报道的概念，指的是具备专业精神的职业记者独立深入调查新闻事件、问题、现象，揭露那些被权力所遮蔽的真相和内幕，以期实现维护公共利益目的的一种新闻报道方式。

二、调查性报道的类型

依据所报道领域的不同，调查性报道主要可以分为三种类型：

1. 突发事件类报道；

2. 专题问题类报道；

3. 历史真相类报道。

三、调查性报道的题材选择

调查性报道的题材选择一般应该遵循以下原则：

（一）重要性

调查性报道作为一种"重量级"新闻报道方式，篇幅长、调查难、成稿艰辛，但一经完成又往往带来巨大的社会反响。这样的报道侧重于选择对于社会公共生活具有重要意义的事件、问题、现象进行报道。

（二）独家性

由于调查性报道往往周期长、耗费人力物力，因此在选择题材时必须考虑新闻价值最大化。从这个意义上说，调查性报道追求新闻题材的独家性，力图寻找到未被其他媒体挖掘的新闻事件及其核心人物、核心细节。

（三）故事性

与其他类别的新闻报道写作要求相同，情节曲折、矛盾冲突显著、反常态、人情味浓的写作风格依然受到调查性报道的青睐。

（四）时效性

在强调深度的基础上，调查性报道也注意题材的时效性，记者需要尽可能快地投入到采访报道中。

三、调查性报道的写作原则和技巧

调查性报道的写作原则主要包括以下三点：

（一）真实精确

相比于一般新闻报道，调查性报道在强调真实性的基础上，更加强调对所调查新闻事实的海量采访与深入挖掘，务求证据确凿，资料翔实。调查性报道对于物证、资料、人证的需求量比较大，对于哪怕是新闻细节方面的准确性要求也比较高。

（二）客观全面

调查性报道的写作应以陈述事实为主，不带太多的感情色彩，用笔平实明白，立场客观平衡。应该坚持多信源原则，一篇报道中必须有较多的各方面的准确的新闻信息源出现；同时，在写作中要给事件各方都留有表达观点和意见的空间。

（三）清晰深刻

调查性报道文本务须具有强大的逻辑链条和严谨结构，由事实表层直抵被掩盖的核心真相，必要时突出记者的调查研究过程或思路。

文稿要证据扎实，逻辑严谨，核心事实突出，深层根源与事件本质原因凸显。

四、调查性报道的写作技巧

1. 充分运用直接引语，信息源多样化；

2. 关键性要素如时间、地点、人物等一般情况下明确表述；

3. 充分利用公共资料及数据；

4. 充分利用网络资源及进行网络互动；

5. 长稿件要加小标题；

6. 掌握"硬新闻软化"的相关技巧，灵活运用多种结构与手法，提高文本质量。

【作品阅读】

作品一

被收容者孙志刚之死

本报记者　陈　峰　王　雷

3 月 17 日：在广州街头被带至黄村街派出所；

3 月 18 日：被派出所送往广州收容遣送中转站；

3 月 18 日：被收容站送往广州收容人员救治站；

3 月 20 日：救治站宣布事主不治；

4 月 18 日：尸检结果表明，事主死前 72 小时曾遭毒打。

孙志刚，男，今年 27 岁，刚从大学毕业两年。

2003 年 3 月 17 日晚 10 点，他像往常一样出门去上网。在其后的 3 天中，他经历了此前不曾去过的三个地方：广州黄村街派出所、广州市收容遣送中转站和广州收容人员救治站。

这三天，在这三个地方，孙志刚究竟遭遇了什么，他现在已经不能告诉我们了。3 月 20 日，孙志刚死于广州收容人员救治站（广州市脑科医院的江村住院部）。

他的尸体现在尚未火化，仍然保存在殡仪馆内。

孙志刚死了

先被带至派出所，后被送往收容站，

再被送往收容人员救治站，之后不治

孙志刚来广州才20多天。2001年，他毕业于武汉科技学院，之后在深圳一家公司工作，20多天前，他应聘来到广州一家服装公司。

因为刚来广州，孙志刚还没办理暂住证，当晚他出门时，也没随身携带身份证。

当晚11点左右，与他同住的成先生（化名）接到了一个手机打来的电话，孙志刚在电话中说，他因为没有暂住证而被带到了黄村街派出所。

在一份《城市收容"三无"人员询问登记表》中，孙志刚是这样填写的："我在东圃黄村街上逛街，被治安人员盘问后发现没有办理暂住证，后被带到黄村街派出所。"

孙志刚在电话中让成先生"带着身份证和钱"去保释他，于是，成先生和另一个同事立刻赶往黄村街派出所，到达时已接近晚12点。

出于某种现在不为人所知的原因，成先生被警方告知"孙志刚有身份证也不能保释"。在那里，成先生亲眼看到许多人被陆续保了出来，但他先后找了两名警察希望保人，但那两名警察在看到正在被讯问的孙志刚后，都说"这个人不行"，但并没解释原因。

成先生说，其中一个警察还让他去看有关条例，说他们有权力收容谁。

成先生很纳闷，于是打电话给广州本地的朋友，他的朋友告诉他，之所以警方不愿保释，可能有两种情况：一是孙志刚"犯了事"，二是"顶了嘴"。

成先生回忆说，他后来在派出所的一个办公窗口看到了孙志刚，于是偷偷跟过去问他"怎么被抓的，有没有不合作"，孙回答说"没干什么，才出来就被抓了"。成先生说，"他（孙志刚）承认跟警察顶过嘴，但他认为自己说的话不是很严重"。

警察随后让孙志刚写材料，成先生和孙志刚从此再没见过面。

第二天，孙的另一个朋友接到孙从收容站里打出的电话，据他回忆，孙在电话中"有些结巴，说话速度很快，感觉他非常恐惧"。于是，他通知孙志刚所在公司的老板去收容站保人。之后，孙的一个同事去了一次，但被告知保人手续不全，在开好各种证明以后，公司老板亲自赶到广州市收容遣送中转站，但收容站那时要下班了，要保人得等到第二天。

3月19日，孙志刚的朋友打电话询问收容站，这才知道孙志刚已经被送到医院（广州收容人员救治站）去了。在护理记录上，医院接收的时间是18日晚11点30分。

成先生说，当时他们想去医院见孙志刚，又被医生告知不能见，而且必须是孙志刚亲属才能前来保人。

3月20日中午，当孙的朋友再次打电话询问时，得到的回答让他们至今难以相信：孙志刚死了，死因是心脏病。

护理记录表明，入院时，孙志刚"失眠、心慌、尿频、恶心呕吐，意识清醒，表现安静"，之后住院的时间，孙志刚几乎一直"睡眠"：直到3月20日早上10点，护士查房时发现孙志刚"病情迅速变化，面色苍白、不语不动，呼吸微弱，血压已经测不到"。医生在10点15分采取注射肾上腺素等治疗手段，10分钟后，宣布停止一切治疗。孙志刚走完了他27年的人生路。

医院让孙志刚的朋友去殡仪馆等着。孙的朋友赶到殡仪馆后又过了两个小时，尸体运到。

护理记录上，孙的死亡时间是2003年3月20日10点25分。

孙志刚是被打死的
尸检结果表明：孙志刚死前几天内曾遭毒打并最终导致死亡

医院在护理记录中认为，孙是猝死，死因是脑血管意外，心脏病突发。

在向法医提出尸检委托时，院方的说法仍是"猝死、脑血管意外"。据3月18日的值班医生介绍，孙志刚入院时曾说自己有心脏病史，据此推断孙志刚死于心脏病。但是，这个说法遭到了孙志刚家属和同学的反驳，孙志刚父亲表示，从来不知道儿子有心脏病。

同样，法医尸检的结果也推翻了院方的诊断。在中山大学中山医学院法医鉴定中心4月18日出具的检验鉴定书中，明确指出："综合分析，孙志刚符合大面积软组织损伤致创伤性休克死亡。"

虽然孙的身体表面上看不出致命伤痕，但是在切开腰背部以后，法医发现，孙志刚的皮下组织出现了厚达3.5厘米的出血，其范围更是大到60厘米×50厘米。孙志刚生前是一个身高一米七四、肩宽背阔的小伙子，这么大的出血范围，意味着他整个背部差不多全都是出血区了。

"翻开肌肉，到处都是一坨一坨的血块"4月3日，中山大学中山医学院法医鉴定中心解剖孙志刚尸体，孙志刚的两个叔叔孙兵武和孙海松在现场目睹了解剖过程。"惨不忍睹！"孙兵武说，"尸体上没穿衣服，所以伤很明显。"

孙兵武说，他看到孙志刚双肩各有两个直径约1.5厘米的圆形黑印，每个膝盖上，也有五六个这样的黑印，这些黑印就像是"滴到白墙上的黑油漆那样明显"。孙兵武说，他当时听到一名参加尸体解剖的人说"这肯定是火烫的"。

孙兵武说，他看到在孙志刚的左肋部，有一团拳头大小的红肿，背部的伤甚至把负责尸检的医生"吓了一跳"，"从肩到臀部，全是暗红色，还有很多条长条状伤痕。"医生从背部切下第一刀，随着手术刀划动，一条黑线显现出来，切下第二刀的时候，显现出一坨坨的黑血块。

法医的检查还证明，死者的其他内脏器官没有出现问题，"未见致死性病理改变"。

法医的尸检结果表明：孙志刚死亡的原因，就是背部大面积的内伤。

鉴定书上的"分析说明"还指出，孙的身体表面有多处挫擦伤，背部可以明显看到条形皮下出血，除了腰背部的大面积出血以外，肋间肌肉也可以看到大面积出血。

"从软组织大面积损伤到死亡，这个过程一般发生在72小时内。"广州市第一人民医院一名外科医生介绍，"软组织损伤导致细胞坏死出血，由于出血发生在体内，所以眼睛看不见，情况严重会导致广泛性血管内融血，这一症状也被称作DIC。DIC是治疗的转折点，一旦发生，患者一般会迅速死亡，极难救治。所以类似的治疗，早期都以止血、抗休克为主，目的是阻止病情进入DIC阶段，没有发生DIC，患者生还希望极大。"

3月18日晚上11点30分，孙志刚被收容站工作人员送到医院（广州市收容人员救治站）。当天值班医生在体检病历"外科情况"一栏里的记录只有一个字："无"，"精神检查"一栏里的记录是"未见明显异常，情感适切"，初步印象判断孙志刚患有焦虑症或心脏病。

对于孙志刚背部大面积暗红色肿胀，双肩和双膝上可疑的黑点以及肋部明显的红肿，病历上没有任何记录。在采访中，当晚的值班医生承认，由于当晚天黑，没有发现孙志刚的外伤，第二天，"由于患者穿着衣服，也没有主动说有外伤"，还是没有发现孙志刚严重的外伤。

"（护理记录中）所谓的睡眠很可能其实是休克"，广州市第一人民医院的外科医生："由于内脏出血，血压下降，患者会出现创伤性休克，这是发生DIC症状的前兆之一，应该立即采取抢救措施。"

但是护理记录上，还只是注明"（患者）本班睡眠"。

按法医的说法，孙志刚体内的大出血，是被钝物打击的结果，而且不止一次。"一次打击解释不了这么大面积的出血",一名不愿意透露姓名的法医在看完尸检结果以后说。

从尸检结果看,孙志刚死前几天内被人殴打并最终导致死亡已是不争的事实。

更值得注意的是,孙身体表面的伤痕并不多,而皮下组织却有大面积软组织创伤,法医告诉记者,一般情况,在冬季穿着很厚的衣服的情况下,如果被打,就会出现这种情况。

而3月17日至3月20日的有关气象资料表明,广州市温度在16℃~28℃,这样的天气,孙当然不可能"穿得像冬天一样"。

那三天,孙志刚在黄村街派出所、收容站和医院度过的最后生涯,看来远不像各种表格和记录中写的那么平静。

孙志刚该被收容吗?
有工作单位,有正常居所,有身份证,只缺一张暂住证

接到死者家属提供的材料以后,记者走访了孙志刚临死前三天待过的那三个地方。

黄村街派出所拒绝接受采访,称必须有分局秘书科的批准。记者赶到天河分局,在分局门外与秘书科的同志通了电话,秘书科表示,必须有市公安局宣传处新闻科的批准。记者随后与新闻科的同志取得了联系,被告知必须先传真采访提纲。记者随后传了采访提纲给对方,但截至发稿时为止,尚没有得到答复。

广州市收容遣送中转站的一位副站长同样表示,没有上级机关的批准,他无法接受采访。记者随后来到广州市民政局事务处,该处处长谢志棠接待了记者。

谢志棠说,他知道孙志刚死亡一事。"收容站的工作人员都是公务人员,打人是会被开除的,而且收容站有监控录像",谢志棠说,孙为什么被打他不清楚,但绝对不会是在收容站里被打的。在发现孙志刚不适以后,他们就立刻把孙送进了医院。

"我有百分之九十九点八的把握可以保证,收容站里是不会打人的。"谢志棠说。谢志棠还说,孙被送到收容站的时间并不长。

与广州市收容遣送中转站一样,收治孙志刚的广州市脑科医院的医教科负责人也表示,孙的外伤绝对不是在住院期间发生的。这名负责人介绍,医院内安装有录像监控装置,有专人负责监控,一旦发现打架斗殴,会立即制止。记者要求查看录像记录,该负责人表示,将等待公安部门调查,在调查结果出来前,他们

不会提供录像资料给记者。

孙志刚是被谁打死的？

民政局认为收容站不可能打人，救治站否认孙的外伤发生在住院期间，
黄村街派出所拒绝接受采访

在离开收容站前往医院时，孙志刚曾填写了一张"离站征询意见表"，他写的是：满意！感谢！感谢！

现在已经无从知晓孙志刚当时的心情，也不知道他为什么要连写两个"感谢"，是在感谢自己被收容吗？

记者在翻阅有关管理条例并征询专业人员以后，才发现，孙志刚似乎并不属于应该被收容的对象。

在广东省人民代表大会常务委员会2002年2月23日通过并已于同年4月1日实施的《广东省收容遣送管理规定》中，明确规定，"在本省城市中流浪乞讨、生活无着人员的收容遣送管理工作适用本规定"。

黄村街派出所的一位侦查员在填写审查人意见时写道："根据《广东省收容遣送管理规定》第九条第六款的规定，建议收容遣送。"

这一款是这样规定的：

第九条　有下列情形之一的人员，应当予以收容：

……（六）无合法证件且无正常居所、无正当生活来源而流落街头的。

《规定》中还明确规定："有合法证件、正常居所、正当生活来源，但未随身携带证件的，经本人说明情况并查证属实，收容部门不得收容。"

孙志刚有工作单位，不能说是"无正当生活来源"；住在朋友家中，不能说是"无正常居所"；有身份证，也不能说是"无合法证件"。

在派出所的询问笔录中，很清楚记录着孙本人的身份证号码，但是在黄村街派出所填写的表格中，就变成了"无固定住所，无生活来源，无有效证件"。

孙志刚本人缺的，仅仅是一个暂住证。但是记者在任何一条法规中，都没查到"缺了暂住证就要收容"的规定。记者为此电话采访广州省人大法工委办公室，得到了明确的答复：仅缺暂住证，是不能收容的。

能够按广州市关于"三无"流浪乞讨人员管理的有关规定处理的，仅仅是不按规定申领流动人员临时登记证，或者流动人员临时登记证过期后"未就业仍在本市暂住的"人员。

但不知为什么，在黄村街派出所的询问笔录中，在"你现在有无固定住所在

何处"和"你现在广州的生活来源靠什么，有何证明"这两个问题下面，也都注明是"无"。

成先生已经向记者证实孙志刚确实是住在他处的，此外，记者也看到了服装公司开出的书面证明，证明孙是在"2003年2月24日到我公司上班，任平面设计师一职，任职期间表现良好，为人正直，确是我……服装有限公司的工作人员"。

为何在有孙志刚签名的笔录中，他却变成了无"生活来源"呢？这现在也是个未解之谜，民政局的谢处长对此也感到很困惑，"他一个大学生，智商不会低，怎么会说自己没有工作呢？"

于是，按照询问笔录上的情况，孙志刚变成了"三无"人员，派出所负责人签名"同意收容遣送"，市（区）公安机关也同意收容审查，于是，孙志刚被收容了，最后，他死了。

孙志刚的意外死亡令他的家人好友、同学老师都不胜悲伤，在他们眼中：孙志刚是一个很好的人，很有才华，有些偏激，有些固执。孙的弟弟说，"他社会经验不多，就是学习和干工作，比较喜欢讲大道理。"

孙志刚的同班同学李小玲说，搞艺术的人都有自己的个性，孙志刚很有自己的想法，不过遇事爱争，曾经与她因为一点小事辩论过很久。

孙志刚死亡后，他的父亲和弟弟从湖北黄冈穷困的家乡赶来，翻出了孙生前遗物让记者看，里面有很多获奖证书。"他是我们家乡出的第一个大学生。"不过，现在孙的家人有点后悔供孙志刚读大学了，"如果没有读过书，不认死理，也许他也就不会死……"

（来源：《南方都市报》2003年4月25日）

作品二

杀死阳宗海
邓 飞

花丛中，一个女人袒露着光洁的背部，眺望远处一片蔚蓝的海。从昆明到石林的公路上，柏联温泉SPR酒店挂了很多广告，努力诠释那句"面朝大海，春暖花开"。

站在最高的凹子山上，宜良县大营村村民指着群山环绕的一汪湖水说，"那就是海"：冒着浓烟的电厂、在阳光下熠熠生辉的高尔夫球场别墅群、杂乱的小镇，卡车在湖边马路上轰轰驰过。阳宗海则像一块碧玉嵌在其中。

政府在树上、墙上贴了许多告示——禁止饮用阳宗海水，禁止用阳宗海的水游泳和洗浴，禁止捕捞阳宗海的水生产品。

一份制作于 9 月 16 日的检测显示，阳宗海的砷浓度值高达 0.128 毫克/升。有媒体称按照上述检测结果计算，蓄水量为 6.04 亿立方米的阳宗海含砷总量高达 70 余吨。

中国最美丽的高原湖变成一个恐怖的"砒霜湖"。

她的容颜令人惊艳，她的命运却令人嘘叹，如同人世间陨落的红颜——被无数人垂涎。在一个发展至上的糟糕时代，她被无休止地掠夺、掠夺，直到死去。

乡村的旅游业

1994 年下半年，一个叫徐福英的昆明女人来到大营村，成为诸多投资大军中的一员。

村庄早已喧哗。三年前，宜良县五套班子决定开发阳宗海。阳宗海古称"大泽"、奕休湖，明朝时又称明湖。据史料记载，南诏大理国时期设三十七部，明湖一带为强宗部，南宋宝祐四年（1256 年）设强宗千户所。后强宗讹为阳宗，故名阳宗海。

阳宗海是一个成湖较晚的幼年湖，其湖岸平直，湖底坡度大，湖水深，湖边沉积物粗大。湖底凹凸不平，有岩洞暗礁，水色碧绿，透明度高，为淡水湖。湖边曾是大片肥沃的稻田，一年的水稻两年都吃不完。村民还可以捕捞湖里的鲤鱼、青鱼、白鱼、杆鱼等十余种鱼类，半农半渔都助村民生活富足。

1992 年，县政府一共征收了大营村、施家嘴村和另一个村 187.1 亩土地，投入 373 万元建设海滨游乐场。一圈围墙，将海滨娱乐场和村庄隔离开来。本省和外省人开着豪华轿车蜂拥而至，两个月下来收入 80 万元。阳宗海的美丽和丰厚的投资回报激发无数投资者的勃勃激情。

10 月，宜良县建立阳宗海度假区管委会，县长柴春智亲任主任，并制定《关于鼓励外商投资暂行规定》，试图进一步吸纳投资。不久，阳宗海旅游度假区获批成为云南第一个省级度假区。

"那是一个疯狂的年代，所有的人都想到阳宗海淘金。"宜良县一匿名人士称，新加坡一公司得到 7560 亩土地，建造两块球场和配套的四星级花园大酒店。一个香港公司投资 8000 万元，在湖里填了 100 多万立方米土石造地。

县武装部拿出枪支弹药和400万元在海边建了一个射击场。

猛增的游客令村民们惊喜——他们轻易卖出更多蔬菜、玉米、猪肉和牛干巴。在巨大的食物需求面前，传统的乡村生产模式变得迂腐过时，一些村民利用网箱在湖里养鱼，一度发展到2000亩；还有村民在湖边湿地上种植水稻或者办起鸡鸭养殖场。

徐福英投入700多万元建造了一艘"海王号"游轮，她的本意是做一个豪华的高档餐厅。1995年，她在游轮上接待了时任云南省副省长的李嘉廷。徐后来对检察官供认说，李对她表现了罕见的热情，主动索要电话号码，还反复叮嘱："小徐，你有什么事就到我的家里找我。"

在李的妻子出差的一天，徐去了李家，成为李的情人。

省长的女人开始在她的游轮上隔出若干个小标间，据称一天房费400元。游客们可以公然豪赌，还可以享受色情服务。村民经常看见一群群浓妆艳抹的女子被汽艇送上游船。县长柴春智则为了结交省长李嘉廷，对徐的行为视而不见，还借给徐500多万元财政资金。

徐福英的成功鼓舞了更多的人效仿。海滨娱乐场公然推行色情业和赌博业，成为一个著名的法外之地。

1995年，汤池镇的旅游项目税收达到2000万元，如果加上政策减免的2000万元，汤池镇当年旅游总税收达4000万元左右。

越来越多的游客推动着这个小镇急剧扩张，修路盖房导致建筑材料供不应求，村民们在湖边山上开起了众多的采石场。

1994年，昆明一个公司在阳宗海边圈地，他们在公路的北边一座山上挖走约50多万方土填海，至少填出16.2亩的土地，最后修建成现在的柏联SPA温泉大酒店。

村民称，当年的村干部带着村民填了一片海，后来卖给了柏联。村民们还曾为了那笔下落不明的"卖地款"上访，但官员裁判海不是任何人的，填海产生的土地不属于村民集体所有。

澄江的化工厂

阳宗海处在宜良、呈贡、澄江3县辖区内。在徐福英走进大营村的那一年，阳宗海西南端，澄江县谭葛营村也来了一群人，被镇上官员领着，说想要在村里开一个化肥厂。

和大营村相比较，谭葛营村也是一块"风水宝地"——背靠滇中第一高峰梁王山，面向阳宗海。老村支书谭铁红说，1988 年，该村年人均收入 142 元，相当于当年云南省的人均收入，俨然是澄江县的首富村。

投资商开出的条件非常"诱人"——保证招聘当地村民，薪水不菲，村民还可以对工厂"投资"，年底再分红。

如果不考虑污染问题，阳宗海的周边显然适合发展化工产业。《宜良县志》记载，1955 年 5 月，周恩来参加"万隆会议"后回国，途径阳宗海小憩，盛赞阳宗海是"高原明珠"，同时又鼓励建立电厂加快当地建设。

一个火电厂迅速出现在湖边。

有了充足的电力支持，阳宗海可以提供工厂的大量用水，谭葛营村 17 公里范围内富藏高品位的磷矿，玉溪市澄江县被勘探埋藏 6 亿吨以上的磷矿，足以帮助磷肥厂迅猛发展。

最后，几乎所有的村民都同意引进工厂。1994 年年底，谭葛营村提供湖边一块洼地开始建厂。一年半后，工厂投入生产。它最初名叫澄江磷肥厂，是澄江县阳宗镇集体企业，次年被一个叫李大宏的人承包。

因为提供土地，村民们每人分得数千元。帮助工厂基建的村民每天可以获取30 元报酬。工厂建成后，村民们每人又分到数千元，"也可以不用干活了"。

令村民们追悔莫及的是这个工厂冒出的刺鼻气体令人头晕、胸闷。2000 年，工厂扩大规模，烟囱变成了两根，烟尘越来越浓。

1998 年以来，谭葛营村一直为玉溪卷烟厂提供烟叶，但落了化工厂烟尘的烟叶一经烘烤，就变成了黑色，没法卖出好价钱。村民们不得不转而种植毛豆、土豆等。

2001 年 5 月，澄江磷肥厂转为李大宏的个人独资企业。2005 年 3 月，该厂更名为云南澄江锦业工贸有限公司（以下称锦业公司）生产磷酸钙和磷酸一胺两种化肥。厂方在一块石头上刻上公司的名字，并树立了一个金色的瓶状雕塑。

村民们向县、市和省级环保部门投诉，引来玉溪市、澄江县环保局对锦业公司的多次整改通知，并处罚 15 次，累计罚款 71.39 万元。

锦业公司也被明确指出存在未批先建、违法排污、环保设施不到位等多项违法行为，但令村民惊奇的是，磷肥厂总能一次次化险为夷，阵阵浓烟继续飘荡在村庄。

乡村对化肥的刚性需求推动锦业公司在一片指责声中快速发展。1996 年，锦业公司产值只有 200 多万元，2006 年为 4889 万元，而 2007 超过 1.6 亿元。

2008年上半年超过了1.5亿元。

而从2005年到今年6月，锦业公司上缴税金1162万元，6次受到市、县政府表彰奖励，还被授予澄江县民营企业"重点保护单位"。

锦业公司俨然是在澄江县一颗耀眼的"工业新星"，村民们开始无奈接受现实。

2008年春节，政府给村民李金保家每人发放了200元过节费，要求李家必须种植烟叶支持该市烟草业。李又种了两亩，产出300多公斤烟叶，烘烤后仍是颜色发黑，卖得1000多元，和成本和工时费相差无几。

柔软的污水厂

村民们还记得，20世纪50年代，阳宗海非常清澈，浅水区水下是那种黑黑的细沙，拼命在水里面搅，搅起来的黑沙看起来把水搞浑了，但是只要你游出十来米转身一看，水已经清了。

1958年建起的阳宗海电厂直接把煤灰冲到海里。到60年代的时候，电厂附近的一片海域开始发黑。《宜良县志》显示，1988年，该厂每天向阳宗海排放废水1万吨。

90年代，越来越多的人、工厂和建筑出现在阳宗海的周边。

春城湖畔度假村一直被批评污染阳宗海——一高尔夫球场为了使人工种植的草坪不长杂草、保持新绿，还要大量喷洒化肥、农药，如杀虫剂、杀菌剂和除草剂等等，所需的化学用品可多达几十种，所使用的药量高达农业用药的7倍。

一名原球场司机说，他曾试图带回剪下的青草喂养草鱼，被绿化部的人制止，称这些青草会毒死鱼或者其他牲口，只能送到化粪池发酵，作为林木肥料。这些药剂很轻易被雨水冲刷，流向阳宗海。

柏联SPR温泉酒店当时每天也有数以百吨的生活废水直排阳宗海。

阳宗海边上的云南铝业股份有限公司是云南的重点纳税大户之一，得到了大片山地，被村民指认一度向阳宗海排放如同啤酒白沫的工业废水。至今，该公司修建了一个连接阳宗海的排水涵洞，洞口高、宽均超过两米。

形形色色的各类物质源源不断地进入阳宗海，一度令当地人瞠目结舌。村民王学文说，他们出海打鱼曾在湖面上看到过成片的粪便。每到开春的时候，原来沉淀在湖底的粪便漂起来，黄澄澄，面积几十亩，厚的地方大约为一厘米。渔民要找个洗手的地方，必须到风口上去。

如果没有大风，这些粪便会一直在海面上漂，春天过后又沉下去，下一年的春天又浮起来。

阳宗海是一个受制于降雨的湖泊，雨水多，海水就多。流经汤池镇凤鸣村的摆衣河是主要的外来水源，水量不大，无法有效改善阳宗海水质。

1997年，阳宗海多次暴发大面积蓝藻，水质骤然下降到四类。宜良县环保局开始取缔了湖内的网箱、机动船、畜禽养殖场和采石场，并植树造林和禁止新建有污染的企业。

湖水的污染令阳宗海旅游由热到冷。1999年，汤池镇的旅游税收一下跌到了200多万元。

4年后，环保部门宣称阳宗海水质回归二类水标准，全湖由中营养状态好转为贫营养状态，达到水环境功能要求。

2004年初，云南投资2347万元在阳宗海边建起了一个污水处理厂，通过一条15公里长的管道收集污水，送处理厂统一处理。

新华社称在以滇池为代表的云南9大高原湖泊一半以上污染严重，滇池、星云湖、杞麓湖等湖泊的富营养化重病屡治不愈的情况下，应该细细探究阳宗海水质治理经验。国家环保总局对阳宗海的治理给予高度评价，称在湖泊治理史上是成功的，经验值得推广。

事实上，阳宗海污水处理厂并未根本改变阳宗海的危险处境，而污水厂如今也是丑闻缠身。

2008年3月，国家环保总局西南环保督察中心发现该厂存在管理体制不符合要求、运行记录与实际不符、运行不正常等问题。随后，云南省环境监察总队通报该污水处理厂运行记录不属实，弄虚作假，部分污染治理设施未运行等问题。

阳宗海污水处理厂的上级单位——宜良县排水公司经理袁德斌抱怨说，该厂主要处理柏联SPA温泉、阳宗海电厂、春城湖畔度假村、云南凤鸣磷肥厂4家临海大企业的生活污水。而由于当地政府资金不足，包括汤池镇的沿岸集镇的生活污水一直未能进入污水管网完成污水处理。

宜良政府认为污水厂可以通过收取污水处理费存活，"不再给一分钱"。该厂一年运行要50万元，而每年只能收费20万元。"机器一开就烧钱，能不开就不开"，所以，污水处理厂每半月才进行一次脱泥工艺。

柏联SPR温泉酒店一陈姓副总称他们每年支付污水处理费几十万元，这令处理厂很生气，他们说酒店为了节约开支，只肯每月支付1万元处理费。污水处理厂决定要求酒店明年一定装上污水计量器，然后按吨收费。

"我们不管排到阳宗海的工业废水。"袁德斌说。事实上，他们连进入管网的生活污水都无法进行较好处理——由于污水浓度较低，污水的净化效果只能达到60%。污水处理厂自己都认为不能排进阳宗海，于是转而排入汤池河，进入南盘江，流经贵州和两广注入南海。

10月22日下午，污水处理厂来了一支人大代表团，来调查阳宗海污染问题，前后不到半小时。

约20多名人大代表走出大楼好奇围观机械手一上一下捞出悬浮物，领队大喊一声，走啦。有一个代表想爬上处理池去看看，被领队喊住，"要走了，不要看了"。

代表们的车停靠在三百多米外的永祥山庄里。

领队拒绝了记者的询问，说："你们不要问我们，你们搞你们的，我们搞我们的。"

一个年轻的代表追上来抱怨："都是你们媒体把事搞大了，阳宗海哪有你们说的那么严重嘛?"

11月7日，住房与城乡建设部副部长称，城镇污水处理收集管网不足是严重制约中国污水处理的主因，财政部将对除沿海发达省区市之外的22个省区市进行水处理配套管网建设财政补贴，每公里将被奖励20万元。

这个边远污水厂可能因为搭上国家的顺风车，而改善状况。

最后一刀

"如果不是澄江的锦业公司，就不会搞出这么多事情。"宜良县汤池镇一名干部在电话里愤愤地说。

本来，一切看上去都不错。

到2008年，春城湖畔度假村已经拥有一个五星级度假酒店，两个18洞具有国际水准的高尔夫球场，三个高级西欧度假别墅区，被评选为亚洲最佳。多年以后，柏联SPR温泉酒店可以娴熟打造天人合一的环境，也获得了巨大成功，在2006年赢得"中国最佳休闲度假酒店"，也被称为亚洲最佳。

2005年，锦业公司申请上马一条磷酸一铵生产线，环保部门认为用硫酸分解磷矿石制取磷酸必然就会产生磷石膏等副产品，而磷石膏中所含砷、氟化物、游离磷酸、P2O5、磷酸盐等杂质势必造成大气、水系及土壤的污染，长时间接触磷石膏的人可能导致病变或者死亡。

环保局要求修建具有防渗漏、防流失、防扬尘功能的磷石膏渣场，但锦业公司没有修建就径直开工，磷石膏渣一直被堆积在工厂边上的一块洼地里，堆积成山。

宜良县环保局称，祸根在两年之前已经埋下，他们发现了澄江县境内很多农民从渣山搬走这些矿渣，堆满田头，以便在农忙时将其撒入泥土中当磷肥使用。

据称，2006年，宜良县委、县政府、环保局多次打报告到省市各级部门，也得到省市领导的高度重视并作批示。但因为澄江归属玉溪市，对宜良的提议可以不予理睬，"最终由于执行力度问题，这个事情一直没有得到解决"，湖边仍堆积着大量磷石膏。

2007年，玉溪市环保局将锦业公司列为市级挂牌督办项目，该公司在厂区刷上"建设资源节约型、环境友好型企业"的白色标语以示配合。4月，该厂68名员工慢性砷中毒，李动用关系疏通医院，平息了这场危机。

2008年6月初，澄江县环保局发现阳宗海砷含量超标，省环保局发现只有锦业公司的生产环节中才能产生砷。6月27日，环保局勒令锦业公司停工，罚款10万元。事实上，该厂当月又有36名员工接受砷过敏治疗。

不幸的是，6月28日凌晨，一场暴雨冲击没有遮挡的数十万吨磷石膏渣堆，有相当部分矿渣被冲入湖中，导致全湖的砷浓度严重超标。而这一信息被昆明市环保局设在湖边的一个自动检测站捕捉，并紧急上报云南省环保局。

当天下午，省环保局九大湖泊治理办公室电话通知昆明市、澄江县、宜良县、呈贡县等环湖县市，要求立即对湖水污染事故做出反应。

锦业公司对外声称自己是无辜的。2008年7月，该公司紧急填埋了一个向阳宗海严重渗漏含砷废水的循环池。

9月17日，云南省环保局对阳宗海周边和入湖河道沿岸企业进行紧急检查，发现临湖包括春城湖畔旅游置业发展有限公司、柏联SPA温泉酒店等8家企业有不同的环境违法违规行为，并确定锦业公司是阳宗海水体砷污染的主要来源。

环保部门很快进一步固定锦业公司诸多"罪证"——

该公司的进厂原料含砷量高，原料中的砷在制酸过程中进入循环水。生产时，每天有38902立方米砷浓度为0.296~130毫克/升的含砷废水循环使用。该公司将未作任何防渗处理的天然水池用作循环池，导致渗漏隐患严重。其中，渣场外溢水砷浓度高达19.719毫克/升。

此外，该公司制酸工艺中产生的固体废物酸泥、锌焙烧电尘灰、锌焙尘均含砷。

"简而言之，锦业公司是一个巨大的制砷工厂。"宜良县环保局一工作人员说。

10月21日，《凤凰周刊》在锦业公司看见清洗矿石原料后的污水蓄积在三个未经任何防渗处理的池塘里。池内污水经年累月浓绿如油漆，散发着一股不可名状的腥臭味。

那些磷石膏渣仍被露天堆积。污染事件爆发后，云南省、昆明市、玉溪市环保等部门组织人员运来大量黑色硬塑料将其覆盖。

玉溪市环保局官员指责锦业公司对环保问题总是能拖就拖，能推就推，甚至还说买不到需要的材料。"对交罚款倒是积极，罚个10万块钱对他们根本不算什么！"

讽刺的是，该公司员工私下反驳说，环保局的只想收钱，收了钱就不管，下次又可以再来收。

砷事件后，澄江县官员感慨世事无常——该县天帽山凭借世界级的动物化石群入选全国首批 A 级国家地质公园。2004 年，县政府正紧锣密鼓地进行天帽山世界自然遗产申报工作，而该县另一纳税大户却深入公园核心区边缘大肆开采磷矿，严重威胁动物化石群。是保护世界化石宝库还是开采磷矿，同样令当地政府部门难以抉择。

关于阳宗海的更大计划

70 多吨砷，令很多人椎心泣血。

1997 年的阳宗海污染重创当地的旅游业。此外，对黄赌毒的无数怒骂和举报像潮水一样涌到了云南和中央，令海滨游乐场走下坡路，最后变成一堆残垣断壁。2000 年，李嘉廷落马，徐福英和柴春智等一干人马因为不同指控也被送进监狱。

汤池镇萧条清冷，少有外地人光顾，路灯散发着红紫相间的昏暗光芒。街上练歌房里传出奇怪的喊叫声，司机皱眉说，"那是村民在自娱自乐"。

知情人称，邻县澄江的一系列运作令宜良负责人坐立不安——开发商在云南另一颗高原明珠、澄江抚仙湖东北岸占地450亩盖起了大片超五星级度假公寓，昆明街道上到处挂满"我期待日出，我期待涛声"的蓝色广告牌，鼓舞富人们去购买。

宜良县决定再次举起阳宗海的大旗，提出实现旅游"二次创业"，并提出了一个雄心勃勃的五年计划——通过五年努力，初步建成世界级休闲旅游度假胜地、云南省重要旅游目的地。到 2012 年，接待游客超过 200 万人，旅游收入超过 4 亿元。

2006 年，宜良县投入 6000 万元完成对阳宗海片区烂尾楼进行拆除和环境综合整治，并伸向了更广阔的临海区域。

四子山位于阳宗海西北岸，植被丰茂，将阳宗海风光尽收眼底。2006 年 10 月，宜良县国土资源局将这座山 2370 余亩土地分割成三块，在同一天与汤池镇三营村委会大营村民小组签订了三份征地协议。

有批评称，宜良县政府把四子山化整为零征收、出售，可以规避向国土资源部申报的法定程序。大营村 1000 余人口获得 800 多万元的征地补偿，而政府倒卖四子山则获益甚巨——坊间传闻说，宜良县政府作价 1.4 亿元将四子山转让给佳达利公司，由该公司投资 20 亿元打造高档会所。

大营村村民担心，四子山被开发成别墅区后，将加剧阳宗海的污染。但在政府看来，四子山项目将使阳宗海成为云南省最高端、最集中、最有影响、最有规模的景区，而且对周边乃至整个宜良的开发所形成的辐射与带动作用将是不可估量的。

政府重新开发阳宗海的背后是众多房产巨鳄的众多推手。随着中国房产市场的持续火爆，各路资本也盯住了中国最美丽的高原湖，并打响了一场土地争夺战。

柏联集团说，他们谋划在未来 5 年进行二期、三期整体开发，将阳宗海打造成亚洲第一的康体休闲度假小镇。如今，该项目的二期项目已经完成，一位副总介绍说，一个庭院的房价几千元到几万元不等。

与温泉酒店隔湖相望的春城湖畔度假村不断扩张，正在刨开山体扩建第三期别墅。一位职员介绍说，现在高尔夫球场主打的就是经营别墅，现在里面的别墅最便宜的一套也需要 200 万元以上。

最新来到宜良的一个香港人得到了汤池镇以南、澄江县以北的阳宗海东岸 203 公顷的地块，准备建设昆明云岭山生态旅游运动中心。

一个更大的项目也在紧锣密鼓进行中。宜良政府帮助来自深圳的华侨城集团用了 3 个多月在阳宗海湖畔盘下了 1 万亩土地。2007 年 7 月，华侨城完成了奠基仪式，声称打造一个生态旅游小镇。如无意外的话，他们将造出如同深圳东海岸一样的高档别墅向全球发售。

就连生产化肥的锦业公司也曾想在阳宗海湖畔成立一个"华商论坛"，分得一小杯羹。

与阳宗海相关的一切看起来前程似锦，几乎所有的人都为之欢欣鼓舞。

2008年2月，昆明市委书记仇和在阳宗海调研时强调，一切开发建设要以保护阳宗海水质为前提，绝不能让阳宗海变成"第二个滇池"。仇和强调说，阳宗海能吸引国内外的投资者、游客正是因为水。如果把阳宗海的水污染了，开发的前提就不存在了。

巧合的是，仇和一语成谶。

2008年9月24日，宜良政府在县城一家酒店组织拍卖原海滨游乐场的那一片土地，最后流拍。

显而易见的是，阳宗海的砷污染令投资者心生不安，没有人能说出阳宗海到底多少年才能起死回生。政府的"二次开发"看起来不妙，村民们开始满心欢喜地在砖石堆上见缝插针种上了青菜和玉米，"能收多少就算多少"。

大营村现任村民小组长王光荣说，阳宗海的第一次开发，给村民带来的是贫穷、屈辱和债务——大营村当年用土地入股海滨娱乐场，早已不能拿到分红。2000年起，大营村人开始依靠村民小组从信用社贷款发放每年每人1000元的口粮款，每年需要贷款100万元。

站在四子山上，村民们或坐或站追忆往事。他们说以前有一种叫"老河鸭"的大野鸭，它们成群结队地站在海边的石头上嬉戏，在海边的草丛、岩缝里筑巢下蛋。冬天的时候，还会有一群群的海鸥飞来过冬，但今年都没有了。

秋风萧瑟，阳光却明亮温暖，那一汪水安睡山间。还是当年的容颜，只是一切归于沉寂。

（来源：邓飞腾讯博客　2008年12月3日）

作品三

五问县级公立医院改革
——睢宁县改革试点的考察报告
何桂香　曲美慧

核心提示：7月29日，全省医改工作电视电话会议召开。会议透露，今年8月起，江苏省将全面推进县级公立医院综合改革，要求全省所有县级公立医院均要在年底前全面取消药品加成政策，经过2至3年的努力，力争将县域内就诊率提高到90%左右，基本实现大病不出县。

公立医院改革是新一轮医改的核心环节，而县级公立医院改革因与农民"贴得更近"更成为改革的一大焦点。目前，我市县级公立医院改革尚未全面展开，睢宁为唯一试点地区。

去年2月，睢宁县人民医院成为全省15家县级公立医院改革试点示范医院之一。今年1月26日，睢宁县人民医院和睢宁县中医院正式实施药品零差价销售，破除"以药养医"机制，并统筹推进服务体系、管理体制、人事分配制度等一系列改革。

如今，睢宁县级医院改革已经实施半年多，成效如何？8月17日，记者来到睢宁县两家公立医院进行实地考察。

一问　老百姓看病便宜了吗？

走进睢宁县人民医院门诊大厅，两张"睢宁县人民医院常用药物价目表"几乎贴满了大门右侧的整面墙壁。从价目表上可见，一盒48粒装的黄连片售价为3元钱，一盒100粒装的消炎利胆片售价为4.5元，其他大部分药品价格都是10元以下，最贵的120粒装六味地黄胶囊价格为55元。

"药价降了，降半年多了。"45岁的患者熊松梅正在药房窗口前等着拿药，她买的是阿莫西林胶囊。"我过年的时候来买这个药，价格就降了。现在2块5一盒，比原来便宜一半。"

另一位患者宋先生买的是硫糖铝片，这个药现在价格为2.6元，也比原来便宜了一半多。"挂号的时候收了我10元诊察费，比以前挂号费贵，不过其他杂七杂八费用都包括在这个诊察费里，而且药品价格降得力度很大，总体来说，我觉得看病便宜了。"宋先生说。

在心内科病房里，睢城镇潘村82岁的老人徐秀生因高血压住了7天院，她说自己家里条件不好，一直舍不得住院，这次实在病情危急才被送了来。"看病没那么贵。"老人住院费一共是5051元，医保报销70%后，自己只花了1500多元。

记者了解到，从今年1月底，两家医院取消了原本15%的药品加成，除中药饮片外所有药品都按进价实行零差价销售。根据睢宁县人民医院统计，今年前两个季度患者门诊均次费用为189元，住院均次费用为6238元，与去年基本持平。不过，医院收入中的药占比明显降低，截至6月底，该院药占比从去年同期的51.72%降至42.3%；睢宁县中医院前两个季度的药占比也从去年同期的

51.14%降至43.06%，患者均次费用基本持平。

二问　门急诊人次为何少了?

记者调查发现，这两家医院的门急诊人次并无明显增加，睢宁县人民医院门急诊人次不增反降。这是为什么?

今年前两个季度，睢宁县人民医院门急诊量为280410人次，比去年同期减少11149人次，降低3.8%。记者采访了解到，这可能与此次改革中设立的"诊察费"有关。

按照《睢宁县公立医院补偿机制和价格综合改革工作实施方案》，两家医院均将挂号费、急诊挂号费、药事服务费合并为诊察费，西医门诊每人次收取10元，副主任医师门诊每人次15元，主任医师门诊每人次25元，急诊诊察费每人次10元，以更好地体现医务人员劳动价值和技术水平。

但相比于原本仅两三元的挂号费而言，这个价格让一部分患者难以接受。"市里大医院专家号也才十几元，这里要15元到25元，难道技术比大医院还好?有点贵了。"采访中，患者刘大爷抱怨。

"很多老百姓不太明白为什么收这么贵的诊察费，实际上，这里面包含了挂号费和服务费，升的价格远没有药价降得厉害。而且医院取消药品加成后，医院收入减少了，需要通过提高医务人员的服务所得来适当弥补一下。医改的大方向就是取消以药养医，转而通过价格调整体现医务人员的技术劳动价值，激发他们的积极性。"睢宁县卫生局一位工作人员说。

"主要是这个诊察费不能报销，如果它能给算在新农合里报销，那10块钱我们自己掏4块左右，我们也不嫌贵了。"刘大爷说。

记者了解到，北京等地很多试点医院中，诊察费都被纳入医保报销范围。

三问　住院患者为何猛增?

徐秀生老人所在的心内科病房里，住院患者有70多人。"今年住院的病人明显增加了。"护士长张娟说，冬天人最多的时候，曾经达到119人。

睢宁县人民医院的统计显示，今年前两个季度，出院患者数量为20486人次，比去年同期增加3433人次，增加了20.13%。为了满足日益增强的住院患者需求，该院今年新增了300多张床位，目前床位总数达到1000余张。

有趣的是，事实上此轮价格调整中，床位费和护理费都有所上调。以心内科为例，三人间的床位费从28元上调至40元，两人间从40元调至50元；一级护理费从每天6.6元调至27元，二级护理费从每天3.9元涨至18元。为什么住院患者还会增多呢？

"首先肯定是受药品价格变化的影响。住院的病人每天需要使用大量药物，药品降价了，而且医保和新农合能够报销大部分费用，这样一来他们省下的钱远比床位费和护理费所增加的钱多。"心内科主任王瑞利说。

大型设备检查费和手术费的降低也是影响因素之一。按照价格改革方案，目前两家医院都已经取消了 CT、MRI 等大型设备检查费中 15% 的上浮价格，同时取消手术类项目收费中原本 15% 的上浮价格，在此基础上将其提价 11.05%，总体来说手术类项目的价格降幅接近 4%。

对于徐秀生老人来说，医保和新农合较高的报销比例也解除了她的后顾之忧。"门诊不给报，但住院给报销，其实住院挺划算的。"老人说。记者了解到，目前睢宁县新农合覆盖率接近 100%，出院病人报销比例达到 60%，职工医保住院病人报销比例达到 70%。

四问　医护人员积极性高了吗？

自去年被列为试点之后，睢宁县人民医院全面实行绩效工资，以医护人员的专业技术能力、业绩成果和医德医风为主要评价标准，完善医务人员专业技术职务资格评审制度。睢宁县人民医院有关负责人说，绩效工资实施一年多来，医护人员的收入稳步增长，调查显示，他们对改革基本上是支持的。

"这次价格改革为了更好地体现医务人员技术劳务价值，在实行药品零差率销售的同时，根据省物价局的文件精神，我们适当上调了部分诊疗服务价格，比如诊察费、治疗费、护理费、床位费等，这样有降有升，老百姓负担不会增加，而医生护士干得越好，百姓越认可，收入越高，他们的积极性有所提高。"睢宁县人民医院相关负责人介绍。

改革之后，两家医院加强专科建设，添置了不少大型设备，提高医疗业务水平，吸引更多患者。睢宁县人民医院心内科王瑞利主任的课题"徐州地区基层高血压规范化管理的效果及卫生经济学评价"被评为 2013 年度省卫生厅医改试点单位科研课题，医院对该课题投入巨大，这也激励其他医护人员投入医疗学术研究中。

五问　医院的收入少了吗？

在实行药品零差价销售之前，两家医院的总收入中药占比都达到 50% 左右，而今年上半年他们的药占比分别下降至 44.25% 和 43.06%。经省物价局确认，睢宁县两家医院合理药品差价共为 2758 万元。

那么，价格改革之后，两家医院的总收入减少了吗？

记者了解到，自今年 1 月 26 日至 6 月 30 日，睢宁县人民医院业务收入为 15804 万元，同比增加 27.7%；睢宁县中医院业务收入为 3919 万元，同比增加 11.52%。虽然药品收入比例减少了，但医疗服务收入比例明显提升，县人民医院医疗服务收入增幅达 51%，县中医院增幅为 29.96%。

据介绍，此次价格调整的总原则是"一降一调一补"，降的是药品价格，调的是医疗服务价格和职工医保、新农合政策，补是指加大财政投入。现在，两家医院主要通过政府补偿和服务收费两个渠道获得对药品差价总额的补偿。目前，省政府下拨的 750 万元专项改革资金已经到位，县政府也将补偿两家医院 5% 的药品差价，而医疗服务收费基本能够弥补差价的 85%，剩下的 10% 还需要医院自己消化。

医院方面表示，虽然总体收入没有下降，但医院的运营压力很大。10% 的药品差价需要医院自己消化，他们只能通过加强管理、节约资源、开展新技术和新项目等方式降低运营成本。医院担心，今后基础设施建设、大型医疗设备购置、重点专科发展等仍需要大量投入，所以要实现持续发展面临着一些资金上的困难。

（来源：《徐州日报》2013 年 8 月 21 日；第 24 届中国新闻奖一等奖）

作品四

盗猎组织升级犯罪　贩雕黑网横跨中国

金雕等国家保护动物或被大规模毒死，或被捕捉后偷运到华南，
其中绝大部分葬身人腹

傅剑锋　成　希

屠　杀

这个出租房简直是珍稀野生动物的屠场！

诱杀动物的毒药上百斤地存放在编织袋里，鹰的尸体一打打扔在冰柜中，死去的胡兀鹫横七竖八。而失去生命的金雕标本，只剩下凝固的飞翔。这里还有鹿鞭、熊胆，还有猎隼、红腹锦鸡蛋，还有麝香、沙狐皮、藏羚角……西宁市森林警察从黑市大佬张恩科的出租房里，搜出了一百二十余件野生动物制品，一百多

件作案工具。

追捕这只"老狐狸",警察们足足花了两年时间。知情警察称,张恩科虽然是贩卖野生动物的大佬,是制作金雕、胡兀鹫标本的高手,但公安一直没找到他猎杀和贩卖的直接证据,"货"的藏匿地点更是迷局。这个疑犯一次次更换手机,甩掉警方追踪,并神龙见首不见尾地遥控交易。一些不和其直接联系的中间商秘密转运过他的货物,但即使被查获,也无法证明这些动物来自张恩科。

转机出现在2006年11月28日。"那天,森林公安根据线报找到了他的货仓——那间隐秘的出租房。"知情警察回忆。张恩科平日住在西宁市郊的普通小区,那天他罕见地亲自提货。就在他把两只金雕标本装上车时,埋伏许久的警察一拥而上。

2007年5月中旬,张恩科将和数名同案被告在西宁受审。

这个和警方交手多年的黑市大佬,只有不到1.7米的瘦小个子,四十余岁。他说话带着陕西腔——10年前,他只是陕西一个唱秦腔为生的街头艺人。8年前,他进入青海,手伸向了野生动物。

他成为黑市大佬后曾经扬言:"要灭绝和垄断青海的胡兀鹫!"这让黑市上的人都觉得过分。一位警察说:"他要搞乱生物链,天都不容!"

张恩科布置了一张以西宁为中心的野生动物盗卖黑网,从青海的海东铺到玉树、果洛、海西等地。按照各地区野生动物的分布特点,张恩科让刘世辉等人到牧区收购雪鸡、各种珍贵角类,让互助县的马秀英等人收购鹰类——警方直接从马家搜出了胡兀鹫尸体3件。玉树、果洛地区的盗猎者,则供应金雕等珍稀猛禽。

警方发现:这个巨大盗卖团伙的落网,使西宁野生动物黑市出现了缺货,导致黑市购销价格均翻一番。

与张恩科在货物上"互通有无"的胞兄张维科和12名同案犯,以陕西为中心,贩卖了近千只猫头鹰、猎隼等鹰类。其中9人因此被判10年以上重刑。法院认定:他们从青海、宁夏、甘肃等地收购猫头鹰、花鹰等动物,主要运至广东。

这和广东的打击情况相吻合。仅广州市森林公安局统计,2000—2005年,该市查处了158宗案件、4550多只野生动物,其中有95%以上属于珍贵或濒危类。除金雕、猫头鹰外,还有巨蜥、穿山甲。广东另一动物保护机构称:中国西北地区的猫头鹰,因猎杀成千上万地下降。

青海省森林公安局和野生动物保护机构注意到了问题的严重性。可可西里藏羚羊等毁灭性盗猎行为被他们基本遏制后，打击重点转向对金雕、胡兀鹫等鸟类的杀戮。2007年4月，他们组织了全省森林警力进行专项打击。

收购到销售，近千倍的暴利

"是暴利让他们疯狂犯罪。"不管是青海省森林公安局副局长周佳，还是广州市森林公安局局长苏鉴，都表达了这个看法。

南方周末记者也见证了惊人的暴利。通过互联网，出售金雕标本的帖子被找到。记者以广州老板的名义联系了这个中间商，他称有两只金雕标本，大的展翅近两米，小的展翅一米多，售价分别是38万元与17万元！他还发来了这两只金雕的图片。经数天"砍价"，谈到两只金雕一共50万元后，中间商和青海的供货商再也不肯让价了。"金雕马上要成为像中国虎那样的绝品动物了，值得收藏。"他们说。

一位长期调查黑市的警察说，青海金雕尸体收购价一般为五六百元，最高一千多元。比较成本与售价，中间商竟然想赚近千倍的利润！

暴利的诱惑，同样体现在张恩科案中。

青海省森林公安局有关人士介绍：张恩科出售金雕标本的正常利润在几倍到几十倍间，但不是其犯罪的主要部分——金雕数量日渐稀少，他不可能满足于微薄的利润。贩卖食用珍稀动物，是他更重要的获利手段。他以每只一百多元的价格，从牧区收购国家二级保护动物雪鸡，然后再以220元的单价出售给商家。张恩科被抓后，警方才发现：一次在西宁机场截获的26只雪鸡，就是他卖给广州市花都区一房地产老板的。

把猫头鹰等鹰类活体卖给广州的酒楼，同样利润可观。每只猫头鹰的收购价在一两百元间，但本报记者在一些星级酒楼暗访时发现，一份"天麻炖猫头鹰"要卖1880元。

但张恩科最主要的利润，是购销藏羚角、麝香等可入药的动物器官。有知情警察称，这块的利润在100%以上，且数量最大。黑市贩子从湖南购得的穿山甲均价为每公斤200～300元，但一进入广州市场就是每公斤700元以上。到了最终的消费市场，平均每公斤超过1000元！一只穿山甲重约七八公斤，至少有5000元利润。而如果从东南亚收购1只穿山甲，成本价可便宜到每公斤200元，跨国犯罪由此发生。

组织变异：黑社会化越发明显

暴利，也推动着盗猎组织从低级向高级演化。

在青海警方看来，以张恩科为首的团伙并不成熟。尽管他有一张覆盖全青海、触及中国南北的购销网络，但与数名涉案人员的关系比较松散，主要是熟人、朋友、亲戚，也没有涉枪。上下线之间利润分成，是这个组织最重要的推动力。这与他的兄长张维科的 13 人团伙情况相似，陕西警方证实了这一点。

广州警方对这类低级犯罪组织有比较精确的总结：以血缘关系为纽带，外来人口占 95% 以上，有较强的姓氏分布性，具有一定的家族因素。他们成员稳定，但组织松散——没有明确分工，平时各自经营，只是在一定情况下集中犯罪。

另一种是以地缘为纽带。他们大都是同乡，甚至邻居。由于部分人从中获得了暴利，回家盖起了高楼，其他人纷纷效仿。

但在今天，松散的团伙正朝集团化发展。广州市森林公安局在 2004 年和 2005 年连续打掉了几个犯罪团伙，他们已经不是以往的杂牌军，其成员固定、分工明确。比如一起涉及 365 只穿山甲的大案中，有人驻广西，负责与越南的走私团伙联系接货；有人专门将货物从广西运到广州高速路口，然后有人专职接货。接着，还有人按预先接到的"订单"送货。

各地警方还发现：以往涉案人员为 1～2 人，且涉及的野生动物数量为 5 只左右。但近年来的案件涉案人员达 3 人以上的，已占案件总数的一半以上，最多的达 7 人。并且出现了数起"黑吃黑"案件，犯罪的集团化与黑社会化趋势变得明显。而涉枪、涉黑、涉毒的犯罪组织，也开始进入贩卖链条。

动物保护者？

更令人深感不安的是，有野生动物的保护者借职务之便加入了盗卖组织。这使犯罪组织的形态变得复杂迷离。

本报记者以广东老板的马仔身份在青海西宁花鸟市场暗访，一家藏饰品店的老板向记者提供了两张胡兀鹫标本的照片，以作供货参考。数天交往后，她信任了记者，答应带记者直接面见"幕后老板"，购买金雕标本。

她带记者去的地方竟然是——青海青藏高原野生动物救护中心、西宁市野生动物保护协会！

约见记者的"幕后老板"是一个皮肤黝黑、长相似香港明星曾志伟的中年男子，记者后来查清此人叫贾成元，是西宁市野生动物保护协会工作人员。

他带记者参观了珍稀野生动物的标本仓库，内有金雕、胡兀鹫、藏羚羊、棕熊等数十种标本，棕熊标本还无厘头地被安上了一副墨镜。"这些标本平常用于展出，如果客户需要时也能私下卖掉。"他说。金雕标本开价 6000 元，胡兀鹫标本 1.2 万元，棕熊标本 5 万元。他自称还能提供国家保护动物雪鸡、藏羚角等珍稀动物制品，"包括运费，（雪鸡）安全送到广东每只 400 元"。

记者称"怕路上被公安截掉"，他不屑地大笑："'没有金刚钻不揽瓷器活'，这里是野生动物保护协会！"他旁若无人地和记者在救助中心办公楼前讨价还价，其他工作人员进进出出，熟视无睹。

这个"金刚钻"是什么？"只要你们老板发一个函给我，说要用于科研用途，我就可以办好合法手续，包括收藏证。"他解释说，"要把它变成合法的，关键是你得花钱。我的行价是每办 1 个手续，就要再出一倍买货的钱。"为了让记者相信他的能量，他拿出了刚办成的一份红头文件，上面的字样有"青海省野生动物资源管理局同意向青海湖 101 景区运送标本"。

对此，广东省野生动物救助中心谢主任没有感到惊奇。他介绍，广东野生动物救护中心是全国条件最好的，资金由财政全额拨款，但还是有些紧张。一些贫困省份的野生救护中心经费则严重紧缺，通常财政只出三成的钱，其他自筹。所以，一些救护中心只能"靠山吃山"解决生存问题，也有少数人会参与贩卖动物。"但很难说是他们丧尽良知，更多的可能是一种无奈"。

捕猎与偷运的完全演变

盗卖组织的发展与变异，则导致盗猎、运输、销售的犯罪手段步步升级。

本报调查发现，过去青海牧民极少猎杀野生动物。捕捉金雕一般用铁夹、鱼网等原始工具。但在张恩科的犯罪中，毒药被大量运用——他把上百斤毒药发给各牧区、林区的下线，以此"灭光青海所有胡兀鹫"。

张恩科甚至可以根据各地野生动物的分布与变化，进行遥控猎杀。这让中科院西北高原生物研究所的鸟类学家李来兴哀叹："盗猎分子很注意我们的专业论文。如果我们在论文中提到某些地方的珍稀物种，这些人就会按图索骥，我特别担心研究成果被他们利用。"

一位广州市的森林警察介绍，随着盗猎组织的集团化倾向，在贩运、销售上还出现了人货分离的趋势。现在的嫌犯一般不再随身存放货物，而是租用两个地方——一是仓库，存放货物；另一个用来居住。两地相离较近。有买主时，他们就带人到仓库提货，整个过程一般只要几分钟甚至几十秒，查处相当困难。青海的黑市大佬张恩科用的就是这一招，长期逍遥法外使警方无可奈何。

犯罪集团化，也增加了他们在货物运输方面的能量。

一位警官对此深表忧虑："从逻辑上讲，火车和飞机都有安检。而贩卖的野生动物——尤其是金雕——个头比较大，数量也不少。但犯罪分子却通过铁路和航空大量运送动物，这说明了什么？"

记者调查发现：即使排除内部人参与贩卖的可能，森林公安到铁路货运公司查处案件的难度也很大。铁路的不少运输点是承包给个人的，当警方搜检时，他们借口货物交了运费，只能交给付运费的人。

更隐蔽的犯罪方式也在考验警方。随着犯罪组织财力的增加，他们自购汽车进行贩运。"每天公路上有那么多汽车往来，如果没有线人举报，破获的可能性极小。"一位警官说。与此形成对比的是，森林公安警力严重不足，比如某个千万人口的大市，森林公安人员不到百人。

为了让运送更为隐秘，一些残酷的手段用于动物身上。因为线报在汽车上被截获的6只金雕，送到了广州市野生动物救助中心。中心人士介绍，盗猎分子用透明胶把它们捆成一团，只留鼻孔透气。然后，分两层塞入一个竹筐里——每一层都放着冰块，用来降温，竹筐则装进汽车后备厢。截获时，警方不敢相信：这些"落汤鸡"，就是能展翅超过两米的鸟王金雕！

被解救的金雕羽毛凌乱，目光惊惧，见人过来就把头埋到翅间。2006年，1只受到过同样伤害的金雕被送到救助中心，但它再也不接受人类的善意，倔强绝食，哀鸣3天后郁郁而终。

人要吃掉它们

犯罪组织所有牟取暴利的手段，都源自消费市场的庞大需求。一方面，很多老板、包括官员，迷恋由它们的尸体制成的标本；更主要的是：人要吃掉它们。

《南方周末》记者在广州知名的野味黑市——增槎路华南综合楼暗访时，就感受到了这一点。附近装修略为考究的一些酒楼均有珍稀野味出售，其中一家叫唐记野味购销服务公司的售点，自称有可用于煲汤的猫头鹰、穿山甲、巨蜥。有野生动物保护机构称：国内每年填入饕餮者口腹的猫头鹰达数千只。

广州警方介绍，这些珍稀野物以前多在城乡接合部销售，食用者多为市民。在加强宣传和打击后，普通人食用珍稀野生动物的现象大为减少。

但非法消费不断地向市中心的高档酒楼转移，甚至有四星级酒店参与。食客也变成了一些"有身份、有地位"的人。一位森林警察反映："每次查这种酒楼，老板与食客们就能调动方方面面的资源来求情或施压。应付这种压力，比办案更难。"

正是由于这些食客强大的购买力，那些以前很少出现在广州野味黑市的珍稀和濒危物种开始变得频繁起来：金雕、白鹇、熊掌……

一个关键问题是：为什么会形成这个失范的消费市场？

了解广东餐饮文化的人士称："食野味"是华南地区的特有传统饮食文化，有"宁吃天上三两，不吃地下一斤"的说法。"药补不如食补"本是科学养生观念，但当它被不加节制的欲望推动后，就走上了一条越来越不符合环境与生态伦理的道路。而当吃珍稀野物可以显示身份与地位后，消费就会变本加厉，"越不容易吃，就越想去吃"。

另一方面，虽然相关法律开始出台，但是，多年来积累与形成的销售网络有着巨大惯性。贩卖野生动物从业人员众多，并在这十多年中获得丰厚利润。一些犯罪分子即使想转行，也因为有大量货款滞留在酒楼或"行家"手上，一旦收手不做，货款都没有了。

恶果：生态失衡

这个失控的市场，最终让包括金雕在内的珍稀野生动物面临灭顶之灾。

目前，对于中国金雕种群的下降，还未见权威统计。但两个例子可以窥斑见豹：长沙林业局局长称，湖南只剩 16 只金雕，这使得该省将金雕选为"省鸟"的计划大打折扣；在西北野外长年研究鸟类的中科院鸟类学家李来兴说，在近十年的野外工作中，他看到的金雕不足十次。而当地一些老牧民称：十几年前，这种神鸟在蓝天中翱翔的身影，时常可见。

一位不愿透露姓名的动物学家对此发出了严厉谴责："他们在扰乱自然界的整个生态系统！"

这位动物学家分析，目前中国西北地区的草原鼠害，与对金雕、猫头鹰的滥捕滥杀有关。鹰类是鼠的天敌，可有效抑制过多的老鼠咬断草根。现在鹰少了，老鼠横行，大片大片毁坏草地。这使因气候、过度放牧引起的草原沙化进一步加剧。

为了灭鼠，国家又不得不拨大量资金，甚至成立专门机构。以青海为例，国家每年拨发的灭鼠基金在 1 亿元以上，西藏、新疆、内蒙古等牧区莫不如此。结果，鹰类又因吃了有鼠药的老鼠而死。还有一些以食鼠为生的鹰、草原哺乳动物，因为无鼠可吃活活饿死。如此往复，恶性循环。

说到这里，这位动物学家扼腕叹息："自然界原本有非常完美与精微的调节系统。例如这草原，人、牛、羊、马、狗、鼠、鹰、狼，各归其类，各取其用，又相互制约。千百年来，草原一直生生不息。但现在，人却向这个系统过度索取，突破了生态伦理的底线。这个系统就乱了——就像灭鼠，鼠没灭光，结果杀死了很多金雕和猫头鹰。

"我们该清醒了，当这个系统被人为扰乱后，还想不合自然规律去干预和主宰，只会顾此失彼，甚至可能受到大自然更严重的报复。"

（来源：《南方周末》2007 年 5 月 10 日）

作品五

一路向北：14 天 4000 公里，澎湃新闻全程记录难民欧洲逃难之旅

陈荣辉　吴艳洁　郑怡雯

"难民问题，其实对我来说冲击不大。"张国庆（化名）告诉澎湃新闻记者，"但是对奥地利政党的选举来说是有冲击的。"来自浙江青田的他已经在奥地利待了近 40 年，担心如果右翼政党上台，政策可能倾向于排外。

关注难民问题的华人并不在少数。德国柏林工业大学的学生范岂超对澎湃新闻表示，他认为德国的难民政策存在问题。"我其实是比较支持德国政府敞开了去接触难民，但并不是说所有难民真正都来自于战乱国家，真正希望去逃难的。很多德国纳税人的钱就用到了这些人身上，对他们（德国人）本身是一种不公平，所以至少对进入的难民应有一个适当的监控。"

对难民身份的担忧更多来自安全问题。11 月中旬巴黎恐怖袭击事件发生后，一名袭击者尸体旁发现的叙利亚护照引发关注，让本来就在欧洲土地上迅速涌动的反难民浪潮，加速冲击着欧洲多国的政治格局。

民族主义抬头？

"最近有一个很明显的感觉，自从难民潮事件爆发以后，你会在街上，或者平常上班的路上，遇到更多人过来乞讨，跟你要钱。"奥地利华语媒体记者小陈告诉澎湃新闻，最近去办理居民卡手续，发现去申请居住的人变多，难民想让自己留下来。

奥地利华语媒体记者李烨告诉澎湃新闻，不管是奥地利人还是华人，都希望能保持相对平稳、安全的生活状况。"就是不要影响到奥地利人们正常的生活，基本上各项政策不要改变。"他说，"因为我们怕带来不安全的因素，时常有难民的负面报道，我们看到了一些隐含的不安全因素。"

如果说，作为"外来人口"的华人都感觉到了担忧，这些欧洲国家的"原

住民"们，是否会产生激烈的民族主义情绪？

就在 11 月 16 日夜晚，巴黎恐怖袭击发生后不久，德国东部德累斯顿的街头再度涌上了超过 3 万名反移民示威者。这种被称为"PEGIDA"（爱国的欧洲人反对西方伊斯兰化）的游行运动曾在今年年初巴黎《查理周刊》事件后一度掀起高潮，旨在反对默克尔的难民政策，向德国政府施压，号召采取严厉措施限制进入欧洲的外来移民，尤其是穆斯林移民。

"阻止难民庇护的骗子！一个难民也太多！不欢迎！把他们驱逐出去！"

"伊斯兰的泛滥对德国是致命的！"

街头的两条排外宣传标语如此写道。

近几个月来，随着难民大量涌入，德国频频爆发针对难民的暴力事件，造成多名难民死亡和受伤，难民营被烧毁。

虽然奥朗德曾强调不该让难民背负恐怖分子的黑锅，但巴黎恐袭的爆发依然令全欧洲范围内的"恐伊斯兰"情绪不断上涨。

在法国北部的加来难民营，这里聚集的大都是准备穿越英吉利海峡前往英国的难民。来自阿富汗的伊萨（Ali Isar）表示，巴黎的恐袭只会让他更加坚定离开法国的信念，"如今法国也有恐怖分子的组织了，这太可怕了。"

一名在难民营工作的医务工作者称："很显然，他们也很害怕，他们担心自己会发生些什么，因为法国已经有太多排外和恐伊斯兰的倾向。"

"大批难民涌入之后的安置的问题怎么办？因为德国本身的失业率就比较高，那要这些人加入以后，纳税人的钱去哪？另一个问题是，这些人最后怎么在这里生活下去。"德国华人设计师 GIYA 告诉澎湃新闻，"如果没有办法真正解决他们的生活问题，或者就业问题，我觉得仅仅接收是第一步，之后有更多的隐患。"

"这次的袭击将会造成公众对难民问题的两极分化，以及政治分化，那些已经带有偏见和恐惧的人的思想则会更加根深蒂固。"波兰科学院移民问题专家福米纳（Joanna Fomina）指出。

右翼崛起？

德国《明镜》周刊 9 月的一项民意调查显示，默克尔因实施开放接纳叙利亚等地的难民政策，国内声望下降，支持率比 6 月下跌 5 个百分点，为 64%，跌落到了德国外长、财政部长、总统高克之后的第 4 名。

2015 年是默克尔执政的第 10 个年头，10 年来，这位被称为"欧洲女王"的领导人带领欧盟与美国在伊拉克问题上重建关系，度过欧债危机、乌克兰危机，如今，在难民的这张赌桌上，默克尔似乎放上了她过去 10 年积累下来的绝佳声名，而面临着内忧外患，这场危机是否会为"默克尔时代"画上句号呢？

国际和欧洲移民研究协会会长帕斯托雷（Ferruccio Pastore）向澎湃新闻分析称，欧洲的政治格局很显然已经被难民危机影响了，但极右翼势力上台的可能性依然不大。"近一个月来，德国的难民政策都在不断调整，这证明了德国的执政党正处于一种挣扎当中，德国总理默克尔也因此受到了一些孤立，虽然执政联盟中的社民党依然会支持她。"

欧洲政策研究中心专家艾玛诺里迪斯（Janis Emmanouilidis）分析称："她（默克尔）目前在国内所面临的压力是她从未面临过的，刮在她脸上的风寒冷而又强劲，如果她再遇到更多严重问题的话，这对于欧洲都会有负面的影响。"

近年来，在经济和政治上都存在分歧的欧洲，越来越依赖默克尔领导下的德国引领他们走出方向。

"任何实质性决定，没有德国在场都无法达成。"艾玛诺里迪斯说，"它是不可或缺的力量，但无论是谁在柏林掌权，他/她其实都能在欧洲起到引领的作用。"

与此同时，巴黎恐袭之后，德国反移民立场的德国选择党的支持率则由 8 月的 3% 一跃而上，升至 10% 以上。

同济大学德国学术研究中心副主任郑春荣向澎湃新闻解释称，德国选择党事实上在之前因为内部纷争已经被削弱，而巴黎恐袭事件的爆发，则帮助了选择党的再度崛起。

"部分选民可能会偏向到这种疑欧的势力中去。而疑欧、反欧或是右翼势力的增强，其实对于主流政党是一种挑战，因为主流政党必须对民意的改变作出反应，但同时也不能放弃原有选民的意见。"郑春荣说。

不仅仅是德国，全欧洲范围内的右翼势力都在巴黎袭击后迅速借机爬升。

12 月 6 日，法国袭击事件后首次地方选举首轮投票结果，根据投票站出口民调显示，极右翼政党"国民阵线"（FN）占据领先地位，取得了"历史性大胜"。

10 月 25 日，波兰右翼政党法律与公正党以 39.1% 的得票率在该国的议会大选中意外胜出，时隔近十年将重新组阁执政。该党派长期以来都存在着"疑欧"倾向，并反对波兰加入欧元区。

奥地利极右翼政党自由党也在民众日益高涨的反移民情绪中支持率走高。近期的民调显示，自由党的支持率一度与战后长期执政的中左翼政党社民党接近，甚至有机会成为议会第一大党。

6月，丹麦自由党领导的中右翼联盟则击败了社会民主党为首的中左翼政党联盟，其联盟中就包括具有反移民立场的丹麦人民党。

上海欧洲学会副会长叶江则预测称，在此背景下，欧洲的极右翼势力影响力会增强，但是很难上台。中右翼势力会因此得利，因为欧洲各国的大部分选民虽然不会支持极右翼政党，但会逐渐趋向保守。

欧洲的未来？

"欧盟或许是上个世纪一场最伟大的建设国家的试验，但这个项目已经碰上了两道坚硬的砖墙。一道是陷入麻烦的通用货币——欧元，还有一道就是难民危机。"国际事务评论员曼索普（Jonathan Manthorpe）在其专栏中写道。

在欧盟不远的未来里，难民问题势必如影随形。

此前，欧盟达成的强制性难民分配计划也正在濒于流产，遭到许多东欧国家的抵制。

帕斯托雷向澎湃新闻表示："我不能说是巴黎袭击最终造成了难民分配计划的失败，因为这项计划在此之前就已经问题百出，并不有效了。目前真正获得分配的难民人数非常非常有限，仅有几百人，但要知道，16万人才是这项计划真正需要安置的难民总数。"

站在执牛耳的位置上，默克尔希望除了通过欧盟的共同协作，也能拉拢土耳其来共同分担难民的负累。

在11月12日的欧盟峰会上，欧盟表示愿意向土耳其提供30亿欧元（约合203.8亿元人民币）的援助，以要求土耳其帮助消化一部分难民。

此外，欧盟还将帮助土耳其在中东地区为叙利亚、伊拉克、阿富汗等地的难民建立难民营。以此为交换，欧盟还将重新考虑允许土耳其加入欧盟，并在未来为土耳其公民提供整个欧盟范围的优厚签证条件。

但即便如此，难民问题何时能得到彻底解决仍然不容乐观。

英国国际发展部大臣格林宁（Justine Greening）断言，难民问题可能还将席卷欧洲长达20年。

欧盟委员会最新的一项统计显示，到2016年，大约有150万难民到达欧盟，而到2017年末，这一数字将达到300万。

格林宁表示，以叙利亚目前的情况来看，叙利亚难民在近20年内应该都不会回到故土，而近期俄罗斯对叙利亚的介入可能也会造成更多的叙利亚公民逃离家园。

"所以仅仅为他们提供食物、水和帐篷是不够的，如果人们要当 20 年的难民，那么他们就会希望他们的孩子接受良好的教育，他们则需要工作和生存。"格林宁说。

报告显示，尽管难民的人数庞大，可以促进欧洲的年轻劳动力市场，且延缓欧洲的人口老龄化，但难民对于欧洲经济的促进作用可能是微乎其微的。相比于经济移民，难民往往趋向于寻找低酬劳的工作，在欧洲的就业率将会更低。虽然欧洲经济总量会因此上升，但总的来说，"对于人均 GDP 的影响可能是微小和负面的"。

帕斯托雷则向澎湃新闻坦言，欧洲的未来难以预测，可能出现极化。

"一方面，欧盟可能会被拆分，再次回归国家化，边境意识和国家意识增强；另一方面，欧盟可能反而会更统一，不同的主权国家最终走向一个完全的共同体。"

欧洲完全的共同体虽然仅仅只是一个概念，但已经被谈论了很多年，而现在，随着难民危机的"发酵"，建立一个完全的欧洲共同边境，组建共同的边境巡逻队的问题正在被放上台面，被认真考虑。

"在这之后，或许还会有共同的欧洲情报机构，甚至是共同的欧洲军队和欧洲政治联盟。"帕斯托雷说。

他是否有些乐观？

（来源：澎湃新闻 2015 年）

【思考讨论】

1. 请结合作品一及其刊登后的社会反响，理解调查性报道的选题要求与写作原则。

2. 作为云南省第一个环境污染刑事案件，阳宗海砷污染事件引发了一场"环保风暴"。2008 年 10 月 22 日，云南省监察厅通报阳宗海砷污染事件相关人员的责任追究情况，26 人被问责，其中包括两名厅级干部、9 名处级干部。请阅读作品二《杀死阳宗海》，并讨论：一篇社会问题类的调查性报道，其选题来源和要求都有哪些？另外，针对这篇报道，记者运用了哪些写作手法，产生了怎样的阅读效果？

3. 作品三《五问县级公立医院改革》的写作背景如下：

据了解，记者是在 2013 年 7 月 29 日召开的江苏省医改工作电视电话会议上获知新闻线索的。而后深入睢宁县试点医院进行暗访，听取患者的真实感受，再对参加改革的医院一线医护人员、院方负责人、当地卫生局和徐州市卫生局负责人进行采访。在获得大量第一手采访素材后，提炼出问题，形成稿件。该报道推出当月，徐州市全面启动县级公立医院改革工作，"睢宁模式"成为全市县级公立医院改革的样板，受到各方关注。作品还被人民网等媒体转载，社会反响良好。该作品获 2013 年度江苏省报纸优秀作品一等奖，获第二十四届中国新闻奖调查报道类一等奖。

请结合以上资料，从选题和写作角度点评作品三。

4. 作品四与特稿作品《神雕之死》是同一家媒体同一位作者的作品，请比较两者在内容主题、语言结构、表现形式上的异同，理解新闻特稿与新闻调查的不同旨趣，把握它们各自的写作特点。

5. 作品五《一路向北》是具有融媒特征、在网络平台传播的澎湃新闻网的 2015 年年终大作，请阅览原网页内容，体会不同符号系统在这篇稿件中的交织应用。

【训练任务】

任务一

邀请有经验的优秀调查性记者到班级中举行讲座，并就调查性新闻采访经验、写作技巧、稿件成篇的过程等具体情况与同学交流。请同学据此写作交流感想与总结。

任务二

请同学就自己感兴趣的某一位调查性记者进行背景资料收集、作品阅读，有条件时进行专门访问，最后以专访、调查报告、论文等形式提交一份研究成果。并与班级同学进行课堂交流。

任务三

鼓励部分同学利用业余时间和实习机会进行调查性报道采访与写作。

图书在版编目(CIP)数据

新闻写作基础实训/戴振雯,周正昂编著 . —合肥:合肥工业大学出版社,2017.8

ISBN 978－7－5650－3537－1

Ⅰ.①新⋯　Ⅱ.①戴⋯②周　Ⅲ.①新闻写作—教材　Ⅳ.①G212.2

中国版本图书馆 CIP 数据核字(2017)第 217729 号

新闻写作基础实训

戴振雯　周正昂　编著		责任编辑　朱移山　张　慧	
出　版	合肥工业大学出版社	版　次	2017 年 8 月第 1 版
地　址	合肥市屯溪路 193 号	印　次	2017 年 11 月第 1 次印刷
邮　编	230009	开　本	710 毫米×1000 毫米　1/16
电　话	人文编辑部:0551-62903310	印　张	18.5
	市场营销部:0551-62903198	字　数	298 千字
网　址	www.hfutpress.com.cn	印　刷	合肥现代印务有限公司
E-mail	hfutpress@163.com	发　行	全国新华书店

ISBN 978－7－5650－3537－1　　　　　　　　定价:38.00 元

如果有影响阅读的印装质量问题,请与出版社市场营销部联系调换。